生殖する人間の哲学

「母性」と血縁を問いなおす

中 真生

NAKA Mao

keiso shobo

序文

私が中学生の頃だっただろうか、母親が、子育てに夢中で、自分のやりたいことを中断してしまったことが悔やまれるともらしたことがある。もしあのとき手放していなかったら、今頃はもう少し……というようなことも。否定的なこと、後悔のような言葉は一切言わない母だっただけに、軽い衝撃を受けたのを覚えている。そんなに大事なものを犠牲にしてしまったのか、自分のことのように悔しいな、もったいないなとも思った。自分もその子育ての渦中に巻き込まれるという実感はそのときは少しもなく。

大きくなってから別の人に、今度は、子育ての一番大事なとき、子どもが一番親を必要としているときに子どもに十分にかかわってやれず、放ったらかしにしてしまった。今になっていくらかかわろうとしても取り返せないという後悔を聞いた。今からでももう一度味わいながらやり直したいくらいだとも。その人は教師をしていて、その時代は産後四週間しか産休がなく、子どもに母乳をあげたくて母親にタクシーで通ってもらったけれど、あげる回数が十分でなかったのか、途中で母乳が出なくなってしまったとも嘆く。

子どもの存在、そして子育ては、自分の人生を曲げ、ときに壊してしまうほどの負担にもなれば、自分を変え、生きる理由を与えてくれる生きがいにもなりうる。おそらくその両方であって、その配分は人それぞれで、程度の差はあれ、皆このふたつのあいだで揺れ動いているのだろう。

私自身も振り返ってみれば、その両面の想いをもっている。子どもがいながら、サポートしてくれる人が家や近くにいて、自分の仕事にも十分に力を注げる人がうらやましいとか、いらいらすることも、怒鳴りつけることもなく、気持ちに余裕をもって子どもに接することができればいいのにと思ったことは数え切れないが、同時に、夫が単身赴任で週日は家にいないからこそ、アンテナがすべて子どもに向いて、子どもたちとじかに、濃くつながることができている、これは他に代えがたいという感じも秘かにしていた。現に、夫がいる週末などは、体力と気力を取り戻すつかの間の休息になっている反面、子どもとのつながりがどこか緩み、じかにつながっている感覚が多少鈍くなるようにも感じている。一方、週日いない分、週末や休みの日に子どもたちを外に連れ出すのはもっぱら夫の役割だった。子どもが増えるにつれ、私もついていくことが多くなったが、私ひとりで子どもたちを連れ出すことは、夫が例外的にいないときに限られていた。その分、送り迎えを除く外出先での苦労は、自分はほとんどしていないから、振り返ると、何かその部分の（苦労と切り離せない）味わいを逸してしまったのではと感じている面も、正直なところある。ぜいたくで矛盾した気持ちで、すべてを十分に味わうことはできないと、理屈では分かるのだけれど。じっさい、自分のことを振り返ると、母親と遠出はしなかったけれど、電車に乗って用事について行ったり、病院に付き添ってもらったりというちょっとした、でも体に染み込んだ外出先での記憶がけっこうある。

部分的にでもそうなのだから、仕事や、自分のそのときの意識で、十分に、あるいはほとんど子育ての核心部分にかかわることなく過ぎてしまった人が後悔するときの（しないで済む人もいるだろうけれど）想いはどれほどだろうと思う。定年退職して、そうした後悔の念から孫育てに積極的にかかわろうとする人も多いという。逆に、あとで見るリッチのように、赤ちゃんはかわいいけれど、もう二度とあの時代に戻りたくないと拒否反応を覚えるほど、また、もっと味わいたかったという多少美化された郷愁の余地さえないほど子育ての苦労を一身に引き受け、喜びもあるが、十分すぎるほど苦しんだ人もいる。それどころか、本書の補章で見るように、「この子さえいなければ」と思い詰め、子どもの存在を疎み、ときに子どもを手放し、あるいは害してしまう環境や心境にある人たちもいる。「この子さえいなければ」という想いと、「この子さえいてくれれば」という想いは、真逆のようでじつは紙一重でもある。ひとりの人が短期間に、ときには同時に両方の気持ちをもつことも稀ではない。2章で見るように、たとえば妊娠の喜びが、パートナーの拒絶にあって、一瞬で疎ましさや重荷に変わることもあれば、その逆もある。子育て中に、パートナーと離婚や別居をしたり、失業したり、新しい恋人ができるといった環境の変化で、子どもへの想いや接し方に急激な変化が起こることもあるだろう。

子どもを産んだり（生んだり）育てたりすることは負担にも喜びにもなり、その両方でもあるのだとすれば、本当は、「親」と呼びうるだれもが十分に子どもにかかわり、負担が過ぎるとき、辛いときは自由にそのかかわりから、部分的であれ全面的にであれ、あるいは一時的にであれ長期的にであれ、身を退くことができるようになるのが理想である。母親でも父親でも、そのほかの「親」でも。どの程度子どもとかかわるか、その意味で、どの程度「親」であるかは、本来流動的なはずである。一日のうちでも、時期や状況によっても。のちに見るように、その流動性は、そもそも親になるかならないか（産むか産まないか、生むか生まないか）、どのようなかたちで「親」になるかならないか（養親や里親その他も含め）にも及びうると本書は考えている。

それでは、流動的であるはずの子どもとのかかわり、言いかえれば「親」のあり方を固定してしまうものは何だろうか。社会経済的な要因はもちろん大きいだろうが、本書がとくに注目するのは、「母性」という見方あるいはイメージであり、またそれと連動した、母親と父親のあいだに、また生みの親と育ての親のあいだに、はっきり境界線を引いて見る見方である。では、その「母性」の核にあるもの、あるいは母親と父親、生みの親と育ての親のあいだに決定的な境界線を引くその根拠となるものは何なのだろうか。それを、母親が「産むこと」、「産んだこと」であると本書は考える。子どもを「産んだ」という事実は一見すると、その後の、育児を含めた子どもとの関係を考える上で決定的な、動かしがたい出来事のように思われる。ときに神聖な、すべての原点であるかのように。しかし本当にそうだろうか。この疑問が本書を貫いている。「母性」の核、広い意味での「生殖」の核を、産むことからほかへと移して考えることが可能なのではないか。具体的には、育てることとそれを通じた子どもとの結びつきへと、「生殖」の核を移して考えることが可能であり、また必要なのではないか。そう考えることで何が変わりうるのだろうか。産んだ親と産んでいない親とのあいだの差異が決定的なものではなくなるだろう。それはひとつには、母親と父親のあいだの差異である。そしてもうひとつには、産んだ親に加え生物学的親である生みの親たちと、産んだ親でも生物学的親でもない育ての親たちのあいだの差異である。もちろん多様な差異は残るが、どこかにはっきりした境界線を引けるような差異ではなく、グラデーション様の、濃淡の差があるのみとなるだろう。

＊

ここで、言葉の使い方についてあらかじめ断らせていただきたい。本書では、「生む」という言葉と「産む」という言葉を便宜的に使い分けている。後者の「産む」を、出産するという意味に、前者の「生む」を、生物学的につながりのあるという意味で、自分の子どもをもつこととして用いている。これに従えば、いわゆる母親は、産みもし、生みもする。一方、いわゆる父親は、産まないが、生む、のだと言える。養親や里親、場合によってはその他のもっとも近しい実質の養育者は、産んでも生んでもいないが、自分の子どもを「もち」、育てているのだと言える。

そして本書は、「生殖」という言葉を、広義にまた独自の仕方で用いていることも重ねて断っておきたい。具体的な現象あるいは経験としては、妊娠や出産はもちろん、不妊や避妊、流産・死産、中絶、養育、親子関係などを広く念頭におき、さいごの親子関係には、養子縁組、里親なども含めている。また「母性」とか「母であること」、「父親であること」、あるいは「親であること」などの、人々の考え方をも、「生殖」に含まれるものとして本書の考察の対象にしている。さらに、そもそも人間が生まれることは、成長し、老いて、ときに病気になり、世代を継承して、いずれ死ぬという連続するひとつの事象の一側面に過ぎないと言えるが、このような背景があるものとして「生殖」という語を用いている。

＊

たしかに母親と父親のあいだの境界は徐々になくなってきているとも言える。欧米はもとより、日本でも、最近では父親も育児により深くかかわっており、その意味では、母親と父親のあいだにそれほど決定的な差異があるとはもはや言えないだろう。しかし、育児へのかかわり具合ではなく、親であることの質というその次の段階で見てみると、やはり差異は残っているように見える。それは、子どもにとっての「第一の親」はだれか、という観点である。「第一の親」というのは、本書では次のような意味で用いている。それは、子どもにとって心身ともにもっとも緊密に結びついている「親」という意味である。その結びつきは、多くは育てることによって形成されるだろうが、必ずそうであるわけでもない。その意味での「第一の親」は、現段階では、母親であることが圧倒的に多いが、父親であることもある。また、「第一の親」が生みの親でなく、育ての親であることも、さらに法律上の親でさえないこともありうる。本書の考えでは、「第一の親」が複数の人から成ることもあるし、またそのあり方は時間とともに（一日のうちでもまた成長に伴っても）流動的に変化しうる。とはいえ、「第一の親」が母親であることが圧倒的に多く、この点では、母親と父親との差異、あるいは境界がいまだに強固に残っているように見える。

本書は、母親と父親とのこの境界、そして生みの親たちと育ての親たちとのあいだの境界は絶対的なものではなく、じつは流動的なものであることを示そうとする。たとえ現段階ではそこに差異があっても、それは動かしがたいものではなく、細かく見ればじっさいに、（一日のうちでも、時期や状況によっても）微妙に変化していることを示そうとする。

母親と父親のあいだに絶対的な差異がないことを示すとは言っても、母親を母親であることから解放するという方向、つまり母親を母親でない人のあり方に近づけるという方向に本書は向かおうとするのではない。逆に、母親のあり方に、父親や育ての親を含むそのほかの親を近づけて考えるということを試みる。誤解を恐れずに言えば、「母であること」の意味を拡大し、産んだ女親という狭義の母親だけでなく、ほかのすべての「親」もそこに含み込んで考えようとする。しかしそのとき、「母」が出産した女親に限らないのならば、なぜそれを母と呼び続けるのかという疑問が投げかけられうる。そこで本書では、この「母」を、4章四節以降は、「第一の親」と呼び換えて考えている。ただ先に述べたように、この「第一の親」には、生みの親や育ての親だけでなく、法律上の親でさえない人々も含まれうる。だとすれば今度は、なぜそれを「親」と呼び続けるのかという疑問が投げかけられうるだろう。もっともな疑問ではあるが、ほかに適切な語が浮かばないため、本書では、育児を中心として形成されることが多いものの、必ずしもそうとは限らない、子どもとのもっとも緊密な結びつきをもつ人（あるいは人々）を、便宜的に「第一の親」と、相変わらず「親」という言葉を用いて比喩的に呼ぶことにする。[1]

さいごに、「生殖」を哲学から考えるとはどういうことだろうか。哲学は、具体的な事象を考える際も、同時に、人間に普遍的にかかわる次元でもそれを考えようとする。だから、人間は理性的に思考するものであるとか、死すべきものであるとか、社会的な動物であるとか、あらゆる人間に当てはまりうる側面を基軸にすることが多い。それに引きかえ、「生殖」については、だれもがこの世に生まれたことは事実だとしても、生むこと、また産むことは、個人や性別によって経験したりしなかったりするという差異がある。そのため、哲学が「生殖」を基軸にして人間を考えることは一見難しいように見えるが、ただ、人間はみな「生みうるもの」であるとは言える。女性でも男性でも身体に生殖機能を備え、それにときに翻弄されたり折り合いをつけたりしながら（生理や排精や、生殖機能にかかわる病気や不具合など）生きており、そもそも、人が生まれ、老いて、死んでいくこと自体が、広い視点から見れば、人が生むこと、正確には生みうることと深く関連している。個々人が生んだり（産んだり）生まなかったり（産まなかったり）することがその人にとって重要な意味をもつ次元と、個々の差を超えて人間が生みうることが重要な次元との両方を、私たち人間は、いわば同時に生きている。その両方の次元を考慮して人間を考えることができるのが、哲学のよさだと本書は考える。もちろん、だれにも共通しているように見える、たとえば生まれ、老い、死ぬという事象であっても、細かく見れば個々人による差異はあるから、ふたつの次元から見るというこの見方を採りうるのは、なにも「生殖」についてにとどまらないだろう。ただ生殖では、先に述べたように、性差や個人差という差異が、一見、個々人の経験を決定的に分けているように見えるほど大きいから、「生殖」という観点から人間を考えることは、ほかの事象についても、差異と普遍性という両方の次元から考えるための、よい実践例のひとつになりうるのではないか。

本書が目指すのは、生みうるものとして人間を見ることが、人間を、そして人間が生きる世界を考える、ひとつの別の切り口になりうるその可能性である。決して、人間の生殖という領域を限定的に扱いたいわけではない。これまでの哲学が試みてきたことを、「生殖」という切り口から行ってみたいというのが出発点である。そうすることが、ふだんそうでない切り口から見ていた私たちに、新しい景色を見せてくれるのではと考えるからである。

「生殖」から、言いかえれば、生みうるものとしての人間という切り口から見る見方は、したがって、さまざまな出来事や人々を切り分けて別々に説明し理解しようとするのとは反対に、その強弱、濃淡は異なるものの、どこかで連続しているのだと見ようとするものである。産む女性とそうでない男性、産んだ女性とそうでない女性、自分自身の生物学的な子どもを生んだ親とそうでない親、自分の子どもをもっている人とそうでない人、あるいは自分自身で自分が産んだ（生んだ）子どもを育てる人とそうでない人、子どもを育てている途中でほかの人に託す（託さざるをえない）人とそうでない人、悩んだ末に中絶を選ばざるをえなかった人と産む（生む）ことを選んだ人……そのような人々のあいだに、簡単に境界線を引いて見てしまわずに、じつは、濃淡をともないつつ連続してもいるのだと、そのつながっている基底あるいは根っこのところからも見ようとするのが、本書の一貫する視点である。「生殖」のような非常に具体的な事象を取り上げてなお、それが哲学でありうるとしたら、それはひとつには、差異の存在とその重大さを踏まえた上で、そのような地続きのところから見ようとする視点と考察の仕方にあるのではないかと考えている。

＊

本書の構成は以下の通りであるが、興味のある章から読んでいただくことも十分可能である。1章では、「生みうるもの」としての人間の側面をふたつの視点――普遍的な視点と個々の視点から、レヴィナスの思想も参照して考えることを試みる。1章の考察は、それ以降の本書全体の基調になる見方となる。2章では、妊娠や中絶という生殖の身体的経験に焦点を当て、それに関して男女の境界、言いかえれば母親と父親の境界がじつは曖昧であることを見る。3章、4章では、「母性」あるいは「母であること」（motherhood）という見方を批判的に再考する。4章では、従来の「母性」の核を構成していると思われる、産むことと、育てること（また親であること）との分離可能性を考察する。続く補章では、いったん理論的な考察から離れて、新生児特別養子縁組や「赤ちゃんポスト」など、より具体的な問題をいくつか取り上げ、ときに事例に沿いながら、産む（生む）ことと育てること、あるいは産む（生む）ことと（第一の）親であることとが同じではなく、分離しうるのだと考えてみる。この補章は理論的な考察ではないが、それ以外の章の考察を具体的に補ってくれるものとなることを期待している。もちろん、ここで挙げているのは本書が想定している例のほんの一部であり、取り上げる例を、極端な分離の場合に限定せざるをえなかったことは述べておかなくてはならない。

さて4章までは、批判的にではあるが、生殖の核心を成すとみなされてきた「産む」ことを基点に考え進めてきたが、5章、6章では視点を大きく変え、「産む」こととはある程度隔たったところにいるとみなされる、父親や養親の視点から――「産む」母親とはいわば反対側から――「生殖」を考察することを試みる。そして終章では、それまでの考察を受けて、「生殖」に関しては、産んだ者とそうでない者、生んだ者とそうでない者、母親と父親、生みの親と育ての親、その他、さまざまな

「親」を隔てる境界線は、はっきりとは引けないこと、そしてそれらはグラデーション状にのみ、つまり濃淡によってのみ異なるのだと考えることになる。

1　注
ほかに適切な語があれば「親」という呼び名にもこだわるわけではない。ただ現段階では、この言葉が人々に喚起するイメージを用いて議論することが、本書の主張を伝える上で有効だと考えている。また育児に携わることが、たいていの場合、「第一の親」であることにともなうが、必須であるわけではないから、「第一の親」を「養育者」あるいは「ケアラー」などと呼ぶことも本書の主張にとってはふさわしくない。

目次

第1章　「生殖」と他なるもの

はじめに

序文でも述べたように、生殖について考察するとき、次のふたつの次元が考えられるだろう。ひとつは、人間が生殖するものであるというマクロな視点から見る見方である。ひとは生まれ、ときに子を生み、いずれ死ぬ。これを繰り返しながら、人類としては途絶えることなく現代に至っている。人間をそのような観点、とくに生まれ、生むもの、つまり生殖するものという視点から見たときにどのようなことが言えるか、と考える仕方がひとつにはある。これは、個々の人間の差異を捨象して、あるいはそれらをも含みこんで、人間を包括的に見る見方である。

他方で、人間は等しく、生まれ、死ぬが、すべての人間が生むわけではない。それはひとつには、すべての人が自分の子をもつわけではない（もう少し細かく言えば、自分の生殖細胞や生殖機能を生殖に用いるわけではない）という意味であるが、もうひとつには、生むことを、自分の身体を通じて別の人間をこの世に送り出す、つまり「産む」ことと狭義にとらえた場合に、産まない性があるという意味でもある。生むことにはこのように、性差や個人差が本質的な要素としてつきまとう。この側面は、第一の観点からは見えにくいが、生殖を考える上で無視できない重要な側面でもある。この視点においては、生むか生まないか、生むことを欲するか否か、だれがどのように生むかまた生まないか、性によるかかわりの違い、そうした偏差の方がより重要になるだろう。

本章では、節を分けて、これらふたつの観点から論じる。一節ではレヴィナスの思想を手がかりに、人間が「生まれたもの」であることを、主体の「被造性」と関連させて、つぎに、人間が「生むもの」であることを、レヴィナスが論じる主体の「繁殖性」と関連させて考えてみたい。二節ではその考察を引き継ぎつつ、第二の観点から、身体性と生殖医療、また性差の問題を中心に考え、さいごにふたたび第一の観点に簡単に立ち戻りたい。

一、生殖するものとしての主体

1　「身体性」における関係

人間を生殖するものとして見るとはどのようなことだろうか。それは一面では、人間を動物として、つまり身体をもち、生を営むものという観点から見るということだろう。具体的には人間を、死ぬべきもの、あるいは老いるもの、食物を摂らなければならないものなどと、動物としての、身体をもつがゆえの観点から人間について考えることと同じ見方と言える。

しかし他面ではそれらと大きく異なりもする。というのも、食べ、疲れ、休み、老い、病み、死ぬことが、自分ひとりで、他の人間と関係しなくても行えること（起こること）、基本的には自分の身体のみによって行う（自分の身体のみに起こる）ことであるのに対し、生殖——言いかえれば、生まれ、生むこと——は、自分の身体のみでは行えないこと、あるいは起こらないことだからである。私たちは、（たいていの場合）ふたりの親がかかわって生まれ、異性と身体的に交わり、別の身体をもつ人間を生み出す。言い方を変えれば、生殖と性的関係以外の身体的出来事が、ある個体のうちで、その個体だけで成り立ちうるのに対し、生殖は複数の個体にまたがる出来事、複数の個体がかかわって初めて成立する出来事である。あるいはむしろ、ひとつの個体にとどまらない生の連なりのことを私たちは生殖と呼ぶと言った方がよいかもしれない。

このように、生殖するもの、つまり生まれ、生むものとして人間を見るとは、ひとつにはその「身体性」に焦点を当てることであり、さらには、身体性における「関係」に焦点を当てることであると言える。

レヴィナスが、その思想の一貫した主題である、他なるものとの関係を探求したのも、主体の「身体性」においてである。そしてそのレヴィナスが、その他なるものとの関係を、初期には「エロス」と「繁殖性」（fécondité）の考察を通じて考え起こそうとしたことは、既述の点を考慮すれば、偶然とは言えないだろう。

後期になるにしたがってこれらの主題は表立って論じられなくなるが、それでもレヴィナスが、他なるものとの関係を、主体の身体性において探求するかぎり、そうした主体が、生殖するもの、つまり生まれ、異性と交わり、生むものとしての主体でもあることは、疑えないだろう。言い方を変えれば、『存在するとは別の仕方で』を中心とする後期にレヴィナスが展開する、他なるもののために（pour l'autre）ある身体性としての主体、他なるものに「さらされ」（exposé）、「傷つきやすさ」（vulnérabilité）とも呼ばれるその同じ主体は、別の観点から見れば、本章が焦点を当てている、生まれ、生むものとしての主体でもあると言えるはずである。レヴィナス自身の語を用いれば、「被造性」（créativité）としての、また「繁殖性」としての主体でもあると言えるはずである。そこで本章では、人間を生殖するものとして見たときにどのようなことが言えるのかを考える手がかりとして、レヴィナスの「被造性」と「繁殖性」について見ることにしたい。その際、人間というものを、また人間のあいだの関係をも、主体に視点を据え、主体において考えようとするレヴィナスの方法に、私たちも沿うことにする。

2　主体の「被造性」――依存における自律[1]

レヴィナスは、主体の考察を通じて他なるものとの関係を考えようとするが、そうした主体の考察のひとつに、主体を創られたもの、つまり被造物と見る見方がある。これにはたしかに宗教的な意味合いが含まれるが、哲学的考察においては、レヴィナスはこれを、あくまで主体のあり方を明らかにするのに必要な概念として用いる。

主体をその「被造性」という観点から見ることとは、何ものか、自分を超えた、自分とは異なるものによって主体が創られたという「事実」に着目することである。それは主体が、はじまりにおいてすでに、他なるものとの受動的な関係を背負っていることを浮かび上がらせる。

「私自身は、自らを創る（*se faire*）ことができない。私はすでに、絶対的な受動性によって創られている［…］。取り戻しえない時間において、誕生あるいは創造の時間において結ばれた結びつきの受動性である。自然あるいは被造物は、その創造の痕跡を、思い出に変えることのできない痕跡を保っている」（Lévinas 1974: 132-3）。

私は自分自身を創造できないのだから、そのはじまりを自分ではないものに負っている。したがって、私が存在するのに先立つ、そもそものはじめは、自分を超えた他なるものとの関係なのである。しかも「創られる」という、この上ない受動的な関係、それなしでは私がありえないような原初の関係である。この他なるものとの関係は、私のうちに「創造の痕跡」として保持され、誕生のときだけでなく、つねに私を成り立たせているものである。これが、私が被造物であるということである。

しかし、他なるものによって創られたということだけならば、人間だけではなく、動物や人間の制作物にもひとしく当てはまるはずである。レヴィナスが人間の創造のもっとも際立った特徴と考えるのは、人間が、創られたものであるにもかかわらず、この上なく自律した存在でもあるという点である。そのはじまりを他なるものに依存しながらも、それと相関的に存在するのではない、まったく自律した存在が生じる。「依存における自律」と言い表せる、この一見矛盾した事態が、レヴィナスの考える人間の被造性である。「人間は依存した存在という状況にあること。この依存した存在は、その依存のただなかで至高の者であること［…］」（Lévinas 1963: 25）。

　ここで注目したいのは、人間における自律と依存の関係である。自分とは他なるものへの依存と自律は、部分的に制限し合うことで両立するのではなく、ともにこれ以上ないほど徹底している。人間の自律は、自らの起源を他なるものに負っているという、その被造性を忘れうるほど徹底しているという。それはあたかも、自らが「起源」であるかのようにふるまう。レヴィナスにとって、認識する主体、自由な主体とはこのようなものである。

　しかし、自らの認識や力を超える、他人の他性を前にして、人間はこの自律よりも手前に、自らの被造性にまでさかのぼりうる存在でもあるという。（「他人を迎え入れること、それは私の自由を問いに付すことである」（Lévinas 1961: 58））。自らに同化することのできない他人と関係することによって、私は原初的な他なるものへの依存を、つまり自らの被造性を見出すよう促される。そもそも自由は、他なるものから「課され」（imposée）（Lévinas 1961: 55）、「任命された」（investie）（Lévinas 1961: 57）ものであること、そして他なるものへの依存が、私の自由、私の自律を支えていることを、私はあとから見出す。人間の自律とはじつは、もともと依存の上に成り立っており、他なるものとの関係によって、いつ依存の方へと揺り戻されるかもしれない、不安定に保たれた均衡なのである。

　このように主体は、他なるものを排除し、それと区別されることで自己同一的に確立されるものではなく、むしろ他なるものへの依存、他なるものとの忌避できない関係によって生じ、つねにその関係の上に成り立っているものである。主体の「被造性」は、こうした主体の見方を私たちに提供してくれる。人間を、それが生まれたものであるという観点から見ることは、ひとつにはこのような事態を浮かび上がらせるのではないだろうか。

3　レヴィナスにおける「繁殖性」

①「孤独」から関係としての主体へ

レヴィナスにとって、他なるものとの関係を考えることは、主体と主体、個と個のあいだの関係を考えることではない。他なるものとの関係は、主体のあり方そのものに影響を及ぼし、それを変容させるはずであると考える。したがって他なるものとの関係は、主体の外ではなく、主体そのものにおいて考えられる。

レヴィナスは、自己同一的な、認識する「意識」としての主体を、初期には「孤独」、中期には「同」と呼ぶが、そのような主体が、自らに同化できない他なるものとの関係によって、自己同一的なあり方を覆されるという側面に注目する。レヴィナスにとって他なるものとの関係は、主体を自己同一的なあり方から、それ自体が「関係」として成るあり方へと変えるものである。ここでは初期の思想に沿いながら、自己同一的な主体である「孤独」から考察を始めたい。「孤独」とは、私が自分自身に繋ぎとめられてかたちづくる「ひとつ」、あるいは「独り」という存在様態であり、「認識」する主体である。

> 「孤独とは、世界と光である。所与の対象たち、衣服をまとった存在たちは、私自身とは別のものだが、私のもの（le mien）である。[…]「私の」理解に供された世界のうちで、私は独り（seul）である。つまり決定的に（définitivement）ひとつ（une）である実存のうちに閉じ込めら

れている」（Lévinas 1947a: 144、［　］・傍点引用者、以下同様）。

このような「孤独」が乗り越えられるのは、どのようなときだろうか。それは主体が、その認識から絶対的に逃れる「他なるもの」と関係するときのみである。初期のレヴィナスは、そのような他なるものとして、とくに「女性的なもの」と「子ども」を挙げる。前者との関係が「エロス」であり、後者との関係が「父性」あるいは「繁殖性」と呼ばれる（エロスの位置づけは初期と中期では大きく変化し、それにともないエロスと繁殖性は同列に扱えなくなるのだが、ここではその点には立ち入らない）。エロスについて言われる次のような特徴は、子どもとの関係にも当てはまると考えられる。

「エロスは、戦いでも、融合でも、認識でもない。さまざまな関係のうちでのその例外的な位置をみとめなければならない。それは他性との関係、神秘との関係、すなわち未来との関係、すべてがそこにあるような世界のうちで、決してそこにないものとの関係、すべてがそこにあるときに、そこにありえないものとの関係である。そこにない存在との関係ではなく、他性の次元そのものとの関係である」（Lévinas 1974b: 81）。

「女性的なもの」や「子ども」はレヴィナスにおいて、現実の女性や子どもという何らかの存在ではなく、そこにありえない「他性の次元そのもの」であり、「他性という出来事」である。したがってそれは、主体という存在者と、もうひとつ別の存在者とのあいだの関係ではない。他なるものが現れるのは、主体においてのみである。ただしそれは、主体に属する領域から、言いかえれば、認識から逃れる「出来事」としてのみ「現れる」。つまり逆説的にも、主体に現れずにそこから逃れるというその仕方が、他なるものの「現れる」仕方なのである。「他者のこの不在こそが他なるものとしてのその現前である」（Lévinas 1947a: 163）。

したがって、主体とそれら他なるものとのあいだの隔たりは、主体とそれらをひとつのものに統べることのできない根源的な「二元性」である。しかもこの隔たりは、主体とのあいだにあるのではなく、主体のうちにあることになる。というのも「女性的なもの」や「子ども」は、主体においてのみ、不在というかたちで「現れる」からである。主体のうちに、他なるものとの越えることのできない隔たりが、いわば織り込まれ、畳み込まれているのだと言える。主体が、本来うちに含み込めないはずのものを、含み切れないという仕方でうちに含んでいるという、矛盾した事態である。

これによってはじめて、「ひとつ」という主体の「孤独」は破壊される。というのもこのとき、主体は、自分独りの「孤独」という仕方で、つまり自分から出来したものにしか出会わないという仕方では存在していないからである。反対に、自分と他なるものとの隔たり、「ひとつ」に集約することのできない「二元性」が、主体を構成している。このとき主体は、いわばそれ自体が「関係」として存在している。このことをレヴィナスは、存在すること、あるいは「実存することそのものが二重になる」ことだと考える。

> 「性、父性、死は、実存に、おのおのの主体の実存することそのものにかかわる二元性を導入する。実存することそのものが二重になるのだ。エレア派の存在の概念は乗り越えられる」

(Lévinas 1947b: 88)。

②　私は「私の子どもである」

この「実存することそのものの二元性」について、ここからは子どもとの関係に焦点を絞って、さらに考え進めてみたい。レヴィナスは次のように言う。

「私は私の子どもを持っているのではない。私はいくぶんか、私の子どもであるのだ。ここでは『私は…である』（« je suis »）という語だけが、エレア派やプラトン主義の意味と異なる意味をもつ。実存するという動詞には、数多性と超越がある」(Lévinas 1947b: 85-6)。

私が「私の子どもである」とはどういうことだろうか。もちろん、子どもが私と他なるものであることを否定したり、私の子どもは私であるも同然だとか、私の子どもは私の一部であるなどと言うのではない。むしろその反対である。レヴィナスにとって「子ども」は、一面では主体と連続するものでありながら、主体にとってまったく他なるもの、無限に他なるものである。それを踏まえてあえて、私がそのような「子どもである」と言うことは、私が私でありながら、同時に、無限に他なるものであると言うことに等しい。このことをレヴィナスは、「私は…である」(je suis) が二重化する、言いかえれば私の「実存することそのものが二重になる」(Lévinas 1947b: 88) のだと言い表す。

「私は…である」、つまり私の実存することは、もともと、私が私自身に繋がれていること、他を経由しつつもそれを同化して自分自身に回帰する円環運動にほかならない。私の私自身とのそうした閉じた関係が自己同一性をかたちづくっている。それが「孤独」と呼ばれた「一なるもの」あるいは「同」というあり方である。ところが、この私自身との閉じた関係の内部に、子どもという他なるものとの関係が分け入ることで、「一なるもの」は根底的に攪乱され、分裂する。「一なるもの」である私の実存することは、こうして二重化し、二元化する。

そのときの私は、子どもという無限に他なるものとの「関係」そのものとなった私である。私自身との閉じた関係に代わり、私と、私でありかつ他なるものである子どもとの関係が、私を形成するに至る。私の自己同一性の内奥に他なるものが入り込み、他なるものをうちに含むそのあり方が、私の新たな存在の仕方となるのである。そのあり方をレヴィナスは「父性」[2]と呼ぶ。「父性とは、私自身との関係、ただし、まったく他人でありながら私である、見知らぬ人との関係である」(Lévinas 1947: 85)。父性（父であるという私のあり方）とは、たしかに「私自身との関係」であるが、ただその私自身は、私でありながら、私の子どもという他なるものでもある。したがって父性とは、私と他なるものとの関係というかたちでの、私自身との関係だということになる。別の言い方をすれば、子どもという他なるものとの関係が、私自身を形成しており、そうした私のあり方を、レヴィナスは父性と呼ぶのである。

それは、私自身が私と子どもとの関係そのものであること、言いかえれば、私が他なるものとの関係そのものであることだろう。私が私自身との、再帰する閉じた関係によって成り立っていた自己同一性から、他なるものとの関係によって成る仕方へと転じる。つまり私と他なるものとの二元性が、私自身を形成するに至る。主体の「実存することそのものが二重になる」とはこのような事態だと解釈できる。

このような主体が、人間を「生むもの」という観点から見たときに浮かび上がるひとつのあり方と言えるのではないだろうか。それはひとつには、次章で見るように、人が自分の子を生むという個別の経験に重ねて考えうるだろう。つまり、子を生み、親となるという、一種の他なるものの経験が、それまでの個としての、「一なるもの」としての主体を覆し、その結果、子どもという他なるものとの関係が、新たに主体を形成するに至るというふうに。

しかし父性と繁殖性をめぐる既述の考察は、同時に、そうした個々の偶然的な経験を超えた次元でも、あるいはその次元でこそ読まれる必要があるだろう。個々人が生んだり生まなかったり、あるいは子どもを生み、集中的にかかわる時期とそうでない時期があるといった経験的な差異を捨象し、あるいは含みこんだ上で、人間というものを、続く世代を生み繋ぐものとして見る見方である。人間は自分独りで完結した個ではなく、自分とかかわりはあるが、自分の認識や力の及ばない、まったく他なるものである「未来」にはじめから開かれ、さらされている。むしろそのような未来との関係を含み込んではじめて成り立っている。このときの「子ども」は、個人としての自分自身が生む子どもにかぎらない。本章では扱えないが、自分の死後も生き、そして生まれる人間、また人間にかぎらないものも、それは含んでいると考える余地がある。[3] 生まれたこと、被造性という観点から見えてくる、自分を超えた他なるものとの関係が、必ずしも自分の両親との関係を指すのではなかったように。こうして、主体を「生むこと」から見ることは、「生まれたこと」から見ることにつながり、重なり合う。言いかえれば、主体の繁殖性は、被造性と重なり合う。人間が生まれ、生むものであるかぎり、人間は第一に、自己同一的に確立される、自律した存在ではなく、自分を超えた他なるものとの関係に、いわば過去と未来の両側から、その中心を穿たれた存在、そのようにしてはじめて成り立つ存在だと言える。

二、生む・生まない／産む・産まない4

1 動物性との隔たり――生むことの「人間的」側面

本章一節で、生殖するものとして人間を考えることは、一面では動物と変わらないものとして人間を見ることに等しいと考えた。そのとき私たちは、何をもって「動物的」と呼んでいたのだろうか。それは私たちの、身体の存在感の大きさであろう。つまり私たちが、身体の要求に、また身体固有の営みに引きずられ、服従しがちということである。言いかえれば、身体のむき出しの営みが主となり、私たちの意志や知識や技術をそれに介入させ、自由に、思い通りにコントロールし、変容しうる余地が少ないこと、したがって進歩や創造の余地が少ないこと、結局、私たちがそれに対して自律的というより他律的であるということである。そこでは、自らの身体の出来事に対して距離をとること、言いかえれば「猶予」を差し挟むことができない。

ところが生むことは、ほかの身体的営みとまったく同じではなかった。先にはそれがほかの個体との「関係」である点に注目したが、さらに異なるのは、すでに触れたように、すべての人間が生むわけではないという点である。生殖には、性差や個人差が本質的な要素としてつきまとうのだった。人間はみな生殖の結果この世に生まれるが、自分自身は生殖を行わなくても、自らの生を維持する上では何の差し障りもない。つまり生殖は、自分の身体に、自分の生に不可欠な出来事ではない。

　ということは、生むことは、食べることや、老いて、病み、死ぬことと異なり、理論上は、身体と分離しうる営みだと言えるのではないだろうか。つまり、すぐれて身体的営みでありながら、その身体のための営みではない点、当の身体と分離しうる（理論上は、身体と別個に起こりうる）点で、ほかの身体的営みと決定的に異なる。

　そしてそれは、具体的には、そもそも妊娠するかどうか、そして妊娠後は、それを継続するかどうかに関して、「選択の余地」があるということを意味する。人間はそこにある程度、意志を介入させ、自由や力（技術）を行使しうる。ということは、人為的に妊娠させたりさせなかったり、あるいは妊娠を継続したり中断したりしうるということである。たとえ現実には、まったく自由に、また思い通りになることの方が少ないとしても。ここに動物との決定的な差異が生じる。というのも、身体と分離しうるという余地は、意志や知識を介入することでそれを生かせない動物にとっては、なきに等しいからである。その余地を押し広げたのは人間のなせるわざであり、その隔たりは生殖技術によって決定的になったと言える。このように生むことは、一方では、人間を動物性の次元に引き戻す営みでありながら、他方で、動物との差がほかの身体的営みより大きく開きうる、きわめて「人間的な」営みでもあることになる。

① 性と生殖の分離

生むことと身体の分離の最初の段階であり、かつもっとも重要な分離は、身体の交わりである性行為と生殖の分離であろう。「性行為（Aとする）を行った結果、ときに妊娠し出産する（Bとする）」。この流れ自体には、動物も人間にも大差ない。しかし人間は、その流れを必ずしも自然に任せないで、性行為（A）と生殖（B）を分離しうるよう努めてきた。分離の仕方は一様ではないが、生殖技術が行使されるまではそのほとんどが、性行為は自由に行うが、そこから妊娠・出産・養育という結果を導かない方向で分離が行われてきた。つまり「前者（A）だけを享受して、後者（B）を排除する」という分離の仕方である。本書の主題である「生殖」という観点から見るとき、この分離の仕方は、生殖を選ばない、あるいは生殖を抑制するという消極的なものにとどまる。主なものは、避妊、中絶である。近代までの日本では間引きや子殺しも行われていた。[5]

これに対し、現代の生殖技術は、A→Bを自然の成り行きに任せず、Bの発生率を高めたいという不妊の人々の要望に沿ってはじまり、Aを経ずに、それを人工的に代行して、Bを生じさせうるところまで至っている。つまり先ほどとは逆に、「Aに制約されずに、Bを（できるだけ思い通りに）享受する」、という分離の仕方である。生殖の観点から見たとき、生殖を積極的に選択し享受しようとするこちらの分離の仕方の方がより重要であり、生殖を厳密な意味で「選択」すると言えるのはこちらをまってはじめてだと言える。ただしそれには、少なくない人々にとって、望むときに「自然に」子を得られるわけではないという、現代の「不妊」の領域の大きさが前提にあるだろうが。[6]

② 生殖の脱身体化

さて、性行為に制約されずに生殖をできるだけ思い通りに享受するとは、具体的には、精子と卵子の出会いを性行為の自然の結果に任せないことであり、その過程に技術が介入して受精の確率を高めることである。歴史的には、それはまずは「人工授精」によって、次段階には「体外受精」によって可能になった。[7] 前者は精子のみを身体から分離するが、後者は精子と卵子をともに身体から分離し、肝心の受精をも身体の外で生起させる。私たちが先に見た、身体と分離しうるという生殖のあくまでも理論上の本質を、現実にも可能にした点で、その開発と普及は画期的である。受精過程の身体からの分離というこの点から、生殖医療の多くの可能性が開かれるとともに、多くの倫理的問題もここから生じると言える。[8]

そして医療技術は、受精に介入するにとどまらず、子宮への着床や、胎内環境の維持、早・流産の予防など、出産に至るまでのその後のいくつもの「関門」にも介入し、自然に任せるよりも高い確率で妊娠を全うできるよう、働きかけ操作する。それはさしあたりは、妊娠する身体に対して操作を加えるかたちで行われるが、より完璧に操作し、コントロールすることを追求すれば、早晩、あらゆる過程を身体から分離しうる方向へと向かうことだろう。[9] 理念的にはすでにそれを目指していると言える。というのも、私たちは身体で行われる事柄を完全にはコントロールできないから、私たちの思い通りに管理・コントロールしようと思えば、身体に任せておかずに、そこから切り離して人為的に行う方が有効だからである。たしかに、妊娠過程には、着床のメカニズムなど完全に解明されていない点も多く、単に妊娠・出産を確実に遂行するためだけならば、人為的に代行するよりも、身体に任せて、技術はそれを補助するにとどめた方が得策かもしれない。しかし、そこに私たちの意志を介入させ、できるだけ自由に、思い通りに管理・コントロールし、しかもできるだけ選択の幅を広げようとするならば、つまり生むことに関して、他律的であるよりも自律的でありたいと望むならば、あらゆる過程を身体から切り離しうるに越したことはない。

たとえば受精を身体の外で行うことによって、精子と卵子を選択する幅が飛躍的に広がる。それらの質の選別だけではなく、組み合わせの幅も、夫婦に限定されずに第三者にまで広がる。また受精卵をすぐに子宮に移植せずに、体外でしばらく培養することで、質の選別に加え、場合によっては遺伝子や染色体の診断や、性別の選択も可能になる（着床前診断）。あるいは、人工子宮が可能になれば、早・流産しやすい体質の場合や、病気や高齢等で出産に耐えられない、また子宮がない場合など、従来、出産できなかった人が出産できるようになる。それに加え人工子宮内ならば、胎児の病気の発見や治療もしやすくなるだろう。このように、生む過程をより見えやすく、より操作しやすく、管理しやすくするために、体内で行われている過程を体外に移すことが、ときに求められ、積極的に選択される。

それは必ずしも、身体を忌避し、あらゆる生殖を身体抜きに行うことを理想とすることではない。身体を用いずに生殖することが技術的に可能になったとしても、完全に取って代わられるとは考えにくい。人工乳（ミルク）が開発・改良されて長年経っても、それが母乳に完全に取って代わることがなかったように。また身体から分離することそれ自体が重要なわけでもない。そうではなく、身体に頼らなければ生殖がかなわないという、身体の制約から自由であることが重要なのである。それは私たちが生むことに対して、他律的から自律的になることである。それは見方を変えれば、身体から生むことの主導権を奪うことであり、その結果、身体が受動的に技術を施される対象に、その意味で機械と変わらない対象になり下がることである。

先ほど私たちは、生殖は複数の個体がかかわる関係的な出来事であるために、食べることや病むことなど他の身体的な営みと異なり、身体から分離しうると考えた。食べることや病むこと、死に至ることについても、身体がその主導権を奪われ、人為的な操作を受動的に被るだけの対象になり下がることは起こりうる。ただ、それらは身体抜きでは成り立たない営みであるから、それを完全にコントロールすること、言いかえれば私たちが完全に自律的であることはできない。それに対して、身体から理論上分離しうる生殖については、人間はどこまでもその分離を徹底し、自律的であることを追求することになる。生殖医療の発展の道行きがそれを現実に物語っているだろう。

それでは、生殖と身体との隔たりが広がりつつある今、私たちの状況はどうなるのだろうか。ひとつには、生殖に関して、意志と自由を介入させる余地、選択の余地を広げた分、私たちはすべてにおいて考えなくてはならないだろう。考えた上で、自分の責任で態度を決めなくてはならない。これまでならば考える必要のなかったことまでも。自分に子どもを生む欲求があるかどうかからはじまり、なぜ生むのか、生まないのか、生むべきか否か、どのように、またどこまで技術を用いて生むか。どこまで自分の欲求の実現を追求するか、あるいは「自然」に任せるかなど[10]。

もうひとつには、生殖と身体との隔たりが広がった結果、そこに介入する意志やコントロールは、生む個人のものにかぎらない。コントロールする余地が開いたがゆえに、そこに、ときに相矛盾する利害関心が集まり、それぞれの立場から自分の思う通りに利用しようとする欲望が発生する。従来の

「家」や、共同体、国家による、直接的・間接的な干渉や管理に加え、医療技術を利用した場合、当事者と必ずしも一致しない医療者側の思惑もまた、そこに忍び込みうる。[11] したがって、身体のはたらきに従属することなく、生殖をコントロールできるようになったからと言って、それは必ずしも生む本人が自律的になったことを意味しない。また生殖が十分に身体から分離せずに、生殖技術が産む身体への介入を深めている現段階では、産む女性の身体が、本人の気づかないうちに他のさまざまな立場の人々の思惑による管理やコントロールの対象になり、ときには利用され翻弄される可能性もある（芦野・戸田一九九六、上野・綿貫一九九六を参照）。コントロールしようと思った結果、逆にコントロールされることにもなりうる。こうして生殖はより一層、さまざまな人間の思惑が交錯し、対立する場となりうる。この意味でも生むことは、動物的側面も残しつつ、同時に、「人間的」な営みの最たるものにもなるだろう。

2 「同一性」を攪乱する「他なるもの」としての生殖

① レヴィナスの「実存することの二元性」を受けて

生むことには、自分とは異なるものに突如として襲われ、それまでの自己のあり方を根底から覆されるという側面がある。それはひとつには、先に見たように、生むことが、老いることや病に侵されることなどと同様、身体優位の、いわば身体にひきずられる出来事であり、その意味で動物的な出来事だからである。妊娠や出産、授乳という一連の身体的出来事がその核をなすだろう。しかし生むことは、自らの身体のみにかかわる老いることや病むことなどとは異なり、子どもという他なる存在と避けがたくかかわる、関係としての出来事でもあった（ここでは「生むこと」を、出産だけでなく、育てることも含め、親となること、子どもとの関係が生じることと広くとらえることにする）。子どもという思い通りにならない存在、またはじめは自分の身の回りのすべてのことを他人にしてもらわなければならない依存した存在を抱え込むことは、それまでの自分の行動パターンや生活から、より自分の存在のあり方に深く根差した部分に至るまで、自分を構成するあらゆるものに影響しないではいられないだろう。

このような事態を、先に見たレヴィナスに沿って見るとき、生むことは、主体の同一性を他なるものによって覆されることであると言えるだろう。また、自律した「一なるもの」としての主体が、自分を超える他なるものによって攪乱され、それとの関係に浸食されることであるとも言える。その結果、子どもという他なるものとの関係が新たな主体のあり方を形成することになるのだが、それは自己同一的なあり方とはほど遠く、他なるものとの超えられない隔たりをうちに抱えた、あるいは、ある意味で他なるものとの関係そのものから成る、「ひとつ」に集約できないあり方である。すなわち先に見た、レヴィナスが「実存することとそのものの二重性」と呼んだ主体のあり方である。ただ、それは俗に言われるように、よい経験をしたとか、人生の糧になったということとは次元が異なる。その場合、それまでの自分の自己同一性は維持され、それが豊かになったということにすぎないからである。それはレヴィナスから見れば、他のものを吸収しては自分自身に回帰すること、そのようにして、変化しつつもそれを貫いて自己同一性を保つことである（「繁殖性は私がつかみうるあらゆるもの、私の諸可能性を指してはいない。それは同の未来ではない私の未来を指している。新たな変身ではない。自己同一性の残余、受け継がれた糸に由来する自己同一性、いくつもの変身の連続性を保証する私に生じうる歴史や諸出来事ではない」(Lévinas 1961: 245))。

生むことは、それまでの自分のあり方を攪乱し、変容しうる。しかも単に別のあり方に移行するのではなく、他なるものとの関係によって攪乱され、ひとつに集約できずに引き裂かれたままでいること、別の言い方をすれば、自らの思い通りにならない他なるものとの関係それ自体が、そのまま新たな自分のあり方となるような、そうした事態である。

このことは森崎和江が、自身の妊娠していたときのある感覚をもとに考察していることと、よく通じているように見える。そこで、しばしば引かれる次の箇所をここでも引用しておきたい。

> (妊娠五か月のある日、友人と話しているときのこと。〔引用者付記〕)「そして、突然、私は言葉に詰まりました。『わたしはね』と言ったとたんのことです。それまで持っていた『わたし』という用語のイメージが、ゆらりと傾きました。〔…〕私が自分のものとしてきた『私』という一人称の概念が、胎児を意識することなく話をしている最中に、私自身の実態からぽろりと剝げ落ちかけた感じでした。あわてた私はあらためて、一人称にぐっと意識をこめて、『わたし』と言いました。しかし以前の充溢感はよみがえりません。すきまができていました」(森崎一九九四：九二)。

それまで自分に対しても、他人や社会に対しても違和感なく使用していた一人称の「わたし」、「生涯ゆるがぬものだと[12]」思っていた「わたし」が、「なぜか、ふいに、胎動を感じながら談笑していた私から、すべり落ちた」とも表現する。この感覚を森崎は、「『わたし』という一人称の偏向」のために起こったのだと、後から分析する。それまで意識しなかったが、「わたし」とはじつは、「女自身の感覚や生態や意識を素通りしたままで使われている言葉だった」のであり、言いかえれば、「さっぱりと、男の一代ふうな排他性で自己完結して」いる言葉だったのだ。言葉に敏感な森崎は、そうした「わたし」という語によっては、今の自分をもう言い表せないことを、突然、前触れもなく感じてしまったのだろう。

「順調に育っているという体内の他者の生命を、『わたし』は、『わたし』の実質に加えていませんでした。『わたし』は意識活動の主体なのですから。『わたし』は『自己』なのですから」（森崎一九九四：九五）。

森崎はこれを、さしあたり妊娠した状態について述べているが、これは本書が扱っている広義も含めた生むこと全体に当てはまると言ってよいだろう。実際に、森崎自身もこの感覚を足がかりとして、次のように考え、主張する。「人のいのちを、自己完結する側面だけでとらえる」のではなく、「人のいのちは生まれて、産んで、そして死ぬという生命連鎖をふくんだ形でとらえてこそ、その全体は見え」るのだと。そして「『産むこと』を内在させた『わたし』」を考えていく必要性を説く。言いかえれば、「産む、という他者にかかわる行為や生態」を、つまり「単独者としての『わたし』に内在している他者への可能性」を切り落とすことなく、「わたし」を考える必要性である。森崎のこの視点は、レヴィナスが「私は私であり、かつ子どもである」と言うときの、また「実存することの二元性」と言うときの視点と重なっているのではないだろうか。

② 身体と「身体性」の差異――「性差」の観点を挿入しつつ

①で考えたことを、「性差」の観点を差し挟んで改めて考えてみたい。生むことについては、その女性の身体との切り離しがたさが強調されがちである。つまり出産する女性の側にそれが割り振られてしまいがちである。森崎の上の見方も、とりあえずはそのようなものになっている。[13] とはいえ、妊娠し出産するのが女性だからといって、生むことをめぐり、他なるものに襲われ、その自己同一的なあり方を覆されるのは、女性だけなのだろうか。すると男性は、生むことを経ても相変わらず、自律的で自己同一的な、「同」としての主体であり続けることになるのだろうか。

たしかに、出産を自らの身体をもって遂行し、それによって身体ごとその「動物的」な出来事に巻き込まれるかどうかは、子どもとの関係が自己の存在のあり方に影響を及ぼす決定的な契機になりうる。その点だけ見れば、出産しない男性は、子どもとの関係まで含めた生むことを、自分の存在のあり方から完全に分離することも可能であることになる。たしかに、出産したか否かというその点が分かれ目になる場合も多くあるだろう。

しかし他方で、生むことが思いのままにならない他律的な出来事となりう*る*のは、程度の差はあれ、父親となる男性にとっても同じであるはずである。たとえば子を望んでも授からず、また流早産・死産を避けられずに、そうした経験によって傷つき、悲しむのは、程度や質の違いはあっても、男性もまた同じである。[14] さらに生むことを広義にとって、子どもを世話し、養い、育てることも含めて、子どもの親となることととらえれば、産まない男性にとっても、またさまざまな事情によって誕生後に親となる養父母（出産を代理母に依頼した夫婦なども含め）にとっても、それは、他なるものに襲われ、それまでの自己のあり方を根底から覆される出来事になりうると言えるだろう。

　すると、自分の身体をもって出産するかどうかは、重要な要素のひとつであるにしても、決定的な要素、あるいは不可欠の要素とは思われない。むしろ妊娠・出産に過大な価値をおき、神聖視するきらいがあると言える。そのことが、生むことを女性の「特権」とし、後で見るように、女性と男性のあいだに人為的な境界を引いてしまうことにもつながる。だとしたら、生むことが、ある人の自己同一性を揺るがし、子どもという他なるものとの関係がその人の新たな存在の仕方となるかどうかは、それが物理的に自分自身の身体を通して行われるかどうかよりも（生殖は身体と理念的には分離可能だったから）、むしろそれが身体で起こるゆえのままならなさに、身体の圧倒的優位に、わがこととして十分身をゆだねるか、そこに巻き込まれるか、にかかっていると見ることもできる。そのときの「身体性」とは、物理的な身体ばかりを指すのではなく、比喩的あるいは象徴的な次元での身体性のこともある。レヴィナスの言う身体性がそうであるように。むしろその次元でこそ、身体性を考える必要があるだろう。というのも、産む女性にとっても、広くとらえた場合の「生むこと」のすべてが、文字通りの身体において起っているわけではない。妊娠・出産・授乳など身体そのものが不可欠な営みもあるが、それは限られた期間であり、それ以外は、またそれらにおいてすら、生むことの「身体性」は象徴的な意味合いを含んでいると言えるからである。

　じっさいに、出産した当人がときに、粛々と義務を果たした以上の気持ちがわかず、子どもへの愛着や何か特別なことが起こったという感覚をもてないこともあれば、出産に立ち会った父親や家族、あるいは立ち会うことすらなく、遠くから気にかけていた父親が、自分が出産したかのように、世界が一変したような感覚に襲われることもある。それはたとえば、自分の大事な人が傷つけられたときに、自分自身が傷ついた以上の「痛み」を感じることがあるのと同じだろう。ある出来事の「身体性」はこのように、物理的な身体に、また自分自身の身体にも限定されることなく、それをわがことと感じる人々に共有されることがある。とくに生むことは、先から見ているように、すぐれて身体的出来事でありながら、食べることや病むことなどと異なり、あるひとりの身体にのみかかわる出来事でも、それと原理的に切り離せない出来事でもなく、人と人とにまたがって起こる関係的な出来事であればなおさらである。

ではそうだとすると、反対に、そのような「身体性」に身をゆだねないこと、生むことによっても自己同一性が揺るがされずにそれを維持することとはどのようなことだろうか。それは、身体的な出来事がもたらしうる未知の部分、こう言ってよければ、それが帯びる「他者性」を、それまでの自分を形成し、自分がそれに従ってきた論理、それを「同の論理」と呼ぶとすれば、そのような論理で切り取ってしまうことだと言える。また、「他なるもの」からのはたらきかけを、じかに身をもって被ることなく、「同の論理」によってそれを迎えうち、解釈し、論理からはみ出るものを切り捨て、あるいはそれに整合するよう調整し、コントロールしようとすること、つまり他律的であることを自分に許さず、本来他律的な出来事に対しても自律的であり続けようとすることだと言える。

③　生むことのコントロール――「出生前診断」を中心に

そもそも現代人の多くは、人生の大部分において、避妊することで妊娠が起こらないよう生殖をコントロールしている。それはほとんどの時期で、生むことが受け入れられないからである。理由はさまざまだが、自分の生を支えている論理によって、その時期に、生むことの他者性が受け入れられないからだろう。期せずして妊娠してしまった場合、その論理を曲げて生むことができるかどうかを考え、できないと判断された場合、多くは中絶することが選ばれる。避妊と中絶（堕胎）は私的で原始的なものを含めると、古くから人間が生殖をコントロールする手段であったが[15]、その方法が普及し、より安全確実となり、社会に認められるにつれ、人間が意志と知識と技術によって、生殖の他者性をコントロールする度合いは高まっていると言える。

そして現代の生殖技術の発展により、そのコントロールは、避妊と中絶によって生まないようにするという消極的な方向だけでなく、積極的に生殖を促し、あるいは引き起こす方向にも拡大していることはすでに見た。ここで取り上げたいのは、生殖技術のうちのとくに出生前診断である。これによって、生みたくないときに生まず、生みたいときに生むというコントロールに加え、生みたくない子どもは生まないで、生みたい子どもだけを生むというコントロールの仕方が加えられることになる。いわゆる命の選別である。

子を生み育てることはみな、生む側があらかじめ抱いていた想像や予想を大きく裏切ったり、それを凌駕するのがつねであるが、子どもに病気や障がいがある場合はその比ではないだろう。病気や障がいがあるかどうかが生む前にあらかじめ分かるのならば知っておきたい、知った上でよく考えて、生むかどうかを自分たちの意志で選びたいと思うのも、生む側からすればもっともである。しかしよいか悪いかの判断はさておき、そのことが、生むことの帯びる他者性をそのまま身に被ることとは対照的に、「同の論理」によって、生むことを計り、考量し、選択していると言えることは確かである。それは現在もてる、病気や障がいについての知識、自分たちの状況、人生観、成し遂げたい仕事などによって、迎え入れることのできる「生むこと」を選択し制限することである。現在に依拠した「同の論理」に沿うものだけを受け入れること、要するに、生むことの他者性をそのままには迎え入れないことである。海外では着床前（受精卵）診断を受けての体外受精による男女産み分けも行使されているが、ここにおいては自分たちの「同の論理」に、生むことの方を、「力技で」合わせようとする度合いがさらに強まっていると言える。[16]

その是非をここで問うつもりはなく、自分に問えるとも思わないが、ここではそれとは少し異なる角度から考えてみたい。ひとりの人間がその人生において、「他なるもの」を拒み、自己同一性を守って生きていくとしても、それはそれでいいのかもしれない。いずれにしてもそれはその人の生に閉じた問題だからである。ただ、それがひとりの人間の命と引き換えに行われるとしたら、そしてそれが、「同の論理」を超えた他なるものの、この世への参入を拒んでいることになるとしたら、その重みは見過ごすことができないものである。先に見たように、生殖は人と人にまたがる関係的な出来事であった。

出生前診断や着床前診断について、障がい者の側から唱えられる異議はよく取り上げられる。[17]診断によって障がいが分かった場合に中絶すること、あるいは受精卵を移植しないことを許すならば、それは障がい者が生きる権利、あるいは生きる意義、生きている幸せを否定することに等しいという主張である。さらに、社会にそのような考え方が浸透し、また障がい者の数が減少すれば、現に生きている障がい者にとってはますます生きづらい社会になるとも主張する。たとえば男性優位の場で女性の地位が、あるいはある国で外国人の地位が改善される大きな要因のひとつは、少数者の数が増えることであり、それにより人々の意識が変化することであることを考えれば、それに逆行しうる事態に障がい者側が反対するのはもっともであり、切実な主張であることがよく分かる。障がい者やその親、家族にとっては、そうした事態を許しうる診断の承認と普及は、まさに自分たち自身に加えられる暴力だと感じられるだろう。もちろん、生まれることが許されない胎児や受精卵にとってそれが暴力であることは言うまでもない。

他方で、病気や障がいのある子どもをどうしても生めない、育てられないと判断し信じている生む側の人にとってみれば、社会から他なるものを排除し差別することになるという理由で、診断しうる技術があるのに、それを用いずに、どんな場合でも生みなさい、それが嫌なら生むこと自体をやめなさいと迫られることは、社会の問題を、不合理にもその身一身で引き受けるよう突き放されたようで、それもまた、わが身にふるわれた暴力だと感じられることだろう。中絶をめぐっては、女性の身体をその中心として、社会と生む側とのこうした攻防が長く繰り広げられてきた。

先に、生む側の論理を「同の論理」とみなし、それが他なるものを迎え入れることを拒んでいるのだと見たが、どのような解決を試みるにせよ、生む側の「同の論理」がそのままであるかぎり、病気や障がいのある子を生むことは進んでは受け入れられない。また仮に出生前診断の道を広く開かずに、事実上どんな場合も生むことを強制するならば、それが生む側にとって暴力となることは避けられない。だからと言って、生む側の事情を斟酌して、規制を緩和したところで、どちらかの側に暴力を甘受させざるをえない基本的な構造は変わらない。

もし生む側が暴力を受けたと感じずに、しかも障がい者や病気の人の側にとっても暴力が、なくならずとも少しは和らぐと感じることがあるとすれば、つまりどちらかに暴力を押し付けることで解決するのではない道があるとしたら、それは生む側の、そして社会の、「同の論理」と呼べるもの自体を少しずつ変え、他なるものを受け入れうるものに、より正確には、他なるものとの関係の上にはじめて成り立つものへと変えることのみだろう。[18] それはレヴィナスの思想に沿って言うならば、人々の存在の仕方が、「実存することの二元性」へと変わることだと言ってもよいだろう。

現在、障がいをもつ子どもを育て、生んでよかったと感じている人でも、もし生む前に出生前診断等で子どもの障がいが分かっていたら、生んでいたかどうか分からないと考える場合があるという。ここに見られるのは、子どもを生む前に生むか否かを判断する自分と、実際に子どもを生んだ後に、生んだことを判断する自分とのずれであり、自分のあり方の変容であるだろう。診断の結果を受けて生むかどうかを考えているのが「現在」の自分とすれば、その自分は、子どもを生んだ後の自分や子を取り巻く状況を予測し、いわば「未来」を先取りして判断を下すことになる。しかし仮にその予測が正確だったとしても、それを耐えられないとか、幸せでないなどと判断する自分のあり方が、当の「生むこと」を経て変化し、その結果、別様に判断する可能性があるだろう。具体的には、実際に我が子を生み、その子とともに、それまでと一変した状況に順応したり、格闘したりする中で、何を幸せと感じ、何を自分の生活や価値観に受け入れられないと考えるかが、つまり判断の枠組み自体が変わっている可能性がある。言いかえれば、「同の論理」、「同」のあり方が、他なるものの経験を経て変化している可能性である。ここに、未来のことを先取りして、現在においてそれを判断してしまうことの怖さがある。「現在」の自分がそのままで、一足飛びに、子どもをもった自分の状況をつぶさに知ることができるとしたら、障がいの有無以前に、多くの人が自分には子育ては無理だと判断しうるのではないだろうか。実際には、少しずつくぐり抜けてそこにたどり着いた自分は、判断したときとは違う自分かもしれないのに。もちろん予測以上に絶望を感じる可能性も決して少なくないだろうが。

④「主体的な」お産と生むことのコントロール

これまで見てきたように、生むことはある意味で他なるものの経験だと言える。それは生むことが、身体性の次元に私たちを引き戻すからであった。しかしすでに触れたように、身体性と物理的な身体とは必ずしも重ならない。たしかに、妊娠・出産という営みは女性の身体で行われるから、一見すると生むことをめぐっては、女性のみがその他者性を被るように思えるが、実際はそうではなかった。妊娠・出産が、物理的には自分自身の身体で行われていても、「身体性」においてそれを経験しているとは言えない事態、言いかえれば、その他者性を身に被っているとは言えない事態もありうる。それでいて生むことを本人が十分にコントロールしているわけでなく、むしろ産む当人が生むことから疎外されることもありうる。

近年、「主体的な」お産を取り戻そうという動きがあるが、それはそのような疎外された状態から、生む当人たち「主体」のお産に立ち返ろうとする動きである。具体的には、現代主流になっている、病院で、医療と医療者のしばしば行き過ぎる管理下で行われる出産の仕方を見直そうとするものである[19]。もともと、思わぬ事態にもすぐ高度な技術を駆使して対応できるように、そうして妊婦や胎児の死亡や後遺症を減らすことを目的のひとつとして、お産が病院で行われるようになった。それは現代でも決して安全とは言えないお産を、自然に任せず、医療によってコントロールすることで、できるだけ安全確実に遂行しようとするものである。これは自然に対して人間が主導権を握ろうとすることだと言ってよい。人間が医療を駆使し、できるだけ「主体的に」なろうという試みである。しかし医療の介入が進むほど、その反面、産む当事者である妊婦が、主体ではなく受け身になってしまった、そこでふたたび妊婦が主体的に行えるお産を取り戻そうというのである。

ここで、「主体的」という言葉がどのように使われているかを振り返ってみたい。「主体的な」お産を取り戻そうという主張の意味するところは、生む側の意志や自由、それによる選択を介入させて、お産を自然の成り行きから切り離し、任意の方向に自由に変えよう……ということではないだろう(たとえば仕事の復帰に都合がよいように出産日を決めるとか、陣痛を避けたいから無痛分娩を行うとか)。そうではなく、自分の身体で起ころうとしていることを、危険をもたらすものではないかぎり、妨げずに十分発現させること、その意味で、妊婦の身体をふたたび妊婦自身に取り戻した上で、意志に対する身体の優位を尊重すること、言ってみれば身体性に十分引きずられること、他者性を被ろうとすることだろう。生む者が「主体」のお産とは、生む者の意志の主体ではなく、その身体の主体のことである。

ここで起こっている、身体と意志とコントロールをめぐる錯綜した様相に、さらに立ち入って考えてみたい。もともと、産むことをめぐり、身体で起こっている自然に抗うために、具体的には、母胎や胎児の死亡や傷害を防ぐために、人間が医療を携えて出産に介入したのが始まりだろう。これは人間が主体となり、身体で起こる自然の出来事を人間に都合のよいようにコントロールしようとするものである。しかし、ここで言う「人間」とはだれのことだろうか。本来は妊婦やその家族のことだろうが、現代では、生む側が自らの意志を介入させて生殖をコントロールしようとしたら、医療に頼り、医療者と手を組むしかない。これは、生殖医療を利用して妊娠を望む場合も同様である。ところが医療者には医療者の考えや都合やときに野心があり[20]、必ずしもそれが生む側と一致するとはかぎらない。一致しないとき、「人間」の側が二分される[21]。そして専門知識と医療技術に関する権限をもっている医療者の方が立場が強く、その意志の方が反映されることも多い。その場合は、もともとは医療を利用して生むことを主体的にコントロールしたいと望んでいた生む側が、医療に対して受け身になり、振り回される可能性も出てくる。そのとき生む者の身体は、本人の意志と、そして医療者の意志によって、二重に疎外されることになる。

今後、生殖医療技術がさらに発展するにつれ、この事態は一層深刻になると考えられる。もともとは妊娠を望みながら叶わないカップルが、医療による補助を得て、自分たちの意志を実現するために受診するのだろうが、医療者の方には「患者」を助けるのとは別の目標や動機もあるから、両者が違う方向を向きつつ手を組んで、ひたすら医療技術の深い介入を許す方向へと突き進むこともある。技術の方も、今や補助する脇役にはとどまらないほど進化している。それは先に見たように、たしかに理念的には、生殖を身体から外部化する方向へと向かっているが、現段階ではまだ女性の身体が不可欠であるから、発展するにつれ、身体を管理する度合いは高まり、身体に与える負担は大きくなるばかりである。成功率を上げようと思えばなおさら、かりに産む側が「主体的に」考え、選択できたなら不要だったかもしれない投薬なども、思慮する間もなく、ときに十分な説明もなくなされることになりうる。そうして自らの身体で行われているにもかかわらず、自らの「身体性」は疎外され、自分たちがそもそももっていたかも定かでない「欲望」、医療と手を組んだからこそ生まれた欲望に振り回されることにもなりうる（柘植一九九五を参照）。

⑤「身体性」と性差

これまで、生殖をめぐって、「身体性」と身体とは必ずしも重なり合うわけではないことを見てきた。生むことの身体性は女性にのみあらわれるのではなく、男性や家族らもそこに巻き込まれうるし、反対に、産む女性が身体性の次元から、つまりその他者性の経験から遠ざけられ、疎外されることもありえた。しかしそうは言っても、生むことの身体性、他者性のあらわれる中心となりやすいのが女性の身体であることは確かである。

哺乳類である人間が、子を外界で生きられる段階まで育てるのは、いまのところ女性の胎内のみで、それを可能にするための器官や機能などの身体的特徴を女性はかかえている。それは男性にはないものである。たしかに男性も、性行為による受精には女性と同等の役割を果たすが、男性にとっては生殖につながる性行為と、つながらないものとのあいだに、意識としてはともかく身体の次元で差があるわけではないので、生殖のほとんどすべてが女性の身体の出来事として行われると言っても過言ではない。ここから、女性はしばしば「産む性」と規定される。これに基づいて、出産や育児という「再生産」は女性が私的領域で担うもの、他方で、男性は公的領域で生産に従事するという区分が生じることがある。

女性が生産に携わることが当たり前になった現代の社会でも、女性の身体と生殖のこうした結びつきは、女性にとって足かせになることも多い。それは、ほかの障害が取り払われたとしても、男性とのあいだに最後まで残りうる差である。それだけに、女性が産むというその点を、欠点あるいは障害ととらえて、それをなるべく排除することで性差をなくそうと考える立場が出てくるのも無理からぬことである。その立場の人々にとっては、生殖を脱身体化の方向に向かわせる生殖医療は、女性を「産む性」から解放してくれる歓迎すべきものである[22]。

人工生殖が技術的に可能かどうか、普及するかどうかはおくとしても、そのときどのようなことが起こるのかを考えてみたい。生殖の脱身体化は、生殖から、身体とともに「身体性」をも払しょくすることである。男性も女性も等しく、生むことに社会的生活を中断されることなく邁進できる。しかしそれは、実際には子を生むとしても、生むことの他者性を被らずに、同一性を保ち続けることである。それは人間にとって望ましいことだろうか。たしかにそれによって生産性は維持できるし、男女を分ける決定的な差はなくなる。とくに後者は、女性にとっては切実な望みである。出産後の子育てという他者性の経験は残るが、出産をめぐる他者性を払しょくした人間ならば、おそらくこれをも「克服」しようと努めるだろう。そしてほかにも残る身体性、他者性ももれなく「克服」しようと努めるだろう。それが、「同の論理」に沿った、「同」の営みである。すると女性の身体と生殖を切り離すことは、そのような「同の論理」をより堅固なものにしていく、ひとつの大きなステップとなる[23]。それは、生物学的には子を生みながらも、生まれ、生むものとしての人間というあり方そのものを克服してしまおうとすることなのではないか。

おわりに——「生むものとしての人間」へ向けての展望

上のような事態への反発から、女性が産むということを重石と見るのではなく、肯定的に評価し直そうとする立場も生じる[24]。この主張には女性をふたたび生殖に拘束することになりかねないなどの困難が伴い、批判も受けやすい。しかし、女性の身体と生殖を切り離すことに抵抗することは、必ずしも生殖を女性の身体に収斂させ、閉じ込めることに行き着くわけではない。生むことの「身体性」についてすでに考えたように、女性の身体は生殖という出来事の中心となりえてもそのすべてではなく、逆に、女性の身体が生むことの「身体性」から疎外されることも起こりえた。また女性の身体も、生殖にすべてささげられているわけではない。産むのが女性だけだとしても、女性が産むことによって規定されるわけではない（いまのところ女性の身体が不可欠な妊娠・出産でさえも、妊娠期間は約九か月、数人産んだとしても人生のわずか二、三年である）。当然ながら産む女性もまた、生産のため、社会的生活のために、生殖よりもはるかに多くの時間と労力を割いているし、その意味で、「同」の営みからまぬがれるわけではない。

生むことと女性の結びつきを絶対視すること、そして生むことを女性においてのみ考えようとすることは、男性を生むことから疎外するとともに、女性を生むことへと疎外することでもある。[25] だとすれば、生むことに関して、女性と男性のあいだに線を引くことは、じつは恣意的なのではないだろうか。生産と再生産を隔てる境界線は、男性と女性のあいだにあるのではなく、それははるかに入り組んでいるはずである。ひとりの人間のうちにもそれはありうる。単に時期によって違うのではなく、たとえば妊娠中でさえその境を行き来している。あるいは同時に存在するどちらかが、時によって顕在化すると言った方が適切だろうか。

そうだとすれば、女性を生むものとして、産む性として見る見方は、現実の女性をとらえる見方というよりも、産むというひとつの側面に価値をもたせて、その側面から女性の存在全体を見る、あるいはその側面に女性の存在を代表させる、いわば象徴的な見方と言えるだろう。[26] しかし女性にとってもそれがすでに象徴的ならば、それを女性にだけとどめる理由はない。つまり、女性だけを生むものとして見るのではなく、人間の存在そのものを生むものとして、生むものという観点から見ることも可能なはずである。それは個々人が生むか生まないか、あるいは産むか産まないかにかかわりなく、生むことの他者性を被り、迎えうる人間の存在のあり方を、ふたたび見出し、保持しようとすることである。[27]

そして、生殖が女性の身体から切り離しうることを明るみに出した生殖医療の功績があるとすれば、それはひとつには、男性と女性のあいだの線引きがじつは絶対的なものではないことを示した点にあるだろう。それは生むことについての、私たちの固定化してしまった見方を揺さぶり、ふたたび人間そのものを、生むものとして、生まれたものとして考えてみるよう私たちを促してくれる。

注

1 レヴィナスにおける主体の「被造性」についての詳細は、拙稿（中二〇〇六）を参照。

2 これを「父性」と呼ぶことについては、すでにフェミニストらから多くの批判を受けている通り、大きな問題をはらむが、ここでは立ち入らない。本章では、そこに性差の要素が含まれている点を保留し、これを、「親であるという私のあり方」とさしあたり読んで差し支えないと考えている。実際に筆者は、4章でも触れるように、これは男性だけに当てはまる主体のあり方のことではないと考えている。それを「父性」と名指すことに問題があることには異存はない。レヴィナスの論理に従えば、それは「父性」と呼ぶよりも、むしろ「女性的なもの」あるいは「母性」と表現する方が適切だと考えている。レヴィナスは後期には、実際そう考えるようになったと筆者は考えており、『存在することは別の仕方で』での「母性」をそのような視点から読むことができるだろう。注27参照。また、レヴィナスの「女性的なもの」や性差については拙稿（中二〇一五）を参照。

3 終章一節5項参照。

4 序文でも述べた通り、本書では「生む」という表記を、生物学的なつながりのある子どもをもつという意味で用い、「産む」という表記を、出産することの意味で用いている。これに従えば、父親も「生んだ」ことになる。

5 人工妊娠中絶は、日本では一九四八年に、優生保護法（一九九六年に母体保護法に改正）によって、（「経済的理由」によるものも認めるかたちで）事実上合法化された。ヨーロッパでは一九七〇年代から次々に合法化され、一九九〇年代にはさらに多くの国で合法化が進み、現在では七割の国々で、事実上中絶が認められている。一方、避妊については、日本では一九五〇年代初めから、国の政策により、受胎調節実地指導などの普及事業が全国的に行われ、避妊法が浸透する。（荻野二〇〇八）、（ノーグレン二〇〇八）参照。

6 というのも、大部分の人にとって、性行為によって子どもを欲するときに得られるならば、生殖を思い通りに享受するのに、避妊や中絶などの、生殖を拒否する「消極的」な手段だけで十分だからである。不妊が一部の例外にとどまらず、多くの人にとって他人ごとではなくなっているからこそ、Bを思い通りに享受できない不自由を感じ、享受したいという「欲望」が生じる。また、一面では不妊の人々の欲望が生殖医療の発達を後押ししたと言えるが、他面では逆に、生殖医療の発達が、潜在的にとどまっていた不妊の領域を新たに掘り起こしたり、これまで陰に隠れていた部分を明るみに出したりしたと言える。さらに、先進国の晩婚化と初産年齢の高齢化によって、多くの人が、子を望むときに「不妊」の状態にありうることになったという変化も重要である。

7　人工授精の最初の成功例は一七九九年、体外受精による子どもが初めて誕生したのが一九七八年である。日本初の体外受精の成功例は一九八三年。

8　具体的には、卵子や胚提供、代理母・代理出産など第三者を巻き込むことからくる問題、胚の処置の問題（廃棄や長期保存、研究利用にともなう問題）、着床前診断による命の選別の問題、ヒトクローン作製の可能性の問題などである。

9　実際に、受精卵を一定期間培養してから着床させる研究が進められる一方で、胎児が早産した場合でも、医療技術によって体外で成育させられる妊娠週数はどんどん短くなっている。つまり「ヒトの胎児が母親の子宮にとどまることが必要な期間は、両端から短縮されつつある」(Singer, Wells 1984)。それに加え人工子宮の研究も行われているから、完全に子宮を必要としなくなるときも遠からずやってくると見る人も少なくない。シンガーは、より早期の未熟児を救おうとする努力が、子宮滞在期間を短縮させていった結果、それを実現するに至ると予測する。

10　上野は、「選択のある社会の方が、選択のない社会よりはのぞましい」ことを強調しつつも、産む（産んだ）こと・産まないことに理由が求められることの過酷さ、言いかえれば、選択したことに言い訳の許されない過酷さにも注意を喚起している。（上野一九八六b）、（上野一九八九）。また荻野は、ピルの登場が、「妊娠するかしないかは、[…]個人の意思で選択し、責任を持って管理すべき事柄であり、それを可能にするのが科学技術であるという、『意志的な妊娠』イデオロギーの成立」を促したのであり、それに依拠しそれを促進するのが、生殖医療の発展であると指摘する（荻野二〇〇六）。

11　生殖医療の発展の過程で、多くの女性がそれとは知らずに、実験対象にされてきたと指摘する人も多い。たとえば次を参照。(Corea 1985)、(Klein 1989)。同じことがピルや避妊薬・避妊器具の開発、改良の過程にも当てはまる。(長沖一九九六を参照)

12 森崎はこの同じ体験について、複数の著作で微妙に表現を変えて言及している。そのため以下の引用は、下記の三著作の該当箇所から引いたものである。個々の書名と頁数を割愛する。(森崎一九九四)、(森崎一九九八)、(森崎一九八八)。

13 しかし最終的には、「男性にとっての『産むこと』」もまた対象化することが必要であり、「異質なそれを互いにしりあってはじめて」、男性も女性も含みこんだ人間のレベルで、「『産むこと』を内在化させた『わたし』」を考えることができると見ている(森崎一九八八：一七〇―一)。

14 たとえば森岡は、中絶に関して、(男性の責任を主張すると同時に、) カップルの女性が相手の男性の意に反して中絶してしまった場合等に男性が抱えるトラウマに言及している(森岡二〇〇一)。また次も参照。(Neustatter 1986).

15 荻野は、避妊や堕胎が近代医学によって独占される以前から、「生殖コントロールの試みは洋の東西を問わず人類の文明と同じくらい古い歴史をもっている」と指摘する(荻野二〇〇二：四三)。

16 国内では受精卵診断は、日本産科婦人科学会によって、重い遺伝病か習慣流産の場合に限定されてきたが、対象を拡大する方向に向かっている。朝日新聞、二〇〇二年二月八日東京朝刊三頁。

17 たとえば次を参照。(立岩一九九七)、(森岡二〇〇一)。

18 森岡が前掲書で採る道がこれに当たる。出生前診断に関する本章の考察は森岡から示唆を得ている。ただ森岡が、(彼が呼ぶところの、広い)「優生思想」を克服し、自分自身を、自分の思いもよらなかったものによって変容させていく方向に向かうべき(少なくともそれが望ましい)という立場に立っているのに対し、本章はそのような価値判断に踏み込むものではない。変容すべきというよりは、変容する可能性を過小評価することの怖さ、つまり「現在」の「同の論理」によって、現在にはないものを切り裁いてしまう怖さに焦点を当てている。

19 日本ではもともと自宅で、産婆の手助けのもとに行われていたお産が、一九五〇年代、GHQの政策により、病院等で医療者の管理のもと行われるよう急速に移行した。一九八〇年にはすでに、施設での分娩が現在と同じ、約九九％に達する。これにより、当時の病院改革と相まって妊婦や胎児の死亡は減少するが、一九九〇年代になると、医療者の都合で陣痛促進剤を乱用するなど、人工的に管理し過ぎることによる弊害も表面化し始め、医療事故も増加する。このため、「医師に産ませてもらう」お産から、ふたたび女性自身が産むお産に立ち返ろうという動きが起こる。アメリカではすでに一九五〇年代からそのような動きがあり、日本は遅れてその影響も受け、欧米からラマーズ法やアクティヴ・バースといった方法を取り入れつつ、妊婦主体のお産が模索される。それは主に、助産所や自宅で助産師の介助のもとに行われるが、最近では、病院内に設けられた「院内助産所」の利用が増えつつある。助産所や自宅では、お産の自然な進行に抗わず、家族の見守る中、分娩台を用いず、妊婦の好きな姿勢で分娩に臨む。（松岡二〇〇七）、（柘植二〇一〇）参照。

20 たとえばガヴァリニは、すでに一九八〇年代に、生殖技術は研究者たちの競争や対立の激しい「国際的規模のセクター」になりつつあり、キャリアや利益、名声の面で受ける見返りも大きいと指摘している（Gavarini 1986）。

21 ここでは医療に焦点をあてているため、生む側と医療者の分化を問題にしているが、ほかにも、生殖のコントロールをめぐって、たとえば産む女性とパートナーの男性、あるいは産む女性と（義）家族など、さまざまな人間の分化がありうる。

22 ボーヴォワールやその主張を受け継ぐファイアストーンらは、男女の平等をできるだけ実現するために、女性の生殖機能を中心とする女性特有の身体的特徴を最小限に見積ろうとした。ファイアストーンは『性の弁証法』（Firestone 1970）の中で、「妊娠は野蛮である」として、人工子宮などによる人工生殖が、女性の解放のために進められるべきだと主張する。日本では、ピル等の利用を中心に、女性を母性機能から解放することが女性の解放につながると主張する「中ピ連」の榎美沙子らがいた。

23 ヴァンドラックやガヴァリニは、フェミニズムの観点から、ピルによって性と生殖を切り離すこと、また人工生殖によって身体と生殖を切り離すことは、産む機能をもつ女性を自然に隷属した劣ったものとみなすことであると言う。したがって科学や医療の恩恵を受けてそのように切り離すことは、女性を解放することではなく、産む機能のない男性の身体を基準として、女性の妊娠という「問題点」を「改善」し、それに合わせることだと指摘する。（Vandelac 1986）、（Gavarini 1986）。

24 たとえば「文化派フェミニズム」と呼ばれるリッチや、フランスのシクスー、イリガライ、クリステヴァなどがそうである。彼女らの思想については本書3章、4章を参照。日本では青木やよひを中心とするエコロジカル・

フェミニストなどがそれに当たる。これらの主張に対しては、彼女らは女性の産む能力に重きを置くため、再び生物学的決定論に至る「本質主義」であるとする批判がある。

25 荻野は、避妊を女性の解放に不可欠としたバース・コントロール運動の主張が、生殖の責任は女性にある、と読み替えられ、その結果、生殖には両性の関与が不可欠にもかかわらず、「男は生殖管理の領域では『産まない身体』として不可視化され、『産む身体』とは女（のみ）の身体であるという、ジェンダー化された生殖観が強化されていった」と指摘する。この指摘は生殖医療に関しても当てはまる（荻野二〇〇六）。

26 たとえば沢山は歴史的な観点から、日本の近代国家は、近世からあった性や生殖の管理をより直接的なものへと再編成し強化したと指摘するが、その際、産むことを軸に女性の生を見る見方を規範化し、それによって、実際には多様なあり方をする女性を拘束していたという。「妊娠、出産はライフサイクルの特定の段階でのみ出現するにもかかわらず、近代国家は、女性のライフサイクルを、産むことを軸に区分し、女性が〈産む〉身体を持つことを根拠に女性の全生涯の生き方を規制しようとしたのであった。そのための規範が『母性』という制度であり、その根拠とされたのが、『母性本能』であった」（沢山二〇〇五：三四七―八）。

27 それはレヴィナスが試みたことでもあると、私たちは考える。後期のレヴィナスは、他なるものとかかわり、その他者性を被る主体を、他に「さらされたもの」、「傷つきやすさ」などとして考察するが、そうした身体性としての主体を、レヴィナスは「同のうちの他の懐胎」（Lévinas 1974: 95）という意味での「母性」あるいは「母胎」とも呼んでいる。これは、（女性だけではなく）人間そのものの存在のあり方を、「産むもの」として、そして「生むもの」として見ることではないだろうか。それはまた、「生まれたもの」として、つまり「被造性」の観点から人間を見ることとおそらく別のことではない。

第2章　生殖の「身体性」の共有——男女の境界の曖昧さ

はじめに

前章の「おわりに」では、それまでの考察を踏まえ、生殖に関する女性と男性のあいだの線引きは、じつは恣意的なものなのではないかと問うた。本章ではその見方を、生殖の「身体性」と本書が呼ぶ、生殖における広い意味での身体的かかわりに焦点を当てながらさらに推し進めてみる。結論を先取りすれば、生殖の「身体性」の経験は、産む女性に大きく比重が置かれることが多いながらも、女性と男性がともに共有している側面があるのではないか、この意味で、女性と男性のあいだには、はっきりと固定化された境界線は引けないのではないかと主張することになる。

生殖、とくに中絶をめぐっては女性たちが戦ってきた歴史がある。その過程で強調され、焦点が当てられたのは、妊娠、出産し、あるいはやむをえない場合は中絶を施される身体が、女性のものだという事実である。改めて注目するまでもない事実ではあるものの、欧米で女性たちの運動が高まり、中絶が自由化されたのは一九七〇～八〇年代、それに先駆けて実質上自由化していた日本でも、一九四八年の優生保護法制定以降のことである。その日本でも一九七〇年代、一九八〇年代に、出生率の低下などの理由により、優生保護法を改正してふたたび中絶を制限しようとする動きが起こると、女性らが強く抗議する運動を行って、改正を食い止めた経緯がある。[1] また先進国にかぎらず、途上国ではより目に見えるかたちで、国が人口を増やしたいときは中絶の制限を、減らしたいときには避妊や不妊手術を強制あるいは誘導されるなど、国の人口政策に人々は翻弄されてきた。とくに女性は、死や後遺症のリスクをともなうそれらを自らの身体でじかに被るにもかかわらず、産みたくない、あるいは産みたいという女性自身の意志が尊重される環境とはほど遠かった。[2]

このため、女性たちが運動を通して主張したのは、男性が中心である医師や国家、家族、あるいは宗教に、産むか産まないかを決められ、強いられるのではなく、女性自身がそれを決めうる「女性の自己決定権」である。[3] そしてその中心に置かれ、改めて焦点が当てられたのが女性の身体であった。女性たちは、自分たちの身体を女性自身のもとに取り戻そうとした。[4]

これらの主張に見られるように、生殖の主要な場が女性の身体であり、女性やその身体が客体として扱われてはならないことは、いくら強調してもし過ぎることはない。ただそれを強調すること、女性が広義の生殖に関する主体性を取り戻そうとすることには、その反面、子どもを生むこと、あるいは中絶すること、育てることを過度に女性の側に切り詰めてしまうという負の側面もまたあるのではないだろうか。[5] あるいは、女性の側に切り詰められた現状を肯定してしまう危険と表裏一体である。言いかえれば、生殖の経験に関する男女のあいだの境界は、本当はそれほど明瞭ではないにもかかわらず、人為的にその線引きを強化し、固定化する恐れがあるのではないだろうか。広義の生殖に女性の身体が不可欠な役割を果たしていることは明らかだが、そのことは、生殖へのかかわりが女性に限定的、あるいは特権的であることを意味しないはずであり、それは本当は、ほとんどの人が認めるところであろう。

そこで本章では、前章で触れた生殖の「身体性」の観点から、女性が、とくに女性の身体が、多くの場合生殖の中心にあることは認めつつも、女性とそれ以外の人々の身体性の経験は地続きに連続しており、それは濃淡の差に過ぎないこと、さらに、女性がつねにそのもっとも濃い部分を占めるわけではないことを示そうと試みる。つまり、私たちが生殖の「身体性」[6]と呼ぶ生殖への身体的かかわりは、女性の身体を中心としつつも、それを超えて男性やその他の人々にも広がりうるもので、このかかわりに関しては、男性と女性のあいだに重心の置かれ方の違いはあっても、明確で固定化された境界線は存在しないのではないか、と考えてみたい。そして、その境界の曖昧さや流動性の方にあえて焦点を当てて考えてみる。生殖への身体的かかわりの円は、女性の身体を基点として広がるから、男女に均等に投げかけられるわけではないが、かといって女性に限定されているわけでもなく、また女性の方がつねに男性より濃密にそれを経験するともかぎらない。物理的な身体経験とは必ずしも一致しない「身体性」の経験に注目することで、このような、流動的だが避けがたい非対称性をうちに含んでもいる、生殖における男女の共有性を描き出すことを本章は目指している。

一、生殖の「身体性」とは何か

生殖は言うまでもなく、身体的な出来事であり、営みである。まずは性行為という身体的営みの結果、ときによって女性が妊娠する。女性は長い妊娠期間を経て出産し、出産後は親（あるいは代理者）がひっきりなしに授乳しつつ、排泄、着替え、入浴等の体の世話をし、抱っこしてあやし、寝かしつける。まるで一日のほとんどの時間、親子の体が一体であるかのように。また性行為より前に、そもそも男性も女性も、生殖を可能にする機能を身体に備え、それとともに、ときにはそれに煩わせられたり、翻弄されたりしつつ、日常生活を送っていることを考えれば、個々の身体のしくみや働きにも少なからず生殖が関連していると言うことが可能である。

とはいえ、これらの身体的な出来事の核をなし、生殖において身体のかかわる大仕事と言えば、やはり女性の身体で行われる妊娠・出産の過程だろう。すると、もし生殖の身体的経験を物理的次元でのみとらえるなら、その主要な大部分を経験するのは、女性のみということになる。しかし、自分がその身体的出来事に深くかかわっていたり、深く関心をもっていたりする場合、つまりほとんどそれと一体化している場合、物理的な生殖過程を自分の身体で経験している当人だけでなく、それに深く関与する人も、現実には自分の身体で起こっているわけではないのに、その身体的な経験を、（程度の差はありうるが）我がこととして、あたかも我が身に起こった経験であるかのように身体的次元で共有することがしばしばある。たとえば自分の大事な人が傷つけられたとき、あたかも自分自身が傷つけられたように感じることがあるように。[7] 生殖においても、妊娠や出産あるいは中絶という身体的経験を、周りの家族や親しい人たち、とりわけパートナーの男性が、単に感情的に共感したり、思い入れしたり、自分の関与することと責任を感じたりする程度を超えて、自分自身の、あるいはパートナーの女性と共同の身体的出来事であるかのように経験しうる。こうした物理的な生殖過程に限らない、象徴的次元も含めた広義での身体的経験を、本書では生殖の「身体性」と呼んでみたい。

メルロ=ポンティの「間身体性」（intercorporéité）という考えを用いて言えば、私たちが生殖の「身体性」と呼ぶものにおいては、「身体」が、妊娠出産する女性の物理的な身体ではなく、女性を超えて拡張し、男性（ら）にも共有された「身体」、あるいは「間身体性」であると言うことができるだろう。[8] つまり、拡張された「身体」の経験に関しては、女性は必ずしも特権的位置にはなく、当の女性も男性らも、同じように自らの経験としてそれに参与し、没入していることになる（ただし後で見るように、本書の主張する「身体性」の共有には、メルロ=ポンティが、言及しつつも必ずしも強調はしなかった、共有している者のあいだの「非対称性」が無視できない重要な要素となるのだが）。

たとえば妊娠中の女性のお腹越しに話しかけたり、心音を聞いたり、近年ますます立体的で鮮明になっている超音波画像で胎児の様子を見たりすることが、男性らが生殖の「身体性」を共有するひとつのきっかけとなりうるだろう。また出産後の赤ちゃんの世話の仕方を教える両親学級や、立ち会い出産の試みが広く行き渡り、参加する男性が増えたことが男性の参与を促進していると指摘する人もいる（cf. Marsiglio 1998: 116-7）。中でも妊娠の身体性を男性が我がこととして経験するもっとも象徴的な例は、古くからの民俗学研究や現代の社会学研究によってしばしば報告される、男性の「擬娩」

（couvade）と呼ばれる現象だろう。これは「認識しうる生理学上の根拠なしに起こる」、意図的、意識的でない症状で、吐き気がしたり、実際にお腹が膨らんだり、痛んだりする妊娠に似た身体症状のほか、食欲や睡眠習慣が変化したり、あるいは不安になったりするなどの生活上、精神上の症状も含まれるという。この症状は、古くから現代に至るまで、日本を含むさまざまな文化や社会に属する男性に広く見られるという（cf. Marsiglio 1998: 113）。

また、ショスタックらによる男性に焦点を当てたアメリカの中絶研究によれば、予期せぬ妊娠をしたカップルのうち、少なくない男性が、妊娠や中絶の経験を我がこととして共有していると指摘する。具体的には彼らは、女性が最終的に決断することを認めつつも、ともに中絶するか否かを考え、中絶手術の際には、その辛い経験を共有したいと病院に付き添うという。そしてその後、生まれなかった胎児のことを時々、あるいは頻繁に考える男性は八割を超え、中には子どもの幻覚を見たり、その後のパートナーとの関係や性行為に影響が及ぶなど、精神的、身体的なダメージを長く引きずる人もいるという（Shostak & Mc Louth 1984: 39）、（Neustatter 1986: 125）。もちろん、男性の参与の度合いは一様ではなく、また無責任な男性や、中絶を陰に陽に迫る男性も多いのは確かだが、そのような男性ばかりに焦点が当てられ強調される反面、上記のような男性の積極的な参与や共有の側面はほとんど注目されてこなかったという。マルシグリオによれば、ショスタックらの研究が明らかにしたことのひとつは、「ほとんどの男性は中絶の過程において、関与せず、無関心な傍観者であるという広く行き渡っている公共イメージが、多くの男性の経験を歪めているということである」（Marsiglio1998: 91）。

二、身体的経験と「身体性」の相違[9]

先に確認したように、生殖における身体性の核が、妊娠・出産する女性の身体にあることは確かである。しかし、妊娠や出産という物理的出来事が起こる身体と、それが我がこととして経験される範囲は必ずしも一致するわけではない。言いかえれば、物理的な身体的出来事である生殖と、生殖の「身体性」の経験は必ずしも一致しない。物理的な次元での身体的出来事と、それに限定されない「身体性」のあいだのこのずれの可能性が、生殖の身体性が共有されることを可能にしている。生殖の身体性の経験は、女性の身体を越えて複数の人に広がっていきうるし、反対に、その身体をもっている女性自身にでさえ、単なる物理的出来事としてしか経験されないほど縮小することもある。[10] あるいは、物理的に経験している女性自身よりも周りの人の方が、その「身体性」をありありと経験しているということも起こりうる。

こうした「身体性」と、物理的な身体的経験との相違をさらに明らかにするため、いま仮に「身体性」の経験のうち、その核をなす、妊娠・出産過程という物理的な身体的経験を「一階の」経験と呼び、それを直接（当の女性の場合）、あるいは間接的に（男性ら家族等の場合）経験することでかたちづくられる、情緒的かかわりを含む、全身的にそれに参与する経験を「二階の」経験と呼ぶことにする。つまり、広範に広がりうる「身体性」の経験を、便宜上、物理的な身体的経験と、それを基に形成されるそれ以外とに分けてみるとする。このように分けてみると、当の女性以外は「一階の」経験をじかに経験することはできないが、彼らも「二階の」経験に関しては、我がこととしてそれをじかに経験することが可能だと言える。妊娠している女性自身は、一階も二階もともに経験することが圧倒的に多いだろうが、一階のみということも起こりうる。たとえば予期せぬ妊娠を受け容れられず、なかったことにしたいと強く望んでいる場合のように、物理的には妊娠しているが、それを我がこととして、それに全身的に参与する、二階の経験の度合いが少ない場合である[11]。

より厳密に見れば、いま便宜上、一階と二階とを峻別したが、一階の経験が本当に女性にとって直接性からのみ成り立っているかどうかも検討の余地があるだろう。というのも、男性らが一階の経験を、間接的にではあるがより強く経験し、また二階の経験を形成するのに役立っている媒介物のひとつに、超音波（エコー）映像（画像）や、胎動・心音を（自分の耳や専用の聴診器などで）聞く試みがあるが、これらは女性自身にとっても、一階の経験をそれとして形成するのに役立っている側面があるからである。つまり、妊娠している女性も、エコー画像を見て、あるいは胎児の心音を、機器を通して聞いて初めてあるいは改めて、子どもが実際にお腹にいるのだと身をもって実感するということがありうる。他にも、医師から胎児や母胎の状態を聞いたり、あるいは医師を含む周囲の人に体調や胎動の様子について尋ねられ、それに応えるというやりとりを通じて妊娠していることを実感するということもあるだろう。すると、一階の経験さえも、外部の機器や周囲の人々とのやりとりに媒介されて形成されている側面があると言えるのかもしれない。

そうだとすれば、女性にとっての一階と二階の経験の境界自体が曖昧になってくる。さらに言えば、女性とそれ以外の男性らの境界もまた、曖昧になってくる。というのも、当の女性でさえ一階の経験を媒介的に経験している面があるとしたら、それを媒介的にのみ経験している男性らとの決定的な違いは、ないとは言えないが、思われているよりずっと小さくなるからである。

三、生殖の「身体性」における境界の曖昧さと流動性

前項で見たように、生殖における身体性の物理的な核は、妊娠・出産する女性の身体にあるものの、妊娠・出産・中絶等の身体性がパートナーの男性らにも共有されうるものであるならば、妊娠・出産が行われる身体をもつ女性と、それ以外の人々、主にパートナーの男性とのあいだに固定的な境界線を引いてしまい、それを自明のものとしてしまうことは必ずしも正しくない。むしろこの境界線の曖昧さや流動性により注目することで、生殖の身体性の複雑なあり方に迫ることができるのではないだろうか。本項ではこの流動性を明らかにするために、まずは女性側から（1）、次に男性側から（2）、身体性の共有と非共有について考えてみたい。

1　「身体性」の共同的形成——女性側から

子どもをもつ・もたないに関して、また妊娠後に子どもを産む・産まないに関して、カップル内で意見が分かれたとき、産む当事者である女性の意向が蔑にされてはいけないことがしばしば強調される。たしかにその通りであるものの、そのとき見過ごされがちなのは、女性の意向が女性ひとりでかたちづくられるわけではないという点である。女性自身も、つねに相手や環境と切り離された自分独

自の確固とした意見をはじめからもっているわけではない。
妊娠という出来事は、少なくとも意識に上る次元では、突如女性に降りかかってくる。仮に妊娠することを強く、あるいは漠然と望んでいたり、綿密に計画し実行していたとしても、それが実際に今、自分の身体に起こったという事実は、たいてい驚きなしには受け止められない。日常生活の流れをさまざまな意味で寸断する非常事態である。妊娠発覚前後から早くも心身の変調が始まり、自分の心身が自分のものでないように感じる中で、傍から想像していた以上の、当事者だけが感じうる重みに戸惑い、それまでの客観的で中立的な判断や感情が保てなくなる可能性がある。そんな中、パートナーや周囲の感じ方、とらえ方によって、この事態に対する女性自身のとらえ方も変動しうる。周囲に徐々に認められ、受け容れられることで、不安や閉塞感が和らぎ、自分自身も子どもの存在をようやく受け容れられ、向き合えるように感じることがありうる。周囲の受け容れは、女性の肩の荷を一部おろし、その負担を共有する効果がある。つまり「身体性」の共有とは、男性がその経験に参与することだけでなく、女性にとっても、その負担や喜びを他の人と分け合えるということを意味する。[12]
逆に、男性が妊娠を迷惑に思い、拒否したがっていると知っただけで、女性の不安は一挙に大きくなりうる。大変なことになってしまった、とても自分ひとりで引き受けられる事態ではないと。周囲が拒絶したり、自分自身の問題ではないと一歩身を退くとき、その重みはすべて女性にかかってくる。言いかえれば、このとき、生殖の「身体性」は女性ひとりに切り詰められる。女性は妊娠した身体から逃げることはできない。得体の知れないものにとらわれ、背負いきれないものをひとりで背負わなければならないという事態に途方に暮れる。その中でその逆境にひとり立ち向かうこともあれば、自分ひとりでは抱えきれないと中絶を選ぶこともある。だから女性が最終的に中絶を決定するときでも、パートナーをはじめとする周囲の反応や意見に左右されている可能性がある[13]。たとえば男性に暗に中絶を示唆された場合や、男性との関係がうまくいっていなかったり、あるいは男性の意向に沿うことで関係をつなぎとめたいと思う場合などがそうだろう。このとき中絶の決定は、厳密な意味では女性ひとりの意向でなされたとは言いがたい。

このように、必ずしも、子どもに対する自分の考えがあらかじめあって、それが男性らの考えによって変化するのではなく、自分自身が妊娠という事態をどうとらえてよいか分からず、うれしい反面大きな不安も感じる、そうした揺れ動く気持ちの中にいるとき[14]、パートナーをはじめとする周囲の反応または考えが、女性の気持ちや事態のとらえ方に方向付けを与える、という側面があると言える。そうだとすれば、すでに形成されている女性の側の身体性の経験が、男性らにまで拡張されていくのではなく（そういう側面ももちろんあるが）、身体性の経験自体がはじめから、女性の側に比重が多くおかれがちな非対称性があるにせよ、男女間や周囲との相互作用によって共同にかたちづくられ、女性もまた事後的にそれに参与しているという側面があるのではないだろうか（Shostak 1984: 127）。

2 「身体性」の共有を可能にしているもの——男性側から

1では、女性の側から身体性の共有や非共有を見たが、ここでは男性の側からそれらを考えてみたい。先に見たように、生殖における身体性の物理的な核は、妊娠・出産する女性の身体にあった。にもかかわらず、パートナーの男性やその他の人たちが生殖の身体性を共有しうるのはどのようにしてだろうか。現に妊娠している身体をもたない男性らは、物理的な次元で見れば、間接的にのみこれにかかわる。そのとき媒介となるのが、次のふたつであろう。①胎児への（精神的・身体的）かかわり、②胎児を妊娠している女性への（精神的・身体的）かかわり、あるいは両者の相互作用である。たとえば、女性への愛情は少ないが、我が子（あるいは孫等）への愛着はある、あるいは逆に、女性には愛情があるが、胎児が我が子（孫）だという実感は薄いなど、①か②のほとんどどちらかのみの場合もあれば、両者が分かちがたく互いに強化し合うこともある。（また、愛情を向ける女性が宿しているからこそ、子どもも大事に思えてくるとか、その逆など、どちらかが中心で、もう一方への愛着がそれに付随して高まることもあるだろう。）

マルシグリオによれば、男性は、パートナーの女性との関係性によって、女性に子どもを産んで欲しいかどうかや、子どもへの愛着が左右されうるという。「男性の自分の子どもへの責任感は、子どもそのものよりも、子どもの母親に対する彼らの感情にしばしば結びついている」(Marsiglio 1998: 95)。「[…] 彼ら［男性たち］のパートナーへの感情は、妊娠という事態を解決する過程や、とくに中絶についての決定過程に、彼らがどう対処するかに影響を及ぼしやすい、より重要な要因のうちのひとつである」(Marsiglio 1998: 92[15]、［ ］引用者、以下同様)。このことは男性が、パートナーの女性への関係を通して、妊娠や出産の身体性に関与したり、しなかったりしうることを示している。反対にマルシグリオは、男性が自分の子どもを産んで欲しいと望んでいるにもかかわらず、女性が中絶を決断してしまう場合に男性が感じる無力感や、「生物学的子孫の生命に関して役割を果たせないことへの激しい後悔」(Marsiglio 1998: 93) も取り上げている。後で見るように、彼やニュースタッターらは、女性が男性の意に反して中絶した場合に、しばしば生じる男性の苦悩を紹介している。これらのことから、男性が他方で、子どもへの結びつきや愛着を媒介として、妊娠や中絶の身体性を我がこととして経験しうることがうかがえる。

このように、男性や周囲の関係者は、基底となる物理的な身体経験（一階の経験）を欠いているにもかかわらず、胎児や女性への愛着を媒介にして、妊娠や出産あるいは中絶の経験に全身的に参与し、没入し、一体化しうる。これが、本書で生殖の「身体性」と呼んでいるものである。そしてこの「身体性」の経験それ自体を、男性らはもはや間接的にではなく、自分自身のものとしてじかに経験している。

四、「身体性」の非対称性と縮小

さて、ここまで、どちらかといえば生殖における身体性が共有される側面を強調してきた。ただ、共有されるとは言っても、各人がまったく均等に共有するわけではなかった。「一階の」経験は必ずしも女性に特権的ではないこと、それゆえ男女の境界が固定的ではないことを前項で確認したが、とはいえ、物理的な妊娠・出産過程が進行するのが女性の身体であるだけに、言いかえれば、生殖の物理的な拠点が女性側にあるだけに、身体性の共有の比重が女性に多くかかりがちであるのも確かである（もちろんこれは、本書の考えによれば、程度の差あるいは濃淡の差に過ぎず、流動的なものであるから、後に見るように、逆に男性側に比重が多く置かれつつ共有されることもしばしばあるだろう）。生殖における身体性の共有には、メルロ＝ポンティの間身体性においては強調されなかった、このような「非対称性」が避けがたく存在する。物理的な生殖の身体的経験（一階の経験）は、女性のみ、「直接的に」経験しうるという、生殖特有の偏りのある構造から生じる非対称性である。

生殖の身体性は、複数の人に共有され、肯定的に享受されているときには目立たないが、じつは、内部にひずみが生じたり、共有性が（多くの場合女性の側に偏って）不均等に縮小したりしがちな、不安定な共有でもある。ひずみや縮小は、たいていは、生殖の身体性に内在するこの非対称性から生じると言ってよいだろう。ここからは、このひずみや縮小に焦点を当てて考えてみたい。その際、縮小と関係の深い、中絶の話題が中心となるだろう。

複数の人へと拡大しうる生殖の身体性が、逆に縮小されていくと、まず最初に男性がそこから退いて、その結果、女性の身体に限定された出来事へと切り詰められてしまいがちである。というのも男性は、妊娠・出産の物理的進行（一階の経験）の大部分に間接的にしかかかわらず、その媒介となるのが子どもへの愛着か、妊娠した女性への愛着であったが、逆に、胎児が自分の子どもだという実感がない場合や、妊娠した女性が自分にとって大事だと思えない場合など、その媒介作用が機能しないときは、直接的に妊娠過程を被っている女性よりも、妊娠・出産の身体性から容易に退きやすい特徴があるからである。こうして男性が退いてしまうと、じっさいは妊娠は女性個人の事柄ではないのに、あたかも女性ひとりの出来事であるかのように自他からみなされてしまうことになる。そしてさらにこの身体性が切り詰められ、縮小されていくと、当の女性自身すら身体性から退いてしまうこともありうる。たとえば、女性にとっても受け容れられない、喜ばしくない妊娠の場合がそうである。このようなとき、生殖の身体性は、物理的な次元と等しいところまで縮小してしまう。言いかえれば、女性にとってさえ「二階の」経験がなくなり、残ったのは、女性の身体で進行する生物学的な妊娠過程のみということになる。このような身体性の縮小としばしば結びつきやすいのが、先に見たように、妊娠の人工中絶という事態であろう。

しかし、これとは別のかたちで共有性が揺らぎ、縮小する場合もありうる。それは、男性は胎児を産んでほしいと思っているのに、さまざまな理由から女性が最終的に中絶を決断してしまう場合である。男性が妊娠の身体性を我がこととして共有している場合、その衝撃は大きい。生殖の身体性は、先に見たように、重心が均等に置かれた共有ではなく、妊娠する女性の身体を核とし、それを基点として拡大しうる不均等な共有性であるがゆえに、物理的な身体的かかわりの少ない男性の方がそこから容易に身を退きやすく、その結果、妊娠する身体から逃れられない女性がひとりで重みを引き受けざるをえない危険が大きい反面、男性が良心的で事態を我がこととして共有していればいるほど、妊娠する身体をもっている女性の意向を飛び越えて、自分の意見を通すことがはばかられ、その結果、最終的には中絶したいという女性の意思が尊重されやすいという側面もまたある。ここではこの後者に注目したい。

ショスタックらやニュースタッターらは、予期せぬ妊娠をしたカップルが中絶を決断するに至る過程やその後の経過などについて、男性側に焦点を当てて調査しているが、私たちはそれらの研究のうちに、生殖の共有性のひずみや縮小のひとつのあり方を見てとることができる。それは主に、男性側にしわ寄せがきていると少なくとも男性が考える、共有性のひずみや縮小の仕方である。先に、生殖の共有性にひずみが生じ、女性の方へと偏って縮小するとき、女性は生殖の身体性を一手に引き受け、ときにその負担をひとりでは抱えきれずに、中絶を選ばざるを得ないこともあるのを見たが、逆に、男性が女性以上に、あるいは女性と異なる仕方で生殖の身体性に関与し、それを我がこととして経験している場合、男性は妊娠・出産の物理的進行に間接的にしかかかわりえないという非対称性ゆえに、自分自身の思いや感情が理解されず、男性には果たすべき役割が何もないかのように、あたかも彼らは当事者でないかのように、軽んじられ、ときに締め出されているといった、孤独や疎外感、無力感を感じることが彼らの研究から読み取れる。

ニュースタッターらは、予期せぬ妊娠に直面して、責任や感情的な関与から身を退いたり、避妊が不十分だったと女性を責めたりする男性も多い一方で、「女性を支えたいと願い、妊娠や中絶について深い感情をもち、もっと積極的で支える役割を担いたいと願う男性たちもいる」(Neustatter 1986: 115) ことに注目し、こうした「関与する男性の視点を記録する重要性を感じ」(Neustatter 1986: 115) たことが研究の推進力になったと言う。こうした男性たちは、本章の言葉で言えば、生殖の「身体性」を共有する男性たちである。「彼ら［インタビューを受けた大半の男性］は、中絶経験において、彼らが果たすべき積極的で建設的な役割がないことを感じて失望したと述べた。彼らは、子どもが欲しいという要望をどれだけ表すべきか、あるいは中絶の選択をする際の悲嘆を露わにするのがどれだけ正しいのか分からないでいた」(Neustatter 1986: 116-7)。

また、ショスタックらの中絶研究は、中絶手術をするパートナーに付き添って病院に訪れた男性を対象に大規模なインタビューを実施し、分析している。中には義務感から、あるいはしぶしぶ病院に付き添う場合もあるが、付き添う男性の多くは、自分たちの共同の出来事である妊娠、そして中絶の辛く耐えがたい経験を、精神的のみならず身体的にも共有したいと、やむにやまれず、自ら望んで付き添ってくるという。ところが、彼らが病院で最初に直面するのは、パートナーとの「分離」であり、疎外感であるという。というのも、多くの病院で、付き添いの人は、中絶の処置室に同行することも、手術後のリカバリー室に立ち入ることも許されないからである。[16] 彼らは待合室で、ほかの同様の立場の男性たちとともに、所在なく、無言で何時間も待ち続けることになる。妊娠・中絶の身体性を我がこととして共有している男性は、たとえ頭では仕方ないと理解していても、この冷たい仕打ちに違和感や憤りを感じ、同時に、一番大事な場面で実際には何の力にもなれない自分の非力さを感じるともいう。

「多くの男性は、インタビューで、カップルが別々になるよう強いられることに気持ちの準備ができていなかったと回想した」(Shostak 1984: 54) というが、次の言葉はそのうちの何人かのものである。「[手術時に] 彼女と一緒にいられないとは思っていなかった。だから私は無意識に立ち上がり、ドアの方に歩いて行ったが、看護師が私を止めた。それは本当に締め出す感じだった。母親が言うように、『これは女性の問題だ!』と」(Shostak 1984: 55)。「わたしは彼女に、これ [中絶] をひとりで経験させたくない! このドアを通るまでは、これは共有された問題だった。[…] なのに突然、それは丸ごと彼女が対処すべきことになってしまう」(Shostak 1984: 55)。

ニュースタッターのインタビュイーも次のように吐露する。「[…] しかしその後、彼女が [処置室に」入っていくと、私は一方で、本当にはそれを彼女と一緒に経験しないことをおかしいと感じ始めた。また理性ではそうするしかないと分かっていても、別のところでは、自分がとても排除されていると感じた。私は、自分が苦しみたいのだ、責任を分かち合いたいのだと感じた。私のための場所はなかった。／私はまた、とてもさみしく、深いうつと、子どもと女性が傷つかないようにできなかった挫折感を抱いた。［…］それは少し奇妙だ。なぜなら私たちは一緒に決断したのに、後になって一緒であるという感覚が崩壊したように思えたのだから」(Neustatter 1986: 120–1)。

上のふたつの研究は、予期しない妊娠をしたカップルが中絶を決断するに至る過程についても調査しているが、対象者の多くの男性は、女性の最終的な決断を尊重しつつ、そこに至るまで、自分自身の感情を押し殺して、女性の身体的・精神的サポートを優先するのだという。また、女性はしばしば親しい女友達に打ち明け、悩みを共にするのに対し、男性は女性の名誉を重んじて、妊娠・中絶という人生でもっとも重大な局面に立っていることを、たいていは家族や友人にも言えず、独りで抱え込むともいう。後から振り返って、そのとき、同じような経験をした男性やカウンセラーなどに話して、感情を少しでも共有することができていたら楽だったろうに、と悔やむ男性も少なくない[17]。

ショスタックらによれば、「多くの主要なフェミニストの疑いに反して、決断に際して男性は、共有したいというもっともな要望のみを主張した。彼らは決断をコントロールしたいという要望を述べなかった」(Shostak 1984: 34)。「［…］男性たちは、恋人の決断を支持したり、その選択に対する彼女の自信を支えつつ、自分ではないほかのだれかであるかのようにふるまうことを強いられていると感じていた。つまり、多くの男性たちは自分自身の疑い、躊躇い、確信のもてなさ、そして苦痛でさえある、［中絶への］反対意見を、ひとりで完全に背負った。彼らはこのすべてを友達や同僚、とくに彼らのパートナーから隠した」（Shostak 1984: 37[18] 傍点引用者、以下同様）。このように、多くの男性は自分の感情を押し殺すため、彼らの多くは、自分がパートナーから理解されていないと孤立感を抱くという（Shostak 1984: 38）。一方、女性の方は、こうした男性たちの抑制を誤解し、男性は何の感情も持っていない、共有してくれないと感じてしまうと、ショスタックらは分析する。

こうした「有害な状態」（Shostak 1984: 40）に対して、ニュースタッターらは、中絶の決断に際して、男性がパートナーやカウンセラーを含む周囲の人に本当の気持ちを打ち明け、カップル間で、真の意味でのコミュニケーションをはかる必要性を指摘する。それは男性を非力感や疎外感から救うだけでなく、そうすることが、男性の意思を抑えて女性の意思を尊重するよりも、女性の負担を真の意味で共有し、相互に影響を与えながら、ともに最終的な決断をかたちづくるに至る可能性があると指摘する。「もし、より多くの男性たちが経験を分かち合い、彼らの感情を表し、心を開く準備ができていれば、多くの女性が助かっただろうことはほとんど疑いの余地がない［…］」（Neustatter 1986: 120）。「耳を傾ける男性、彼らが経験しようとしていることに真に共感しようとする男性は、女性が自分の経験について感じる仕方に決定的な違いをもたらしうる」（Neustatter 1986: 126）。

つまり、男性は女性と異なり、パートナーや子どもへの愛着という媒介を通じてのみ生殖の身体性を共有しうるという非対称性があることは確かだが、だからと言って、自分を押し殺して女性に最終的な決断をゆだねるよりも、自分の感情や意見、希望や見通しなどを率直に吐露し、女性の意思を尊重しながらも、本心をさらし合うことが、生殖の身体性の真の共有に至る道だと、著者たちは考えているのだと言える。

五、「身体性」の共有の拡大

前節では、身体性の共有が縮小する場合を見てきたが、その多くは、生殖における非対称性に起因していると言える。生殖と同じように、共有の事柄ではあるが、それを遂行するのはそのうちのひとりであり、しかもその人の一身がかかっているような「非対称的共有」の例はほかにもありうるが[19]、生殖のそれは、他に類を見ないほど特異である。というのも、妊娠し出産する身体的過程に注目すれば、その遂行は女性にのみ偏って負わされているが、他方で、子どもに注目すれば、（その成り立ちや出産以降の理論上の関係性から見て）それはまったく平等に男女の共有の子どもであり、その点では男性は、ほかの人と取り換え不可能で、対等な当事者のひとりであるからである。このように、完全に共同の事柄の、その遂行（の重要な一部）が片方にのみ負わされているという生殖の非対称的構造は、生殖の身体性が共有されない場合、負っている側、いない側どちらにとっても、もどかしい不条理を生み出してしまうのだった。女性にとっては、自分ひとりにリスクも責任も負担も覆いかぶさってくるという不条理であり、男性にとってはたとえば、自分の大切に思う子どもの、あるいは自分の大切に思う女性との子どもの命を絶たざるをえない不条理である。

それでは、この生殖の非対称性を均してしまうことなく、言いかえれば、妊娠・出産・中絶が行われるのが女性の身体であるということの重みを軽んじることなく、しかもカップルが真に生殖の身体性を共有するということは、どのようにして可能なのだろうか。

　女性の身体が生殖の身体性の核であることは揺るがない。女性だけがそこから逃げられないことも同様である。たとえ女性自身がその事実から目をそむけ、否認するとしても。だから女性の産みたいあるいは産みたくないという意向が蔑ろにされないこと、無視されたり飛び越えられたりしないということは、いかなるときも保証されるべきである。しかしこのことは、男性が二次的な決定者にとどまること、女性の意向に沿わない感情や意見を男性が控えるべきことを意味しないはずである。むしろ話し合いを通じて女性の説得を試みることは許されるばかりか、少なくともお互いが本音を吐露することは、ニュースタッターらが指摘するように推奨されさえする。具体的には、もし男性が女性の意に反して胎児の生を切に望むならば、たとえば女性が産みたくないと思うその意向を解きほぐし、妊娠出産の負担や労苦自体が受け容れがたいのか、あるいはそれに付随する事柄（たとえば子育てを女性が中心に担わなければならないこと、今の仕事や生活に支障が出ること、あるいはパートナーの男性との関係を続けること）なのかを見極め、後者ならば、個々の解決や負担軽減の道を探ることで、「子どもを今もつことは受け入れられない」という女性の意向が必ずしも胎児を中絶することには直結しないことを示し、女性が、中絶するよりは産んでもよいと思えるように説得することが考えられるだろう。ときには、養育を中心とした、妊娠出産以外の、引き受けられることはすべて引き受ける覚悟で説得に臨む必要がある場合もあるだろう。たとえ合意に至らなくとも、女性の感情や意向は、男性をはじめとする周囲の意見や感情、支えの有無によってもかたちづくられる面があったのだから、男性の本意を知ることは、女性にとっても、「自分の」感情や決断を顧みる上で有益である。[20] また女性の方にも、男性の感情を汲み、意見が異なるときは男性を説得する必要があるのではないか。[21]

注目したいのは、男性が自らの感情や意見を控えることは、一見女性を尊重しているように見えてじつは、男性が自身を生殖に関する二次的な関係者と位置づけてしまうことと地続きである、という点である。言いかえれば、女性の意向を尊重することと、女性こそ生殖の主役であると、生殖に関する負担や特権の大部分を女性に預けてしまい、自身とのあいだに自ら線引きしてしまうこととは表裏一体である。[22]さらに子育てに関する責任や負担あるいは特権に関しても、男性が自らを二次的な当事者と位置づけてしまうことに結びつきうる。たとえ個々人においてはそうでなくても、全体から見れば、そうした男性の生殖における二次的な位置づけが（男性にとって望ましいものであれ、そうでないものであれ）、自他から自明のものとみなされ、強化されていく恐れがある。

じっさいに、不妊や流産・死産、中絶、あるいは意に反して子をもつ苦痛、子育ての苦労、子どもがいないことで無神経な言葉をかけられ傷つく経験[23]など、生殖にかかわる苦労や苦しみのほとんどすべてにおいて、女性は第一の当事者だと考えられている。そして男性もまたそれを受け容れているように見える。苦労も苦しみも女性に比べれば二次的であると。だからこそ男性は、ときに自分の意見を控えて女性の意向を尊重しようとするのだろう。

ところが、本章で見てきたように、物理的な生殖過程（一階の経験）に対する間接性と、生殖の「身体性」における二次性とは等しくはなかった。つまり、「一階の」経験を媒介的にしか経験できない男性も、生殖の「身体性」はじかに経験しうるのであったし、自らの身をもって生殖過程を経験している女性が、男性ほどには生殖の「身体性」を経験しないという「ねじれ現象」が起こることも珍しくなかった。だとすれば、生殖過程の媒介的経験者である男性は、だからといって生殖における二次的な当事者では決してないことを、まずは自他ともにはっきりと認識する必要があるだろう。つまり、産む身体をもたないということは、生殖に間接的（二次的）にしかかかわれないということを意味しない、ということを。それは生殖における「身体性」の共有を、男女の境界にこだわることなく拡げることにつながる。それは女性にとっても有益なことである。女性側に生殖にかかわる負担も特権も切り詰めてしまう危険と引き換えに、産む身体をもつ女性の自由裁量を守ろうとしてきたこれまでの試みは一定の成果をもたらしたと言えるが、今後は、妊娠出産を担うのが女性のみであるという生殖の非対称性を軽んじることなく、かつ、直接的な経験者とそうでない者との境界を固定化しない、「身体性」の共有のあり方が求められるのではないだろうか。そうした共有の拡大は、女性にとっても男性にとってもよりよい結果をもたらすはずである。

おわりに

本章では、生殖の「身体性」に関して、女性と男性のあいだには、ずれ《ヽヽ》とともに両者がそれを共有する側面があること、それゆえ、生殖の「身体性」に関して、男女の境界ははっきりしておらず、流動的であることを見てきた。したがって本章は、生殖に関するさまざまな境界（母親と父親、生みの親と養親、その他）はどれも流動的であるという本書の最終的な主張を、女性と男性の境界に限ってではあるが、ある程度先取りして論じたことになる。

次章以降では、もう一度はじめに立ち返って、ふだんあると思われている生殖に関する境界線がどのように形成されているのかから考え始めることにしたい。そのためにはまず、生殖の「核」がどこにあるとみなされているか、そして通常、生殖の中心にいるとみなされるのはだれで、逆にそこから隔たっているとみなされるのはだれかを考える必要がある。先取りすれば、伝統的に、多くの場合、産んだ親である母親が、産んだという事実ゆえに生殖の中心にいると考えられる。そして、もうひとりの生みの親ではあるが、出産してはいない父親がその外側に、育ての親がいる場合は育ての親や、その他の子どもとかかわる人々がさらにその外側に位置すると考えられる。生殖に関して、はっきりした境界線を見る見方は、このような、「核」からの近さや遠さで「親」や子どもにかかわる人を位置づけ、固定して見る見方と深くかかわっていると言えるだろう。

そこで次章以降、産むことをその中心に置く、「母性」という見方を再考することを試みる。まず3章では、そのための基礎的考察として、「母性」がどのようなものと考えられているかを検討する。4章ではそれを受けて、そのような負の側面も含みもつ「母性」をいったん解体し、肯定的な側面のみを取り出して、それをもとに「母性」（「母であること」）あるいは「第一の親であること」を再構成することを試みる。補章を挟んで続く5章、6章では、今度は母親から視点を離し、生殖の「核」から隔たっているとみなされる父親や養親の観点から「生殖」を考察することになる。

注

1　優生保護法には、一九四九年の改正により、中絶の理由に「経済的理由」を認める条項が追加され、「経済的理由」に該当する場合が広く解釈されたため、中絶を望む者が実質上だれでも中絶できるように運用されていた。この条項を削除し、代わりに胎児が重度の障がいをもつ大きな可能性がある場合に中絶を認める条項を追加する法案が一九七二年に提出された。これに対し、障がい者団体は障がい者の生きる権利を認めていないと反発し、女性グループは国が中絶を制限し、産むことを強制することに反発した。女性グループは障がい者団体から批判を受け、産むか産まないかを「女性の自己決定権」とする主張の自己批判的検討も迫られた。一九八〇年代にふたたび改正の動きが起こると、女性たちによる「八二優生保護法改悪阻止連絡会」(略称、阻止連)が結成され、これにさまざまな女性団体が加わり、運動が広がった。専門家団体も反対を表明し、最終的に改正案は提出を見送られた。(荻野二〇〇八)、(荻野二〇一四)、(大橋一九八六)を参照。

2　こうした欧米の中絶自由化を求める運動と、女性が国家の人口政策の手段にされることへの反発とが相まって、性や生殖に関して自らが決定する権利である「リプロダクティブ・ライツ」の概念が生まれた。また、国連や国の人口政策による避妊や不妊手術を通じて多くの女性が健康を損なったことから、生涯にわたって、性や生殖に関する健康を保障する「リプロダクティブ・ヘルス」の概念が一九八〇年代に、WHOによって取り上げられるようになる。一九九四年のカイロでの国際人口・開発会議で、これら両概念が取り上げられたことで一気に注目を浴び、国際的に共有されるようになった。(谷口二〇〇七)、(塚原二〇一四)、(芦野・戸田一九九六)を参照。

3　たとえば「産む産まないは女《わたし》が決める」というのは、一九八二年の優生保護法改正の動きに反対する女性たちが掲げたスローガンである。(大橋一九八六)を参照。

4　一九七〇年代を中心に、アメリカで「女の健康運動」が繰り広げられた。彼女らは、女性の身体が男性を中心とした医療者に管理されていることに疑問を呈し、身体を女性自身の手に取り戻すための活動を行った。その活動から生まれた一グループが執筆した『私たちのからだ・私たち自身(*Our Bodies, Ourselves*)』は、女性の身体や健康についての網羅的な情報や、多くの女性たちの体験を含むもので、専門家にも一般にも広く読まれ、世界中で翻訳され、影響を及ぼし、女性の国際的なネットワーク形成も促した。(荻野二〇一四)を参照。

5　江原由美子も、この点について同様の懸念を表している。「生殖をもっぱら『女の領分』に帰属させるような社会通念を前提とし、その社会通念の存在を理由として女性にとって『産む・産まない』という決定の重要性を主張するような『女性の自己決定権』の主張は、[…] 大変危い論法にもなってしまうのではないかと感じている。

／なぜならその理由は第一に、このような論法は、生殖をもっぱら女性にのみ帰属させるような社会通念自体を解体することを抑制してしまう可能性があるだけではなく、まさにそのような社会通念を強化することにも利用されうることである」（江原一九九六：三七〇）。他にも（江原二〇一二：七〇）。

6　パートナーの男性以外で生殖の「身体性」を共有しうる人としては、カップルの親族、友人をはじめ、代理出産を依頼したカップルや、（少数であっても可能性としては）受精卵や配偶子を提供した人なども含まれうるだろう。ただ、その中でもパートナーの男性の立場は別格ではある。中絶処置に付き添うのが男性パートナーの場合、親や友人に付き添ってもらうときにはない、経験の共有と深い関与を女性たちが感じるという報告がある（Zimmerman 1977: 157）。本章では、ほぼ男性に限定して考察を試みる。

7　森岡は、脳死の人が家族にとってはときに、「ありありと生きている」と身体的次元で感じられるという、身体的次元での共振関係（森岡の言葉で言えば「対話」）を、すぐ後の本章と同じように、メルロ＝ポンティの「間身体性」という概念で呼び表している（森岡二〇〇一：七〇―四）。

8　「私の二本の手が『共に現前』し、『共存』しているのは、それがただひとつの身体の手だからである。他人もこの共現前の延長によって現れてくるのであり、彼と私とは、言わば同じひとつの間身体性の器官なのだ」（Merleau-Ponty 1960: 212-3／一七―八）。

9　ここでの考えの原型になるものを、1章ですでに、レヴィナスの思想や出生前診断、生殖技術と絡めて論じた。

10　たとえば望まない妊娠の場合、あるいは妊娠していること自体を意識の次元で拒絶する場合がそうである。後注参照。

11　ランドクイストは、インタビューを含む自身の調査結果を踏まえ、自分が妊娠したことを拒絶する女性たちにとって、「胎児は根底的に他なるもの、敵対的なものでさえある」と言う。たとえばある女性は、「それを子どもだと思ったことは決してなかった。ただ取り除きたい病気、重荷、自分の器官から取り除きたい寄生物であった」という。また彼女によれば、拒絶された妊娠は珍しいものではなく、一：四七五の割合で起こりうるとする。この場合、二階の経験が消失し、「身体性」の経験が物理的な経験である一階の経験のみに切り詰められていると言える。ただ、ランドクイストは妊娠を拒絶している場合、妊娠の生物学的過程さえも、通常の場合とは異なると言う。多くのそうした女性は、妊娠しても月経がなくならず、吐き気もなく、体重もほとんど増えないと言う。

だとすればその場合、二階の経験が消失しているだけでなく、一階の経験さえも縮小していることになる。cf. (Lundquist 2008: 143-7).

12 中絶する結果になった場合でも同様である。パートナーによって支えられ、共有してきたと感じる女性たちは、そうでない女性よりも、中絶をした自らの経験を肯定的にとらえられるとボイルは指摘する（Boyle 1997: 125）。

13 ボイルは、「トレ&フォレストの研究対象の女性の二三%が、彼女らが中絶した理由のひとつが、夫あるいはパートナーが中絶することを望んだからだと報告している」ことを紹介した上で、もちろん「多くの要因のひとつである場合もあるだろうが、男性が妊娠を拒絶したことが、中絶の主要な理由である場合もあるだろう」と推測している（Boyle 1997: 124-5）。

14 注15参照

15 マルシグリオはまた、中絶せざるをえなかったインタビュイーの男性の次の言葉が、「中絶に対する男性たちの感情が、どれだけ彼らがパートナーについて感じる仕方に関連しているか」を痛切に言い当てていると言う。「もし一夜限りの関係で女性を妊娠させたとしたら、中絶は正しかったでしょう。でも、それが恋人とだったから、私は彼女を愛し、彼女のなかにあるものを愛したのです」（Marsiglio 1998: 92-3）。

16 ショスタックらの研究に協力した病院では、八八%が、手術にもリカバリー室にも男性の付き添いを許していなかったという（Shostak 1984: 55）。

17 「だれか理解してくれる人に、私が悲嘆にくれている［…］ことを話すことができたら、とても助けになっただろう。そうしたら立ち直ることができたのにと感じる」（Neustatter 1986: 126）。「インタビューを受けたすべての男性は、友だちであれカウンセリングであれ、だれか自分の状況を話せる人がいたらよかったと感じるという」（Neustatter 1986: 127）。

18 この引用文には次のような括弧入り文章が続いている。「(典型的なのはコロンビア地区の病院で一九七九年に行われた調査である。それによると、七七%の男性が、彼らがパートナーを助けるための最善の方法は、彼ら自身の感情を『コントロールすること』によると確信していた)」。

19 たとえば、自殺を強く望んでいる人と、その家族などその人の生を我がことのように共有している人たちの場合、その辛く耐えがたい生を遂行するのは、また自殺を遂行するのも、本人のみである。あるいは、一流のスポーツ選手とそのコーチを含むサポートチームの場合、試合という実践の場に立つのは選手本人であるが、それを日頃から支えているのはチーム全体であり、試合での成功は全員の共有の関心事であり、課題である。ほかには、幼い子どもの教育をめぐる子どもと親の共有性、あるいは多少次元は異なるが、広い意味で死刑を容認し決定する、国民を含む国家と、その遂行を担う死刑執行人との共有性などが考えられる。（大塚二〇一三［二〇〇六］）を参照。

20　男性の本心を知って翻意した例としては、インタビュー内の次のような言葉がある。「彼が赤ちゃんを欲しがっているように見えるという事実が、私の気持ちを、子どもをもとうという方に急転させた」（Neustatter 1986: 118）。また、ＮＨＫの出生前診断を扱ったドキュメンタリーでは、障がいのあると分かった胎児を中絶するか否かで家族が話し合う中で、それまで自分の意見を表明しなかった夫が、医師に促されて、自分は産んで欲しいが妻が自分のために無理に産む決断をすることを懸念して言えなかったと告白した後に、まるでそれを待っていたかのように、妻の産みたいという気持ちがはっきりした輪郭を得て、前面に出てくる様子が映されている（ＮＨＫスペシャル「出生前診断　そのとき夫婦は」二〇一二年九月二〇日）。

21　これには賛否両論がある。一方で、女性が中絶を実行するのに、最終的には男性の同意を得る必要はないと考える人々がいる。なぜなら男性に同意の拒否権を認めるならば、実質上、女性が意に反する出産を強制される可能性を認めることになるからである（cf. Marsiglio 1998: 100）。他方で若い男性の中には、女性が一方的に中絶を決定することに反対する人が増えてきているとマルシグリオは指摘する。その例のひとつに、未婚の若い男性のパートナーが妊娠した際、男性が医療費を払い、子どもをひとりで育てる覚悟ができているのなら、女性が中絶するのを防ぐ法的権利があると考える男子学生が三〇％に上ったという自身の調査結果（一九九二年）を挙げている（Marsiglio 1998: 101）。

22　これには、男性が責任を負担したくないと身を退く場合と、意に反して、女性に育児上の決定権を委ねたり、離婚の際に親権や養育権を放棄または譲ったりする場合などがともに含まれる。

23　子のいない既婚男性が受ける「からかい」の経験については、（田中二〇〇九：一五三―四）を参照。

第3章 「母性」の再考――「産むこと」に結び付けられているもの

はじめに

本章と次章では、ふだん「母性[1]」と考えられているものの再考を試みる。次章で、いったん「母性」を解体したのち、肯定的な側面を取り出しつつ解釈し直すのに先立って、本章では、そもそも「母性」と考えられているものはどのように成り立っているのかを、とくに「産むこと」に置かれる過重な強調に着目して考えてみることにしたい。

一、「母性」とは

1 産むこと／育てること／母であること

子どもを産みうることは、女性にとって、また女性について考えるとき、否定的に見るにせよ肯定的に見るにせよ、いまだにもっとも大きな関門であり続けている。その核には、少なくとも現段階では、女性だけが妊娠出産の機能をもつという、性による偏りがあることは間違いないだろう。もしかりに子どもを産めるのが女性だけでなかったとしたら、女性をめぐる歴史や現状はまったく異なるものになっていたにちがいない。

ただ、よく見てみれば、女性だけが産むことができるという生物学的事実は、もしそれだけに限定できるなら、女性に降りかかるさまざまな葛藤や問題のほんの一部に過ぎないと言えるだろう。別の言い方をすれば、かりにこの点だけならば、環境などの方を変えることで性差の影響をごく最小限に抑えることも、もしかしたら不可能ではないかもしれない（後で見るように、たとえばデルフィの主張をそのような文脈で解釈することができるだろう）。たしかに、妊娠出産は一年がかりの、心身を総動員する大仕事で、それまでの生活や仕事を中断したり、その様式を一変させたりする必要に迫られうる。じっさい、出産前後の、意に反する離職や職場での扱いの変化、あるいは変わらずの重労働をめぐる問題はそれ自体深刻である。しかし、もし出産前後の状態に合わせて仕事の内容や体制を柔軟に調整したり、あるいは出産後一定期間ののち、以前と同様の生活に戻れるのなら、女性だけが産む機能をもつという偏りも、それほどには大きな影響を及ぼさなかっただろうし、今後そうなっていく可能性もある。

ところが、出産の前と後で決定的に異なるのは、言うまでもなく、生まれた子どもの存在である。初めはつきっきりで、数年後には、園や学校等で過ごす時間以外は、なおも手がかかり、世話や配慮を必要とする存在である。この影響はかりに小学校卒業までとした場合にも十余年続き、妊娠から産褥期の十倍に及ぶ。そしてこの子どもの世話を女性に多く結び付けること、結び付くべきと考えること、ここから、生殖に関する性の偏りの問題の多くが発生する。女性が産むことそれ自体にくらべてはるかに多くの。ここでは、妊娠出産するのが女性のみであることと、子どもの世話を中心に引き受けるのが女性であることとが、漠然と、無造作に混同されている。そして、この漠然とした、ときに無自覚な混同を正当化するのが、「母性」という視点だと言える。つまり「母性」とは、第一には、女性が産むという核（これをかりに⓪とする）に、産んだ女性が育てること（①とする）を連続させる見方のことであると言ってよいだろう。

さらには、女性が産んだとたんに、社会がその像をかたちづくっているところの「母」になる、あるいは、なるはずだと当然のようにみなされることが多い。そのとき、産むことと、周囲や社会のイメージし推奨する母としてのあり方、その意味での母であること（②とする）とが、ひそかに、また切れ目なく連続させられ、ほとんど同一視されている。このとき、母としてのあり方のうちにあるのは、たとえば産んだ子どもと、主に育児を通して心身ともにもっとも深くかかわり、結びついている親[2]（これを②と等しいとここでは考える）というものである。

産むこと（⓪）と、このような母としてのあり方（②）とを連続させる見方が、「母性」の第二の側面だと考える。[3]じっさい、私たちがふだん「母」と言うとき、単に産んだ女親（⓪）であることだけを指すのではなく、漠然とではあるものの、育児に中心に携わり（①）、子どもと一番緊密な関係をもつ親（②）という意味合いを、暗黙のうちに含みこんでいることが多いのではないか。そこでは、産むこと（⓪）と、生まれた子どもを育てること（①）、さらには母としてのあり方（②）とが、切れ目なく、たいていは自覚なく連続させられている。このような一連の連続性が、「母性」という名で呼ばれているものの中心ではないか。

2　より広義の「母性」

ただ、「母性」の中心には右のふたつの連続性――産むこと（0）と育てること（1）、産むこと（0）と母としてのあり方（2）――が位置するものの、これがすべてではないだろう。右のふたつの連続性にはさらに、次元を異にするさまざまなものが絡めとられ、そうして、「母性」と呼ばれるものは際限なく広がりうる。それは、実際に産む、産まないにかかわらず、あらゆる女性に、また後で見るように男性を含むあらゆる人に直接間接に影響を及ぼしうる。たとえば産まないと決めるにしても、結果的に産まなかった場合でも、産みうることに女性を結びつけて見る傾向が根強いために、産むか産まないか、産んだか産まなかったかということを、自分の意思や欲求に関係なく意識して生きざるをえないことも多い。そしてこのような見方は、幼少時からすでに始まっている。少女は、陰に陽に母になりうるものと見られ、自分でもそう意識するようにさせられることも多い。そして、高齢になって月経がなくなり、子どもを産む機能が働かなくなると、「もう女ではない」などと言われうる。そもそも、「女らしさ」とみなされるものの多くが、「母親らしさ」と重なり合っていて、その人が現に母であるか、母になるかにかかわらず、母親らしさを背景にした女らしさの基準で測られることも多い[4]。

このような広い意味での「母性」は、女性だけが産みうるという、それ自体は確かな事実を核としつつも、その周りに、実体の定かでない、しかし長年かけて踏み固められ、既成事実であるかのようになった無数の事柄が、強くあるいは漠然と巻き付いて形成されている。その核にある事実の動かしがたさを頼りに、それと結び付けられた根拠のないものまでが、なんとなく正当性を得られたものであるかのように考えられてしまう。

本章が扱うのは、このように、女性が産むことを核として、そこに育てることや、子どもとの緊密な結び付きを中心とする母のあり方が連続させられ、さらにそれに、子どもを産むことと直接は関係ないものまでが絡みとられてかたちづくられた「母性」である。それはふだん意識されることは少ないが、改めてとらえようとすると雲をつかむようにつかみどころがない。本章はまず、その曖昧さや両価性を解きほぐしつつ明らかにすることを目指す。

二、「母性」の区分——リッチを手がかりに

先に見たように、広義の母性が、「子どもを産みうること」を核として、産む女性と、育児を中心とした子どもとのかかわりを切れ目なく連続させ、さらにそこに、女性が産みうることと関連づけられたさまざまな価値観や慣習、制度などが絡めとられてできているのだとしたら、その全体、あるいはそのうちのどれかを受け容れられない場合、その根源にあるとみられる「子どもを産むこと」を否定的に評価し、または拒否することで「母性」に抗がおうとするのは当然の成り行きだろう。はじめにフェミニズムに起こったのはそのような反応である。[5]女性が男性と同じように、自律し自由な存在になるためには、母親になることを拒否することもやむをえないという考え方である。男性と女性の

社会的地位に圧倒的な差があり、母親であること、母親になりうることを根拠に、女性の生き方が著しく制限されていた状況を考慮すれば、当然の主張であり、戦略でもありうる。

しかし、本当に「産みうること」が問題なのか、あるいはむしろ、それに連続するほかのことが問題なのではないかということは、慎重に問う必要があるだろう。というのも、もしその核である「産むこと」以外に主な要因があるのなら、産むこと自体は、あるいは母になること自体は拒否する必要がないかもしれないからである。また個々人が産むことを拒否しても、広い意味での「母性」の影響はなくならないからでもある。

もしそのすべてを拒否する道をとらないとしたら、母性と呼ばれるもの、言いかえれば、母であること、母になることの漠然と膨れ上がった全体を、丁寧に腑分けする必要があることになるだろう。大きくは、拒否すべきものと、肯定しうるものとに。じっさいにそのような立場をとったのが、第二派フェミニズムの中で、一九七〇年代半ばから興った、母性を肯定的にとらえようとする潮流であり、そのアメリカの代表のひとりがリッチである。[6]

1　「制度としての母性」

『女から生まれる』の冒頭でリッチは、たがいに影響しあっているものの、母性は二種類に分けられると主張する。子どもを産みうるという女性の「潜在能力」としての母性と、「制度」としての母性である。

「母性には二つの違った意味があり、一方がもう一方に重なっていることを明確にしたい。ひとつはいかなる女ももつもので、生殖能力あるいは子どもとの「潜在的な関係」であり、もうひとつは、その潜在能力つまりすべての女は、男の支配下にあるものだと保証するための「制度」である。この〔母性という〕制度は、社会的にも政治的にもきわめて多様な仕組みを貫いて、つねに要としての役割を果たしてきた」（Rich 1986: 13／一四、〔 〕内引用者、一部改訳、以下同様）。

リッチにとって、前者の母性、つまり個々の女性が子どもを産んだり育てたりする経験、あるいは、避妊や中絶、不妊や産まない選択なども含む、自分の生殖機能に対してもつ関係が本来の母性であるが、そのような女性の経験や生殖しうる潜在能力は、歴史上つねに男性たちによって管理されてきたのであり、それは彼らにとって望ましい、あるべき母性のあり方を制度化することによってであるという。つまりリッチは、女性たち個々人が本来自由に経験するはずの母性と、それを望ましい型にはめようと、外から暗黙の圧力をかけ、形成される母性（個人が内面化している部分が多くあるにせよ）とに、大きく分けたと言うことができる。ひとことで言えば、内から経験する母性と、外から鋳型に嵌められた母性と言えるだろうか。この内とくに、後者の制度としての母性を顕在化させた上で、批判されるべきなのはこの種の母性であって、母性そのものではないことを主張した点が重要である。

では、「制度としての母性」とは具体的にどのようなものだろうか。それはリッチによれば、歴史上ほとんどすべての社会がそうであった家父長制のうちに組み込まれ、それを支えてきた「要」の部分である。母性が（異性愛とともに）「制度として確立されていなければ、家父長制は存続できない」

(Rich 1986: 43/六〇)と言うほどである。そしてまず、その家父長制については次のように言う。

「家父長制は父親たちの権力であり、言いかえれば、家族‐社会的、イデオロギー的、政治的制度である。そこでは男性たちが、強制したり直接圧力をかけたりすることで、あるいは儀式、伝統、法律、言語、習慣、礼儀、教育、分業を通じて、女性はどういう役割を果たすべきか、果たしてはいけないかを決めている」(Rich 1986: 57/七八)。

こうした家父長制の中で、制度としての母性は、男性たちが女性の生殖能力を彼らの都合のよいように管理するために貢献する。上の引用にあるように、直接圧力をかけるほか、「儀式、伝統、法律、言語、習慣、礼儀、教育、分業」などを通じて、あるいは芸術・メディアなどの文化、母親にかかわる政策、医療者や心理学者・教育学者など専門家たちのバイアスのかかった見解などを通して間接的にも、ときにそれと気づかない仕方で、あらゆる方向から影響を及ぼしてくる。そうした環境の中で、個々の女性が生殖にかかわるさまざまな選択をしたり、妨げられたりする結果、社会の求める母としてのあり方がますます主流となり、強化され、そうでない選択や生き方は逸脱とみなされ、社会的に罰せられる。

「[母性と異性愛の]双方の制度が、そこで個人の選択がなされたり、妨害されたりする諸規定(prescriptions)や条件を作り出している。それらは実体があるという意味での『現実』ではないが、私たちの生活環境をかたちづくっているものである。[…]母性の経験や性の経験は、男性の利害関心に沿うように形作られてきた。諸制度を脅かすような行為、たとえば非嫡出子の出産、中絶などは逸脱したあるいは犯罪行為だとみなされる」（Rich 1986: 42／五八―九）。

このように、女性たちは見えないかたちで、男性にとって望ましい母性へと追い込まれているとリッチは考える。女性たちをとらえ鋳型に押し込む包囲網は、社会のあらゆるところに張られているから、たとえば個々人の志や、人々の意識を変えることでそれを簡単に撥ねつけたり、その影響から逃れられるものではない。母性という「制度」に注目する視点は、母性が、単なる人々の意識や価値観の次元にとどまらないことを明らかにしてくれる。

母性という「手で触れることも目で見ることもできない」（Rich 1986: 276／三九一）制度は、具体的には、たとえば次に抜粋するようなかたちをとって現れてくると言う。経済面では、「心ならずも女が男に依存せざるをえなくなるような、賃金労働者として女が受ける不平等な給料」や、その結果の「経済的に依存するための結婚」として。家庭に関しては、「家庭の中で女が負担する精神的役割の負担」、また「『母親専任』という孤独な監禁状態」、そして「男に子どもに対する最小の責任しか負わせず、しかも権利と特権ばかりは与える名ばかりの父性」、あるいは「婚姻外で生まれた子どもの庶子という概念」として。また社会福祉に関しては、「母親のための社会福祉の欠如」、「世界中至るところでの保育施設の不備」として。社会の価値観に関しては、「女たちを［子どもに対する］愛と罪悪感の循環に束縛すること」[7]として。そのほかには、「避妊と中絶を規制する法律」や「レイプとその結果」としてなどである。これらがみな、母性という「この目に見えない制度を織り成す糸となっている」(Rich 1986: 277/三九一)。

このように、母であることに関連付けられた女性の社会や家庭での地位、ふるまいや感じ方が、目に見ないかたちで定められ、押し付けられる。そこでは、個々の女性たちがそれぞれどのような人間で、どのような能力や指向をもち、どのように家庭や子ども、仕事や社会とかかわりたいと考えているかといった、男性と同様に多様であるはずの女性の諸側面が一切考慮されずに、定められた母性の側面にのみ女性を縛り付け、閉じ込めようとする。[8] これが「制度としての母性」だと言えるだろう。

私たちが一節3項で触れた、広義の「母性」、つまり女性が産みうることを核として、そこに育児を中心とした子どもとのかかわりが連続し、さらにその連続性に、さまざまなレベルの価値観や慣習、制度などが絡めとられて漠然と膨らんだ「母性」とは、リッチの主張する、この「制度としての母性」にあたると振り返って言うことができるだろう。

2 「制度としての母性」による弊害——人々の分断

① 女性の心と身体の分断

リッチは、「制度としての母性」が女性の生に介入し、あるべき母としてのあり方を直接間接に押し付けようとすればするほど、女性はさまざまなかたちで分裂することを余儀なくされると考える。[9] その最たるものが、女性の心と身体への分裂である。

「[母性という] この制度がもたらす数々の矛盾のうち、もっとも根本的で、当惑させる矛盾は、この制度が、女性たちをその体に閉じ込めることによって、彼女たち自身の体から疎外してきたことである」（Rich 1986: 13／一四）。

女性の体は、妊娠出産にかかわる機能をはじめ、官能のあり方や、感受の仕方など、男性の体とは異なる多くの潜在性や可能性を秘めている。にもかかわらず、女性の生殖能力を基盤として、男性が「女性に支配され、圧倒されることを恐れてか」、「家父長制のもとで、女性の可能性は、母性の名のもとに文字通り抹殺されてきた」（Rich 1986: 13／一五）とリッチは言う。生殖能力を中心とした女性の潜在性や可能性を飼いならし、あるいは飼い殺すもっとも効果的な方法が、女性を生物学的な産む身体に縮減した上で、その体を管理下に置くことである。「女性たちは、自分自身の体にしばりつけられることで管理されている」（Rich 1986: 13／一五）。「女の体が、家父長制が築かれる基盤となっているのだ」（Rich 1986: 55/七七）。

女性たちは長い間、自分の体で起こる出来事であるにもかかわらず、妊娠や出産をもっぱら受動的にのみ経験してきた。「大多数の女たちは思いがけなく負わされた出来事として子どもを産む」。「歴史上、女性の多くは選択の余地なく母にならされ、それよりずっと多くの女性たちが、この世に生命をもたらす代わりに、自分自身の生命や生活を失ってきた」（Rich 1986: 13／一五）。

そうした女性の受動性がもっとも象徴的に、凝縮して表れているのが、受動的な出産のあり方であるという。「家父長制のもとでは、出産する女は、苦しむことにこそ目的があると言われた。女が存在する目的はその苦しみにあり、彼女が産もうとしている新しい生命［…］が大切なのであり、彼女自身の価値は産むことにあると言われた」（Rich 1986: 159／一二六）。子どもを産むことに切り詰められた女性の体と、女性そのものとがほぼ同一視され、そのこと以外に女性の価値はほとんど認められなかった。出産にともなう痛みをただ受動的に耐えながら出産すること、またその苦しみが称賛され、求められてさえいることはリッチにとって、女性が自分自身の体から疎外され、体が自らの意思や情動の埒外で他人に管理されていることを象徴的に表している[10]。

② 娘と母の分断

リッチの指摘する女性の分裂はこれだけでない。母性が女性に押し付けられる社会では、ひとりの女性の人生が、出産前後で、つまり娘時代と母になった後とで分断されるともリッチは考える。

「よい母親（苦しいことや怒りを抑えることと暗黙に結び付けられている）の自己否定的で自己破壊的な役割は、かつては自分自身のための（*for myself*）希望、期待、夢を持っていた女や少女の『死』を意味するのである」（Rich 1986: 166／二二八―九）。

「よい母親」になることが、自分を否定したり犠牲にしてでも子どもを優先することであるなら、また、たとえば、「小さな子どもたちと一日中一緒にいて、子どもたちのペースに合わせて生活することに満足でき、それ以上の人格はもたない」（Rich 1986: 22／二七）ことだとしたら、母親になることは、「自分自身のための」人生の終焉を意味する。この分断の予感が、娘に母になることを恐れさせ、娘と母をも分断する。母性を押し付けられた母親の制約された生は、同じ女性であるその娘にも暗い影を落とすからである（cf. Rich 1986: 235／三三三）。娘は、「犠牲者、殉教者、解放されていない女を代表する」（Rich 1986: 236／三三四）自分の母親を見て、「女になるとはどういうことか」（Rich 1986: 243／三四六―七）を悟り、自分自身がいずれ母親になることを恐れ、忌避するようになる。

③　子どもをもつ女性ともたない女性の分断

さらに、子どもを産み育てることにのみ女性の価値を置く母性という制度は、子どもをもつ女性とそうでない女性とのあいだをも分断するという。

「記録された歴史を通じて、『子なし』（childless）の女［…］は、ほかの女たちを代表することのできない、欠陥のある女とみなされ、母親に寄せられる偽善的で姑息な尊敬の対象から外されてきた。［…］／『子なし』（unchilded）の女――そんな言葉に何か意味があるとして、それは、女も男も何千年もとってきた、子どもを産み育てるという女たちの役割に対する姿勢がいまでも影響しているものだ」（Rich 1986: 251-2／三五八―九）。

「『子なしの女』（childless woman）対『母親』というのは誤った対置の仕方であり、それは母性と異性愛双方の制度を維持するのに役立ってきただけである。そんな単純な分け方などない」（Rich 1986: 250／三五六）。

この分断は母性という制度がつくり出したものであり、逆にその影響さえなければ、子どもの存在を基準とするこの区別自体、また「子なしの女」という言葉自体、意味をもたないのである。「子なしの男」という言葉、そしてそういう基準がほとんど意味をもたないのと同様に。

④　分断から統合へ

これらの分断と、分断された項の一方へと、制度としての母性によってほぼ強制的に追いやられることへの恐れが、少なくない女性たちを、母親になること、とりわけ出産すること、そして出産する機能をもつ女性の体自体を否定することへと駆り立てていったとリッチは言う。

「自分の体への恐れと憎しみのために、私たちの脳はしばしば偏っていた。現代の明晰な女性たちにすら、女としての体の外側のどこかで考えようとしている人たちがいる」(Rich 1986: 284／四〇三―四)。

「二十世紀の多くの女たちが持つ母性に対する矛盾した感情、あるいは母性の拒否に至るまで、説明できない感情の糸が面々とつづいている。二十世紀の教育ある若い女性が、おそらく自分の母親の一生を見るとき、あるいは女は生まれつき子どもを産むよう運命づけられているのだと決めつける社会で自主性を持とうと努力するとき、選択は二者択一しかないと感じるのも無理はない。つまり、母性か個性か、母性か創造性か、母性か自由かの二者択一である」(Rich 1986: 160／二一八)。

じっさいは、産むことそのものが問題なのではないし、産むことがそれだけでもたらす決定的な、後戻りできない分断などない。したがって、産むことと個性（や創造性や自由）のどちらか一方しか選べないということもないはずである。男性にとっては、子どもをもつことと個性が二者択一であるとは考えられないように。分断があるとしたら、それをつくっているのは、産むことそのものではなく、それに付随する、たとえば母親に不利な労働環境や家庭環境、いったん産んだら、母親は自分の生を犠牲にしてでも子どもに尽くさなくてはいけないという暗黙のプレッシャーなど、リッチの言うところの制度としての母性であろう。リッチはこうした、産むことか個性かといった二項対立的見方に対し、むしろ産みうることも含めた女性の体こそが、個性や創造性、自由の源泉なのだというふうに女性の体を肯定的にとらえることを通して、女性が母性という制度によって被ってきた分断を統合しうると考える[11]。

本章二節で、リッチが母性を二種類に区分したのを見た後、私たちはそのうちの「制度としての母性」に焦点を当てて論じてきたが、もうひとつの、肯定しうる母性としてリッチが挙げていたのが、「いかなる女ももつもので、生殖能力あるいは子どもとの『潜在的な関係』」であったことをここで思い起こしたい。このことをすぐ後に、「人間の生命を産み育てるという生物学的な潜在性あるいは能力」とも言いかえている。じっさいに、リッチは出産を、「しばしば父権制者がそうであったように犠牲的な経験としてだけ見る[12]」（Rich 1986: 174／二三九）のではなく、反対に、「女自身の体を知り体と折り合う方法として考えたり、女の肉体的、精神的資源を発見するものとして考えること」（Rich 1986: 157／二一四）ができるのではないか、そのとき出産はむしろ、「女を恐怖や受け身、体からの疎外から解き放す経験のひとつ」（Rich 1986: 184／二五三―四）となるのではないか、と提言する。もちろん産むことだけが重要というのではなく、女性にとって従来、最大のハンディと考えられてきた産む機能をはじめとする女性に特有な体が、女性の「宿命」（Rich 1986: 176／二四二）どころか、「資源」（resource）になりうるという点がリッチにとって重要なのである。産む機能を含んだ女性の体と切り離して、自身の個性や自由、あるいは女性の解放を考えるのではなく、自分の特有な体を基点に考えることで、これまで分断していた女性の体と心は統合しうるし、それは女性たちのあいだの統合にもつながるとリッチは考える。

「何世代もの女たちにとって、選んだのではない、従属契約のような（unchosen, indentured）母性を意味した身体という有機体（physical organization）は、じっさいは、ほとんど触れられたり、理解されたりしてこなかった、女の資源なのである」（Rich 1986: 285／四〇四）。

「私が真に問いかけているのは、女はようやく、からだを通して考えること（*think through the body*）［…］をはじめられるのではないかということだ」（Rich 1986: 284／四〇二）。

３　女性と男性、産む人と産まない人とのあいだの分断と統合

このようなリッチの見解のうち、次の点には私たちも同意する。すなわち、女性の多様性を無視して、外から一律に押し付けられる母性に対して、個々の女性が内から経験しうる母性を掬い上げ、それを肯定しようとする点、また、その母性が個々の身体経験に深く根差したものであるという点であ

る。しかし同時に、次のような疑問も浮かんでくる。産みうるという「潜在能力」は、肯定しうる母性に欠かせないほど重要なものだろうか。別の言い方をすれば、肯定しうる母性において身体が重要な位置を占めるのはその通りだとしても、重要なのは、女性の生殖能力を中心とした生物学的身体なのだろうか。そうだとすると、肯定しうる母性は女性のみが経験しうることになってしまうが、本当にそうだろうか、という疑問である。

私たちは、リッチの見解を手がかりにしつつも、次のように考え進めてみたい。肯定しうる母性においては、産むことはたしかに重要な一要素でありうるが、不可欠ではなく、産まれた子どもとの心身の緊密な関係こそが、その母性の中心になるのではないか。そしてそれは産むという身体経験のみならず、むしろ育児を中心とした身体経験の中でこそ築かれるものなのではないか。そうだとしたら、肯定しうる母性の経験は、(その言葉の表面上の意味に反して)、産む女性に限定されずに、男性や養親など産まない人々にもまた開かれているのではないか、と。

このことは次のように言いかえることができる。リッチが問題にした、制度としての母性がもたらす分断は、ひとりの女性の心と身体や、子を産む以前と以後の生、また女性たち同士のあいだにだけあるのではなく、女性と男性のあいだにも、そして産む人と産まない人とのあいだにもあるのではないだろうか。子どもの出産を基準に、人々を母親と父親、産む人と産まない人などに分断して対置させる明確な境界など、本当はないにもかかわらず。したがって、母性という制度がもたらす分断に抗い、連続性を取り戻す必要があるのは、リッチが指摘するような、ひとりの女性や女性たちのあいだにとどまらず、女性と男性、そして産んだ人とそうでない人とのあいだにおいてでもあるのではないか、と考えることができるだろう。

三、「母性」の分節化

前節で見たような人々の分断が起きるのは、本章一節で見た、ふたつの主要な連続性――産むことと育てること、産むことと（子どもともっとも緊密な関係にある）母としてのあり方――から成る「母性」、リッチの言葉を用いれば「制度としての母性」のプレッシャーが根強く、陰に陽に人々を拘束しているからなのではないだろうか。別の言い方をすれば、産むことが「母性」の核にあり、しかもそれが育てることや母としてのあり方と、切れ目なく、疑うことなく連続させられているからではないか。

そうだとしたら、かりに産むことがその核心ではない「母性」というものが考えられるとすれば、そして、産んだことが自動的に、育てることや子どもともっとも緊密な関係にある親であることを意味せず、反対に、産んでいないことが、育てることやもっとも緊密な関係にあることを何ら阻害しない、そのような固定化されない「母性」がありうるとしたら、その「母性」は、ひとりの女性や、女性たち、そして女性と男性、産んだ人とそうでない人のあいだを分断するどころか、それらを含むすべての人たちを含むように、むしろ拡大するのではないか。本書はこのような「母性」を、「制度としての母性」とは異なり、肯定しうる母性として考察していこうとしている。

そしてこのように「母性」を肯定的にとらえ直すために必要なのは、まず、母性の核心を、産むことからほかへ移すことであり、次に、産むことと育てること、産むことと「母」としてあることとが分離しうるのを示すことだと考える。後者の分離可能性については4章で考察するが、それに先立ち以下では、一節で簡単に素描した従来の「母性」に立ち返り、バダンテールやデルフィの主張を取り上げて、その成り立ちをもう少し詳しく見てみたい。

1 「母性」の第一の側面——産むことと育てることとの結び付き

① 「母性」の核

「母性」の曖昧な混ざり合いを解きほぐすために、母性の「核」となる部分から改めて確認したい。「核」とは、すでに述べた、現段階では妊娠出産するのは女性のみであるという事実である。これが、生殖に関して、たとえ最小限に見積った場合にも、依然として残る性差であると言える。したがって、これが生殖にかかわるほかのさまざまな性差や、それにまつわる諸問題の発生源であることは間違いない。ただこの核だけならば、先に述べたように、現存するそれらの問題の一部がここから生じるのみだろう。しかし、出産の前と後で決定的に異なるのは、出産後の子どもの存在であった。この子ども世話を女性に多く結び付けること、結び付くべきと考えること、ここから、女性が生むことそれ自体にくらべてはるかに多くの、生殖の性差にまつわる問題が発生すると考えたのであった。

したがって、「母性」について考え直すには、女性が産むことそのものと、育てることが女性により結び付けられていること、このふたつをまずは切り分けて考えなければならない（次節で見るように、単に子育ての負担だけが母性の問題ではないと考えるのだが）。

じっさいに、女性が「産む性」であるとあえて言うとき、意味しているのは必ずしも、女性だけが産む機能を備えているという生物学的事実——先の言葉を用いれば「核」の部分——だけでなく、「産む性」のうちに、子どもの世話をする性ということ（、また次節を先取りすれば、子どもともっとも緊密な関係を結ぶ性ということ）も、無自覚に、わずかであっても滑りこませていることが多いのではないか。女性は「産む性」だから、子どもの世話で苦労したり、仕事が制限されたりするのは仕方がないなどと。ここでは、妊娠出産するのが女性のみであることと、子どもの世話を中心に引き受けるのが女性であることとが、漠然と、無造作に混同されている。

そして、この漠然とした、ときに無自覚な混同を正当化する働きをしているのが「母性」の第一の側面であると言えるのだった。別の言い方をすれば、「母性」とは第一には、産むことから育てることを連続させる見方のことである。そのとき鍵になっているのが、母の子への情緒的結びつきである愛情や育てる能力であり、それらが、産んだ（あるいは産みうる）という事実に基づいていると考えることである。じっさい、単に「労働」という観点から見るならば、女性が苦労して産んだのだから、その後の子どもの世話は、今度はパートナーが多く負担するという発想になってもよいはずである。でもそうはならずに、産んだこととその世話を引き受けることを連続的にとらえる方へと向かわせるのは、産む前後に母子のあいだに形成された絆を、その後も引き継ぐことが自然だから、あるいは産む者には、産まれた者を愛しみ、守り、育てる能力や傾向が備わっているはずだという考えがあるからだろう。つまり、産んだ（産みうる）からには、産まれた子に、他の者の及ばない強い愛着を覚え、子どもにとってもっともよい仕方でふるまうはずだと、産むことを根拠に、産む者がますますだれよりも子どもに結び付けられてしまうからくりが、「母性」という視点にはある。以下に見るバダンテールの主張も、このような文脈で解釈することができるだろう。

② 「本能としての母性」の否定――バダンテールに沿って

バダンテールは『母性という神話』(Badinter 1980) で、長らく信じられてきた母性を解体することを目論む。その際、母親が子どもに抱く愛情は、本能的なもの、生得的なものかどうかという点に母性の問題を焦点化した上で、歴史的な資料を参照しつつ、否定的な結論を導く。母親の子どもへの愛情は彼女も否定しないが、それは他の感情と同じく、人や環境によって育まれたり育まれなかったりするもので、生まれながらにどの女性にも普遍的に見られる本能ではないと考える。その主な根拠としてバダンテールは、一七、一八世紀のフランスを中心とするヨーロッパで、全階級において普及していた里子(あるいは上流貴族ではしばしば乳母の雇用)の実体を挙げる。この時期には、生まれたばかりの子どもを里子に出したり、乳母に預けたりして、産んだ母親自身が手元において育てないことがほとんどだったとする。貧困や、労働の必要など、やむにやまれぬ事情がある場合だけでなく、時間的経済的に自分で育てる余裕のある階級にも広く普及していたことから、当時の母親の多くは子どもに無関心だったと推論する。そのことは、多くの親が、里親に稀にしか連絡を取らなかったり、乳母を行き当りばったりで深慮なしに選んだり、里子に出した先で子どもが亡くなるか障がいを負っても、大多数が文句を言うどころか、次に産まれた子をふたたび里子に出すことをやめなかったなどの事実によって裏付けられると彼女は考える。たしかに子どもに愛情を注ぎ、関心を傾けた母親はいつの時代にもいるように、この時代にも少なからずいただろうが、子どもに無関心な大多数の母親が、だからと言って現代のように社会や周囲から責められることはなかった（むしろ愛情をかけすぎると子をだめにすると諫められた）という点が注目に値する。そうだとすれば、これだけ長い期間、大多数の母親に見出すことの困難な「母性愛」は、もはや本能とも、自然とも言えないだろうというのが同書前半部（第一部）の結論である。

この議論に見られるように、たしかにバダンテールの主要な関心は、母親の子どもに対する愛情と解された母性が本能的なものかどうかという点、そしてそれを否定することに集中していると言える。しかし、このことを別の観点から見れば、彼女は、女性が産むことと、その後の、愛情をもって育てることとの連続性を切断しようとしたとも言えるのではないか。彼女にとっては、出産後数日あるいは数時間で里子に出すことに、産むことと育てることの連続性が（自然には）ないことが顕著に表れている。そして、それらを母性という名のもとに結び付ける人々にとって連続性の根拠となるはずの母の愛については、子への愛が母に先天的に備わっているから子を育てるのではなく、逆に、子への愛の多くは、手元で緊密な関係の中で育てる過程で芽生え、深まるのだと、その自然性、先天性を否定する。このように、産むことと育てることを結び付けると考えられた愛が後天的であるなら、両者の連続性は必然ではないことになる、という主張でもあると解釈することが可能である。

ただ、バダンテールの母性解体の試みはやはり、それが自然ではないことを示すことに、一貫して重点が置かれている。また母性という神話を、「子どもへの愛が本能であると考えること」という一点でとらえようとする彼女の母性の解釈が、一面的過ぎるように見えるのは事実である。別の言い方をすれば、母性を、愛とその自然性という観点からのみ規定した上で、その自然性を歴史的な資料とその解釈から否定する、その後者の作業の方に力の大半が注がれている。いきおい、そもそも母性とは何かを掘り下げて考え、母性には、単に愛という「感情」だけでなく、4章、6章で考察するような身体的な次元や、さらには母の存在のあり方が、分かちがたく巻き込まれているという側面にまでは考察が届いていないとも言える。[13]

2 「母性」の第二の側面——産むことと「母であること」の結び付き

前項では、「母性」の第一の側面として、産むことと育てることの結び付きを見た。では、産むことから育てることを分離すれば、「母性」の負の側面、リッチの語で言いかえれば「制度としての母性」の影響をまぬかれるのか、というとそう単純ではない。産むことは、育てるという行為や実践と分かちがたく結び付けられているだけでなく、その人がどのようにあるかという、あり方、存在にも、分かちがたく結び付けられているからである。こちらの結び付きは、より見えにくいだけにいっそうやっかいである。このふたつめの結び付きを、以下に、デルフィを取り上げて考えてみる。デルフィの視点を借りれば、産むことそのものにすでに、リッチの言う意味での制度的なもの、言いかえれば、社会的な価値観や圧力が入り込み、絡みついていることが見えてくる。

①「産むこと」に入り込んだ「社会的なもの」――デルフィに沿って

デルフィは、自然的事象であるはずの「産むこと」の経験にさえも、社会的なものが分かちがたく絡み込んでしまっていることを指摘する。それと同時に、そのような社会的なものの影響を取り払うことがかりにできるとすれば、産むことそれ自体は、本当は、負担でもハンディでもない、あくまでも「中立的な」事象であるとも主張する。デルフィは、社会構築主義の観点から、月経や妊娠出産について次のように言う[14]。

> 「月経や出産には、身体的で非・社会的な要素があるのは確かだが、同じく社会的な要素もあり、現実のうちで両者は区別できない。たとえば月経は単に身体的な現象ではないのである。[…]月経の意味（sens）は、出血とともに、出血によって与えられるのではなく、あらゆる意味（signification）と同様、意識によって、したがって社会によって与えられるのだという認識が不可欠である。
> 　とはいえ、文化は単に、それ自体では意味を備えていない、自然に属する事象に意味（sens）を付与するだけではない。社会や文化は、それを通じてその事象が体験される、あるいはむしろ強制的にそこに鋳込まれる（moulé）ような、物質的な形態（forme matérielle）をも付与するのだ。『純粋な』出産が存在するのではない。[…]すべての状況で、すべての国で同一の『月経なるもの』が存在するのではない」（Delphy 1976: 1482-3／二六三―四、傍点引用者、一部改訳、以下同様）。

私たちがふだん、純粋な身体的事象であると信じ込んでいるものにも、じつは社会の認識や解釈によって作られた側面がすでに紛れ込んでいるのだと、デルフィは指摘する。「多くの人が、身体的事象そのものから免れないかぎり、月経や妊娠・出産の不快さを免れることはできないと考えている」が、そうした見方は、「それ自体としては中立的なこれらの事象を文化が現実のハンディキャップに変えてしまった事実」(Delphy 1976: 1484／二六五)を見落としている、と言う。そして社会は、故意にそう思い込ませるよう仕向けさえする。「社会は、月経や妊娠・出産は身体的事象に由来するということ、すなわち、それらの［本当は］社会的に構築された条件は自然的な条件なのだということを私たちに信じ込ませようと手を尽くす」。というのも、「月経は自然の現象ではなく、構築された現象であるということを隠蔽することが社会にとって利益となる」(Delphy 1976: 1484／二六五―六)からである。つまり、女性たち自らが、妊娠や出産を、動かしがたい自然的事実に基づくハンディキャップであると諦めつつ受け入れてくれることは、出産や子育てを女性に進んで担ってほしい社会にとって、願ってもいないことなのである。

それでは、女性たちはどうしたらよいとデルフィは言うのだろうか。たとえば『『月経』の名のもとに現にすべての女性が経験している現象のうちで、どれが社会的なものなのか、どれが強制的なものなのかということを分析しなければ、私たちは社会の思うつぼにはまってしまう」と言う。したがって、まずは、「［女性の社会に対する］闘争は、異なる要素であるのに社会が混同している要素を分離し、区別することにある」(Delphy 1976: 1484／二六六)のだと。

この「区別」は、私たちの議論における区別にも通じるだろう。つまり、女性が「産む性」であることと、女性が「母性」をもつこととの区別である。デルフィの見方を借りて言えば、女性が「産む性」であることそれ自体は「中立的な事象」であり、それだけであれば、負担でも、ハンディキャップでもない可能性がある。デルフィが、直接には月経について、「［フランスでは、］自分の月経を隠さなければならない」、あるいは「［フランス社会の］すべては月経のない人々のために物質的に構想され、作られている」（Delphy 1976: 1483／二六四）と言うのと同様のことが、妊娠出産に関しても起こっている可能性が大いにある。デルフィも（月経を中心に議論を展開しているものの、妊娠出産についても）そのように考えていると言えるだろう。つまり、女性のだけでなく男性のものも含めた労働環境や、生活様式、社会の規範や価値観が、産むこと、産む性であることを、負担に思わせたり、ハンディキャップに仕立て上げている可能性である（たとえば妊娠中や授乳中に出歩きにくい環境、労働時間や体制がフレキシブルではないなど）。

ましてや、女性だけが産みうるという事実そのものは、産んだ女性が産んだ子どもに、情緒的にも物理的にも、より強く、（デルフィの言葉を用いれば）「強制的に」結び付けられることを含んでいないはずである。

とはいえ、社会的なものと自然的なものとの混同は、デルフィが言うように、単に身体的な事象に、社会的なものが後から、あるいは外から「意味を付与する」といった表層の次元にとどまらず、身体的な事象であるはずものの体験のされ方のうちに、社会的なものがすでに入り込んでしまっている面がある。つまり、本人は意味を付与される以前のなまの、自然的、身体的事象を体験しているつもりが、その個人的な体験の仕方にすでに、社会的なものが滑り込み、社会が解釈し期待する[15]ところの「身体的事象」へと、当人が疑問に思う隙もなく、強制的に「鋳込まれ」てしまっている可能性がある。それほど、自然的なものと社会的なものとの混同は巧妙で、解きがたく、（前者に後者が）奥深くまで浸透してしまっている恐れがある。具体的に言えば、文化や社会が、妊娠出産を大きな負担、労働やキャリアに影響を与えるハンディキャップとみなし、それをもとに社会環境も成り立っているがために、女性たちは「客観的に」[16]も、それを負担であり、ハンディキャップであるとして、妊娠出産という、じつはすでに社会的に構築された「物質的事象」を体験してしまっている可能性があるのである。さらには、デルフィは触れていないが、否定的側面だけでなく、後で見るような、妊娠出産の肯定的評価すらも、社会的に作られている側面があるだろう。

だとすれば、母性を「解体」するには、私たちが前項で考えたように、単に、「産むこと」と「育てること」を切り離すだけでは十分ではない、ということが分かる。産むこと自体が、社会的（価値観等）に色付けされた「身体的事象」へと「鋳込まれ」てしまっているというのだから。つまり、育てることとの連続性によってだけでなく、産むことそのものもすでに、社会的にかたちづくられた母としてのあり方、あるいは母であることに絡めとられている側面があることになる。

では、産むことそのもののうちにも食い込んだ母であることとはどのようなものだろうか。それは、その人の存在を丸ごと巻き込むものと言えるのではないか。育てることが、理論的には、その人がだれであるかとは独立に成立しうる、行為あるいは実践ともとらえうるのに対し、母であることというあり方は、育てることを含みつつ、また育てることによって醸成され、強化されうる側面があるとしても、何かを行う以前に、それらが拠って立ち、その人を成り立たせているような次元にかかわる。したがって育てることが、理論的には、また部分的には、母から切り離して、ほかの人が行いうるのに対して、母であることは、たとえ子どもとかかわっていない時間でもその人から切り離すことはできないばかりか、仕事や、他人あるいは社会との関係など、ほかのふるまいや発想にも影響を与えうるような次元である。

②「産むこと」から母であることへの横滑り

それでは、このような母であることという、いわば存在のあり方にかかわる「母性」とは、具体的にどのようなものだろうか。まずは日常の場面を手がかりに考えてみる。

私たちはふだん、母であることに特別な意味を込めて考えたり、語ったりすることがある。単に生物学的に女（雌）の親であるという以上の意味を込めて。たとえば、妊娠して、出産の近づく女性に、「だんだんお母さんの顔になってきたね」と声をかけたり、出産後、日が経つにつれ、「あの子もすっかりお母さんになったたね、前はこんな姿想像できなかったけど」などと言ったりする。このとき、「お母さんであること」によって、子ども（胎児）の生物学的な母親であるということではなく、その人の存在のあり方が、母であることを主とするかたちに変化している（しつつある）こと、再編成されている（しつつある）ことが指摘され、確認されているとは言えないだろうか。言いかえれば、その人の今の存在のあり方が、母であることを基盤として成り立っている（現実はどうであれ）と見ようとしているのではないだろうか。

そして、この母であることの内容をさらに見てみると、それはその人が、ある子どもにとっての母であるという側面、つまり子どもとの関係が、その人を構成するもののうち、他の諸側面がその上に初めて可能になる基盤を成していることだと言えるのではないか。たとえば、新聞や雑誌などで取り上げられる女性の紹介欄に、「〇児の母」と書かれることがよくある。たしかに男性についても、とくに子ども（との関係）が関連している記事などの場合に、「〇児の父」と書かれないこともないが、子どもに言及される場合でも、××氏には〇才と〇才の子どもがいる（主語がつねに本人）などと書き添えられる方が多いか、少なくともその方がしっくりくるように感じられてしまう（これは書く側の価値観や偏見というよりも、そう書く方が読者の関心のあり方に沿っているとみなされることの方に、より大きな要因があるだろう）。

「〇児の母」というのは、その人の経歴が、当人を主語にして書き連ねられた後、そういうこの人は、だれかのお母さんでもあるというふうに、視点を子ども側に移して、そこからその人に向かっている関係性によって（子どもからその人に向かうベクトルによって）、改めてその人を見直すことを促す。このように、母であることから人を見ることが、その人の見方あるいは認識を刷新してしまうような側面がある。逆に、母であることを外してその人を見るのは、なにか根本的なことを抜かしてしまっているように感じる。男性の場合、「××には〇才の子どもがいる」という方が自然に感じられるとしたら、それは父親であることは、母親の場合ほどには、その人の見方を変えるものではない、あるいは母親ほど、子どもとの関係がその存在の根底にあるとはみなされていないから、ともとれるのではないか。[17]

このように、「産むこと」という、デルフィが指摘するように本来は「中立的」である自然的事実を、ひそかに「母である（になる）こと」へと読み替えて、この意味での「母性」へと、つまり社会の価値観や期待、要求などがたくさん込められた「母性」へと、ほぼ自動的に意味を横滑りさせ、あたかも「産むこと」と「母になること」とが等価であるように思わせるからくりが、ここにはある。本当はそれらのあいだには大きな隔たりがありうるにもかかわらず。これが、二つ目の母性の側面だと言えるのではないか。つまり、「産む（産んだ）こと」と母であることを分かちがたく縒り合わせた上で、前者の「自然性」に訴え、じつは社会的に形成された後者もまた自明であるかのように見せかける働きである。先に見た第一のからくりは、産むことと育てることを連続的に見て、やはり産むことの「自然性」を根拠に、産んだ者が育てる者でもあることを正当化するよう働くのであった。どちらの場合も「母性」は、「産む（産んだ）こと」に結びつき、あるいは溶け込み、その自明性の力を借りて正当性を得ている構造が見て取れるだろう。

「産むこと」を「母である（になる）こと」へとずらし、ふたつを同一視する母性の第二のメカニズムにおいては、両者は、互いに正当化し合い、強化し合いながら、産まない者、母でない者を排除する傾向にある。つまり、ある人が母であること、言いかえれば、その人が子どもにとって第一の親であり絶対的な心身の結びつきをもっていることは、その人が「産んだこと」によって保証され、逆に、「産むこと」の価値は、それによって「母になる」という事実によって実際以上に高められ、ときに神聖視されてしまう、という具合に。たとえば出産は、それによって「母」へと移行する、人生でもっとも特別な瞬間であり、経験した者にしか分からない、女性だけがなしうる偉業、などというふうに。ここから、社会が認めるところの「母」になるためには産むことが必要、産まなくちゃ、と産むことへの過度の幻想や駆り立てが生じ、あるいは産まなかったこと、産むことを経験しなかったことへの「喪失感」を作り上げ、あるいは強めてしまう可能性がある。

男性に関してはそれは、産んでいない自分は、どんなに頑張っても母親＝産んだ者に勝てないのは仕方がない、子どもにとって「二次的な親」であるのは仕方がないと思わせるように働く。あるいは、自分は産んでいないのだから、育児を手伝いはするけれど、産んだ者と同等の、あるいは第一の責任者ではありえないと、無自覚であっても思い込む。周囲も、母親に対するときと比べて、男性が父親になったことで、環境やその人の存在のあり方が、決定的に変わったとまではみなさない。だから当の男性の方も、本当はそうではなかったとしても、そのようにふるまうよう強いられる。

おわりに

本章では、「母性」において、産むことに特権的な位置が与えられており、それが母性の「核」となっていること、そしてその核においては、育てることや、自他や社会がイメージし期待する母であることとが、ほとんど同一視されるほど、切れ目なく結び付けられていることを確認した。次章ではこれを踏まえ、それら、産むことと育てること、産むことと母であることとが分離可能であることを論じていくことになる。そして、それらを分離して考えることで、産んだ人だけでなく、産んでいない人たち（父親等）や、産んでも、生んでもいない人たち（養親等）にも等しく開かれた母であること、あるいは（4章四節で呼び換えるような）「第一の親であること」が考えられるのではないか、その場合、それはどのようなものであるかを検討していく。

注

1 「母性」という語は、"motherhood" の主要な訳語のひとつだが、原語にもまして、母に関する一定のイメージや先入観、あるいはイデオロギーとともに用いられることが多い。もちろん原語もそのように用いられることは多いが、「母性」という語には、「母であること」と直訳したり表現したりする際にあるような、中立的に、色づけなく考える余地があまりないように思われる。しかし本書では、リッチの著書における "motherhood" の訳語が「母性」で定着していることもあり、「母性」と母であることという表現を厳密には区別せずに用いている。ただ、とくに肯定しうる母性を中立的に言い表す必要があるときには、誤解のないように母であることという表現を用いることが多い。

「母性」とは何かを批判的に検討する研究、またその上で、母性を別様に考え直そうとする研究は多い。ここでは下記の文献のみを挙げるにとどめる。（天野他二〇〇九）、（グループ「母性」一九九一）、（青木一九八六）、（原他一九九一）、（Allen 2005）、（Abbey & O'Reilly 1998）、（O'Reilly 2010）、（Miller 2005）。

2 本書はこのような親を、4章四節から、「第一の親」と呼び換えることになる（序文参照）。子どもとの心身ともにもっとも緊密な関係は、じっさいは、育てることを通じて育まれることがほとんどであるものの、育てることと必ずしも重なるわけではない。その人が中心に育ててはいても心身ともにもっとも緊密でないことはありうるし、もっとも緊密ではあるが、一時的あるいは長期的にその人が育てていない場合もありうる。母という語の代わりに、ジェンダー中立的な「第一の親」という語を用いる本書の立場については、4章四節を参照。

3 ここで、母性の第二の側面が、産むこと＋母としてのあり方＝母性、であるならば、後ろふたつの項、「母としてのあり方」（母であること）と「母性」の区別が曖昧だと思われるかもしれない。たしかにそうだが、ただ、本章三節2項で見るように、この母性は、産む（産んだ）ことと「母としてのあり方」とが分かちがたく縒り合わされて成り立っているので、結局、母としてのあり方と母性がほぼ重なり、見分けがたいことは、現実に即して見るとき十分ありうることだと言える。ここではあえて理論的に分解して考えようとしている。

4 たとえば、女性の指導者や上司について、その人が現に母親であるか否かにかかわらず、母のような優しさや厳しさで接してくれた、などと評することがある。

5 一八〜一九世紀のフェミニズムから、ボーヴォワール、ファイアストーン、そして一九七〇年代前半頃までの中絶や避妊の権利や、その状況改善、つまり産まない権利の獲得のための動きなどを念頭においている。ただし、日本のフェミニズムは（異なる諸立場があるものの）、概ねは、欧米の主流と異なり、女性が子どもを産みうることを正面から受け止め、そのことを必ずしも拒否したり軽視したりすることなく、しかし「母性幻想」や、女性を母に還元する見方を拒否しつつ、子どもを産みうること、また育てうることと両立しうる女性の解放を模索しながら進んできたと言える。拙稿（Naka 2018a）を参照。また上野も、「日本のフェミニズムが意図する女性解放とは［…］『産む性』としての女性の、種としての解放をめざしている。［…］日本のフェミニストは法的な母性保護を手放す気はない。［…］『女の男なみ平等』化をめざすことで、女性が自己の再生産能力（出産機能）を、たんに重荷と見なして、それを犠牲にするとしたら、彼女たちは資本制のワナにまんまとひっかかっていることになるのだ」と言う（上野一九八六ｂ：一二五―六）。（上野二〇〇二／二〇一五：二〇六）も参照。ただし、上野は続けて、「母性」に重きを置く日本のフェミニズムの孕む危険を指摘し、警鐘を鳴らしてもいる（上野一九八六ｂ：一二六―七）。cf.（Naka 2018a: 238-9）.

6 この潮流は、はじめフランスで興った。イリガライ、クリステヴァ、シクスーなどがそこに分類される。フランス思想と母との関係については次章を参照。日本のフェミニズムと母性を扱ったものとしては拙稿（Naka 2018a）を参照。

7 母親への育児に関する要求が実現不可能なほど強いため、母性が制度化されたところでは、すべての母親が、子への愛があればあるほど、その要求を満たすことのできない罪悪感をもっていると言う（cf. Rich 1986: 223／三一三）。

8 「制度化された母性は、女性たちに、知性よりは母性『本能』を、自己実現よりは無私を、自己の創造よりは他者たちとの関係を要求する」（Rich 1986: 42／五九）。

9 リッチの女性の分裂に関する議論は、名前を出してはいないものの、ボーヴォワールの『第二の性』での女性の分裂（division）、葛藤（conflit）にかかわる主張をも踏まえていると推察できる。

10 ならば、現代欧米を中心に広く普及した、麻酔を用いる無痛分娩なら女性が主体性を保てるかと言えば、そうではないという。それは「女たちに新たな責め苦を生んだ。意識をなくし、感覚は麻痺し、記憶を失い、完全に受け身となる責め苦である」（Rich 1986: 158／二一六）。

11 母と娘の分裂に関しては次のように言う。「母親と娘と両方の役目を自分の中に受け入れ、統合し、強めていくのは決してやさしいことではない。家父長制は、この二つの役目を分け、両極に離しておくようにしてきたし、罪の意識とか怒り、恥、権力、自由などすべての望ましくないものをもう一人の女に投影するようにしてきた。しかし女たちの関係を前向きにとらえるには、どうしても二つを再び統合することが必要だ」（Rich 1986: 253／三六〇）。

　また、子どものいる女性とそうでない女性との分裂に関しては次のように言う。「母親たちと母親でない者たちとのあいだの溝は、子どもをもつことも、また子どもがないことも、いかに女たちを否定的な存在あるいは悪を持つものとするように働いてきたか理解するようになって、はじめて埋められるものだ」（Rich 1986: 249／三五四―五）。

12 直接には、ファイアストーンの見方を批判する文脈で言われた言葉である。

13 じっさい、彼女が同書で「愛」と呼んでいるものは、主に、子どもを育てることを母に動機づける情緒的愛着のことであり、愛の理解としても表面的過ぎると言える。それは外から見ても観察しうる程度のものに過ぎず、動物心理学的な視点から人間の母親を見ている印象も与える。

　ただ、同書の第二部の考察は、近代以降の「母性」のうちに、社会的なイデオロギーが自然的なものの顔をして忍び込んでいることを指摘するものであり、母性の、自然的と主張される側面だけでなく、社会的な側面もバダンテールの視野に入っていたことは確かである。とはいえ、母性の自然性を否定できれば、社会的イデオロギーもろとも母性そのものがいずれは崩れ去るはずと、彼女は比較的、楽観的に考えていたのではないか。

14 本章で扱うデルフィの主張は、直接には、ルクレールの『女の言葉』（A. Leclerc, *Parole de femme*, Grasset, 1974）を「反‐フェミニズム」として批判する論文内のものであるが、本章はこれをルクレール批判の文脈から切り離し、デルフィ自身の考えとしても独立して検討することができると考えている。

15 デルフィは月経について次のように言うが、これは同じく妊娠出産についても当てはまるだろう。「他人の態度、欲望、期待、要求は、私にとって、椅子と同じように具体的に感知できるものである。社会的な月経が、個人にとっての物質的な行動枠組みとなっているのである」（Delphy 1976: 1483／二六四）。

16 デルフィは月経について次のように言う。「西欧では、文化が出血を低く評価しているため、私たちの月経は不快である。それは客観的に不快な物質的事象である」（Delphy 1976: 1483／二六四）。

17 他にも、母親なのに罪を犯すなんてなど、直接その人の子どもが関係しない事柄や場面についても、その人が母親であるという存在のあり方が前面に引っ張り出されて、そこに重点を置いて評価されてしまうことが、男性（父親）の場合よりも圧倒的に多いように思われる。たとえば日本では、上野がそのような主張を展開している（上野一九九六）他。この点については拙稿（Naka 2018）を参照。

第4章　新たな「母性」——産むことと、育てること／母であることの分離

はじめに

前章ではまず、「母性」について再考するにあたって、産むことがその不可欠な核と考えられていること、そして、その産むことと育てることや、それを通した子どもとの親密な関係とが切れ目なく連続させられているという、「母性」の成り立ちを浮かび上がらせた。そこでは、子どもを産んだという動かしがたい事実が、その産んだ人が育児に中心に携わること、またその人が自他や社会のイメージする「母である（になる）こと」という、「核」に連なったふたつの点をともに正当化するよう働いていることを確認した。産むことから育てることへ、また産むことから母であることへの連続性がほとんど問われることなく受け入れられているために、あたかもその全体が、産むことと不可分な「自然」の事実であるかのように思われがちである。そこで、この連続性は決して自明ではなく、分離可能な別々の事柄であることを改めて認識し、強調する必要があるだろう。以下ではまず、「母性」の第一の側面と前章で呼んだ、産むことと育てることの分離可能性から検討していく。

一、産むことと育てることとの分離可能性――「母性」の第一の側面の分解

1　女性と「母親業」の結びつきの再生産――チョドロウに沿って

前章で私たちは、妊娠出産するのが女性のみであることと、子どもの世話を中心に引き受けるのが女性であることとが混同されているのを確認した。そして女性が産むという「核」（これを先に⓪とした）に、産んだ女性が子どもを育てること（①とした）を連続させる見方を、「母性」の第一の側面と呼んだのであった。チョドロウもまた、『母親業の再生産』冒頭で、「母親」を、本書と類似の仕方でとらえた上で次のように問う。

「母親たることはただ単に子どもを産むことではない。それは社会化し養育する人たることである。つまり主たる親、あるいは世話人たることである。そこで私たちは次のような問いを発することができる。なぜ母親は女であるのか。親業に入るこれらすべての活動を日常的にやる人がなぜ男ではないのか」（Chodorow 1978: 11／一六、一部改訳）。

チョドロウも、母親を、〈産む人〉⓪＋〈子どもを社会化し養育する人〉①と考えた上で、①について、なぜそれが産んだ人でなければならないのかと疑問を提示するところから議論を始める。チョドロウの主眼は、なぜ産んだ女性が「母親業」に携わるのか、またその結びつきが、なぜ世代を超えて維持され、再生産されるのかを解明することにあるが、本章は、チョドロウがその出発点におい

て、⓪と①の連続性に疑問を呈したこと、それによって、それらが分離可能であり、男性を含めた産んでいない人もそこに参加しうることを示した点に注目したい。

チョドロウによれば、多くの理論家たちにとって、この連続性、つまり産んだ女性が「母親業」に携わることは、「生物学的に自明であって説明を要しない」ものと思われてきた。「母性本能」なるものを想定するにせよ、産んだ女性が母親業に携わる労働分業は人類の最初期から存続してきたものと考えるにせよ、いずれにしても「そこでは、女の母親業は、自然の事実と考えられている」(Chodorow 1978: 14／二〇)。そのため、その連続性をあえて問う必要があるとさえ考えられなかった。それは単に学問的理論のレベルにとどまらず、イデオロギーと連動して互いに強化し合う。

「私たちの言語や科学や大衆文化のすべてが、子育ての必要性とだれが育てるのかの問題の分離を非常に困難にしている。つまり、ふつうは女、ことに生みの母親によって行われる親としての諸活動を女自身から切り離すことが難しいのである」(Chodorow 1978: 35-6／五四)。

社会の存続のためにだれかが子どもを育てなければならないとしても、それがただちに、女性、とくに産んだ女性でなければならないことにはならないのに、そこをいったん切り離して、だれが育てるべきかが改めて問われることすら稀であるという。

チョドロウは、この連続性は自然ではなく、そこには「文化が介在している」(Chodorow 1978: 14／二〇)と考えて、両者のあいだに隔たりを認め、それがないかのごとくに連続させる社会的文化的メカニズムを解明しようとする。具体的には、ごく幼い時期には、男女両性に母親業をするための基盤があるのに、女性のみが母親業に携わっているという偏った社会構造があるために、それが男の子を母親業から遠ざける一方で、女の子を母親業に適するように形成していくのだという。それによって、その構造が世代を超えて再生産されるのだと論じていく。「女の母親業は、女のなかに母親業に適当な能力と心理的自己限定をつくりだし、男にはこの能力や自己限定を禁じたり剝奪したりする」（Chodorow 1978: 208／三一四）。逆に言えば、この偏りを正すことで、男性にも本来備わっている母親業への適性が切り捨てられることがなくなり、母親業に携わる妨げが少なくなるだろうとチョドロウは示唆している。あとがきでは、さらに踏み込んで次のように明言する。「本書の場合は、特定の社会的・心理的過程を通じて、親業の特質が女に創り出されていく様態を私は示している。これは暗に、もし男女ともが親の世話を等しく受けるならば、この特質が男にも創り出される様態をも示すものである」（Chodorow 1978: 217／三二四）。「現代の［母親に偏った］親業編成は、子どもと男を切り離している」（Chodorow 1978: 217／三二五、［　］内引用者、以下同様）と。

2　「母親業」という実践と「母」の再定義――ルディックに沿って

『母的思考』の著者、ルディックは、さらに徹底して、産んだ女性から母親業（mothering）と、さらに「母親であること」さえも切り離して考えようとする。ルディックは、母親が携わるのが母親業だと考えるのではなく、逆に、母親業に携わるのが「母親」であると、母親業の方から「母親」を定義することを試みる。彼女は母親業を、子どもの基本的な要求を満たす「労働」あるいは「実践」とみなし、この実践が「当人の生活の重要な一部を占めている人」（Ruddick 1989: 40）は、だれもが

「母親」であると考える。

「母親業（maternal work）を構成しているのは、これらの三つの要求、つまり保護、成長、社会的な受容（*social acceptability*）の要求であり、母親であることとは、これらの要求を、保護する愛、養育、しつけ（preservative love, nurturance, and training）という労働（work）によって満たすことに専心する（committed）ことである」（Ruddick 1989: 17）。

「私の語法では、彼らが「母親」であるのは、母親業を定義する要求を満たすことに彼らが専心しているというだけの理由、その限りにおいてのみである」（Ruddick 1989: 17）。

したがって、これを満たす者は、男性であろうが、その子どもを産んでいない人であろうが、「母親」であるし、「母親」を「複数でシェアすることもある」（Ruddick 1989: xii）という。「母親業がとくに女性のものである理由もない」し、「世話しようとする子どもを産んでいないという理由で、母親たちに数年にわたる母の仕事をたしかに遂行する資格がないことにはならない」（Ruddick 1989: xii）のである。

反対に、産んだ者が必ずしも、そのことで自動的に、あるいは本性的に「母親」になるわけではない。「産むこと」と母であることのあいだには一定の隔たりがあり、そこには母親業を通してだれもが入りうるし、逆に、産んだ者がそこから退くこともありうる。この「隔たり」をルディックは、「自由意志」による選択の余地であると解釈する。選択と言っても、拒むことがありうるという点に重点の置かれた、ぎりぎりの選択である。産むことから、（ルディックの用語法での）「母親」になることへの移行は、自然の事実であるかのように疑問の余地のないものとされてきた。そうした見方に抗して、たとえわずかでも、まずは理論上であっても、選択の余地がないわけではないことをルディックは示そうとする。

「どの文化でも、母親のコミットメントは、人々が信じる以上に自由意志（voluntary）によるものである。女性は男性と同様、子どもの要求に気づき、応答することを拒むことがありうる。すべての文化において、女性の一部は、自分では生きていけないこの傷つきやすい生き物を、虐待したり遺棄したりする。すべての母親がときに背を向け、耳を傾けるのを拒否し、ケアするのをやめる」（Ruddick 1989: 22）。

産むことと「母親」になることのあいだに、選択の余地があることを可視化してくれるのが、母親業を労働、あるいは実践と見る見方である。「母親」は、生まれつきあるいは出産することで自然になるものではなく、母親業という実践を通してなるものだから、そこに参与するのに、わずかであっても意志による引き受けが介在しているはずである。母親業を引き受ける大多数の「普通の」人々の背後には、望まない妊娠などで引き受けられない人、あるいはさまざまな事情で引き受けたくても引き受けられない人がいる。また実践を行う中で、すべての「母親」が実践を遂行できないと感じたり、実際にいったん停止することがありうる。このような事態は、例外的で異常な出来事などではなく、母親業という実践自体が、他の実践と同様、人によって、また時と状況によって、それを選択しない可能性を、また生きがいにもなれば苦行にもなりうる可能性を、含んで成り立っていると言える。「母親」にならない、あるいはなれない男性が多数いるように、「母親」にならない、あるいはなれない女性も当たり前にいるのである。

このことからルディックは、生物学的な母親であろうとなかろうと、すべての母親は「養親である」(“adoptive”)と、大胆にも主張する。

「出産労働と母親業(mothering)を区別することで当然帰結することは、すべての母親は『養親である［親になることを選んで採用する者］』(“adoptive”)ということである。『養子にする』(to adopt)とは、自分自身で、特定の子どもを保護すること、養育すること、しつけることにコミットすることである。もっとも情熱的に［子どもを］愛する出産した者でさえも、彼女が自分自身で、世界のうちで、ある赤ちゃんを維持することにコミットするとき、彼女は社会的、選択的行為にかかわっているのである」(Ruddick 1989: 51)。

子どもを産んだのち母親業に携わることは、養親が決心してそれに携わることと質的には変わらず、その移行はすでに「選択」という「社会的行為」に属しているという点をルディックは強調する。これは、女性が子どもを産み、産まれた子どもを育てるところまでを、切れ目なく生物学的事象であると無造作に考える理論家や人々への異論であろう。

３　産んだ者の葛藤や両価的感情

ルディックがこのように、産むことと母親業とを概念的に切り離そうとする背景のひとつには、産んだ者が母親業に携わる中で経験する葛藤、あるいはアンビヴァレントな感情や態度を正面から受け止め、考察しようとする意図がある。両者の「隔たり」の存在を示すことによって、産んだ子どもに愛情を感じられなかったり、育てたがらない女性の存在や経験をタブー視することなく、またごく少数の異常な例外として済ますのではなく、正面から扱うことを可能にする。じっさい、リッチやその後の多くのフェミニストが焦点を当てているように、母親業には葛藤や両価性がつきものである。

「子どもたちが母親たちに植え付ける愛情は、単一の感情ではない。一日のうちでも母の感情は変わりうるし、子どもの態度や時間、場所、母の手に入るサービス、たくさんの他の欲望やストレスにもよる。母の愛情そのものが多くの感情の混合である。心酔、喜び、魅惑、誇り、恥、罪、怒り、喪失などがそうである」(Ruddick 1989: xi)。

多くの産んだ女性が、母親業に携わる中でアンビヴァレントな感情や葛藤を抱くという事実は、産むことと母親業に携わることが、自然に連続しているのではないことを示している。母親業が行われるのは社会的経済的環境の中であり、その微妙な差異によって、母親の感情や、母親業を肯定的にとらえられるか、あるいは苦痛に感じるかも変わってくる。環境はひとりひとり異なるはずだから、大多数の女性が母親業をこなせているからといって、だれでもこなせるはずだと考えるのは間違っている。

産むことと母親業に携わることのあいだには、確かな段階の差があって、それを踏み越えるには、わずかであっても、選択あるいは決意が必要なのであった。しかもそれは、おそらく一回かぎりではなく、「隔たり」が大きく立ちはだかるように見えるたびに、つまり困難や葛藤を感じるたびに選択し決意しなおすことではじめて、母親業を継続し、その意味で「母親」であり続けることができるのだと、ルディックの主張を延長して解釈することが可能であろう。産んだ者のだれもが自然に「母親」になれ、また「母親」であり続けられるわけではないということである。逆に言えば、産んだからには必ず「母親」にならなくてはならないとか、いかなるときも「母親」、つまりその子にとって一番の存在であり続けなくてはならないと思う必要もないことになる。

二、母であるというあり方――「母性」の第二の側面の分解と再解釈

1　産むことと母であることの分離

ルディックらに沿って見てきたように、「母親業」を子どもにかかわる実践とみなし、母親業に携わり、それが生活の重要な部分を占めている人を「母」であるとして、産むことと育てることを分離すること、言いかえれば「母性」の第一の側面を分解することは、一面では、産む女性も産まない男性などと本質的な違いはないと考えることに通じるだろう。とはいえ本書は、女性も、実際に子どもを産むかどうか、産んだかどうかにかかわらず、たとえば男性と同じように働き、才能を発揮し、社会で活躍することができると主張するわけでは必ずしもない。また、出産は女性にしかできないけれ

ど、その後の育児は理屈の上ではだれにでも担うことができるので、育児という「労働」の総体を、パートナー間で、あるいは公的領域と私的領域とでどのように適正に分配するかを考えるべきだという主張にも尽きない。[1]

前章で見たように、「母性」が、産んだ女性を、社会が評価し受け入れるところの典型的な母であることへと自然の名を借りて接続させ、無理にその型にはめようと働くのとちょうど同じように、男性あるいは父親については、社会は、その育てる親である側面を過小評価するように、やはり枠にはめて見る傾向がある。

だとしたら、産む（産んだ）女性を、男性や父親と同じようにみなすこと、扱うことは手放しで喜べることではない。それは、現在男性に向けられている偏った見方の弊害を、女性にも「公平に」与えることに過ぎないからだ。たとえ男性と同じようなキャリアと育児の公平な分担を約束されたとしても。

本書は、産まないことを前提とした人間の生き方に女性も近づけるのではなく、逆に、解釈し直された「母」の観点から、ほかの親である父親や養親もまた見ることができるのではないかと考えている。ルディックの主張もまた、母性の第一の側面を分解するだけでなく、第二の側面をも分解したのだと言える。というのもルディックは、母親であることを、母親業という実践を中心に定義し直すことで、産むことと育てることを分離し、産んだ女性と育てることとのあいだに隔たりがあることを示すと同時に、産んでいない父親や養親らが育てることに、劣らずに関与しうることを明らかにしたからである。つまり、産んでいない父親や養親らも、子どもを育てることを通じて、「母」でありうることを示しているからである。これは、本書が言うところの、産むことと育てることの結びつき（「母性」の第一の側面）を分離するだけでなく、産むことと母であることとの結びつき（「母性」の第二の側面）をも分離した上で、産んでいない親にも、母であることを等しく開こうとすることである。

2　母であることの再解釈

それでは、そのときの、産むことと切り離された母であることはどのように理解したらよいだろうか。ひとつには、ルディックの定義にもあるように、育てること（母親業）に深く関与するということであるが、そのような行為あるいは実践への関与に尽きるものだろうか。ルディックは、先に見たように、一方で「彼らが『母親』であるのは、母親業を定義する要求を満たすことに彼らが専心しているというだけの理由、その限りにおいてのみである」と定義して、母親であることを、母親業という実践を行い続けている限りで成り立つのだと、行為の次元で規定しているように見える。しかし他方で、別の個所では母親を、母親業に携わり、それが「当人の生活の重要な部分を占めている人」(Ruddick 1989: 40) のことであるとも述べ、単に実践に携わっているかどうかだけでなく、それが実践する者にとって帯びる価値あるいは重みにまで踏み込んで、母親であることを考えているようにも見える。

もしルディックが言うように、母親業という実践を通したかかわりが、「母」と定義される者にとって、「その人の働く生活の重要な部分を占めている」(Ruddick 1989: 40) のならば、そのかかわりが、その人にとってもっとも価値がある（もののひとつ）ということであり、するとそのかかわりは、それ以前のその人の存在のあり方を形成しなおす、あるいは変容するところにまで及んでいる、と言えるのではないか。その点を見なければ、単に母親業という労働の総体を、産んだ女性だけに集中させずに、関係者のあいだで分担すべきだという労働の配分の主張で終わってしまう恐れがある。そうではなく、母親業における、身体を通じた（子どもを含む）環境へのかかわり方の組み換えが、その人の自己のあり方の変容にまで及んでいる、このようなレベルでも、産んだ女性だけでなく、父親や産んでいない人々もまた、「母親」になりうるし、現になっている側面があるのだと考える。この点が、母親業に関するルディックの主張に不十分で、私たちが延長して考えてみたいと思っている点である。

じっさい、日々の母親業の積み重ねは、しかも生身の子ども相手に、片手間にも後回しにもできない母親業の積み重ねは、それを行う人の考え方や感じ方、アイデンティティ、そして母親業とは一見関係のないほかの仕事や人間関係、行動様式など、その人のあり方全体に影響を及ぼさずにはいられないだろう。それは、母親業に携わる人の生活やその人の存在の全体を巻き込み、揺さぶり、ときにその根本的な変容や組み換えを迫ってくる。

そのような自己のあり方の変容は、肯定的にも否定的にも、あるいはそれら両面同時にも経験されうる。３章三節でも見たように、そうした変容は、現状では多くの場合、「産むこと」に結び付けられるか、あるいはほとんど産むことと同一視されている。周囲や自分自身が、子どもを産んだからには、ある固定化された意味での「母」になるはずだ、そうあるべきだと見れば、それはその人を縛る足かせになる。逆に、父親や養親が、母親業に携わることを通じて、その存在全体を巻き込むような変容を経験していたとしても、周囲がそれを認めなかったり、過小評価することで、上の意味での

「母」から締め出され、苦しむこともありうる（グリーンバーグ一九九四：二一―二二を参照）。

本書は、産むことに代わる母であることの核を、育てることを通じて主に生じる、このような存在の変容または再編成だと考える。こうして、母であることを、負の要素を切り落として再解釈することとは、産んだ人にかぎらないあらゆる人が入りうると考えて、「母」の意味を拡大しようとすることである。それは、産んだ女性が、母になることをぎりぎりのところで拒む可能性を開くことであると同時に、父親や養親を含む、産んでいない人々が「母親」になる可能性を開くことでもある。これは、女性と男性、産む人と産まない人のあいだに、さらには最終章で触れるように、子がいる人といない人のあいだに、はっきりとした境界線などないと見る見方である。

ただ、母であることが、産んだ女性に特権的に結び付いているのでないなら、なぜそれを「母」と呼び続けるのか、たとえば、なぜ単に「親」あるいは「保護者」など、ジェンダーや生物学的関係に中立的な言葉で呼ばないのかという疑問が浮かぶだろう。この点については、本章末尾で詳しく検討し、次章以降は、再解釈された母であることを「第一の親」と呼び代えることになる。それまでは、私たちもさしあたり「母」という言葉を使って考察することを試みる。

まずは、積極的な側面を掬い取り、肯定的に再解釈された母であることとはどのようなものかを考える必要があるだろう。それには、その新たな核であると考えた、存在の変容あるいは再編成とはどのようなものかを考える必要がある。以下ではまず、レヴィナスに沿ってそれを考えてみたい。

3　子どもとの関係が存在の基盤になること——レヴィナスをもとに

前節で、産むことに代わって、母であることのもっとも重要な核となるのは、性別に関係なく、また自分が産んだかどうかにも関係なく、育てることを中心に子どもと深くかかわることにあると考えた。より具体的に言えば、新たに自分の生に入り込んできた子どもという、その意味での「他者」との関係が、その人が何かをしたり、考えたり、感じたりすることに先立ってあり、それらを下支えするように、その人の存在のあり方が再編成されることだと言えるのではないだろうか。[2]ひとことで言えば、子どもとの関係がその人の存在のあり方の基盤になることなのではないかと考える。これは、1章で見たレヴィナスの考える主体に通じる見方である。

レヴィナスもまた、「子ども」との関係によって成り立つ主体のあり方を、個々の経験のレベルでの性差や、子どもを産むか（産んだか）どうかを超えて考察していると言える。そもそもレヴィナスにおける「子ども」は、現実の子どものことを指すのではなかった。1章一節3項②で見たように、レヴィナスにとって「子ども」とは、一面では主体と連続するものでありながら、主体にとってまったく他なるもの、無限に他なるもののことであった。主体が存在するということは、自分自身にのみ繋がれていること、他のものとかかわっても、それらを認識したり手なずけたりして、結局は自らに同化して自分自身へと戻る円環運動である。ところが、この自分自身だけで完結した存在の内部に、まったくの他なるものという子どもとの関係が分け入ることで、自分自身で完結した主体の存在が根底的に揺るがされ、二重化し、分裂するのであった。その結果、主体は、子どもという無限に他なるものとの「関係」そのものとなる。まったくの他なるものである子どもとの関係が、私をかたちづくり、主体の新たな存在の仕方となるのである。そのような主体のあり方を、レヴィナスは「父性」(paternité) と呼んだ。1章で引いた文を改めて引用しておく。[3]

「父性とは、私自身との関係、ただし、まったく他人でありながら私である、見知らぬ人との関係である。[…] 私は私の子どもを持っているのではない。私はいくぶんか、私の子どもであるのだ」(Lévinas 1947: 85-6, 傍点引用者、以下同様)。

父性（父であるという私のあり方）とは、たしかに「私自身との関係」であるが、ただその私自身は、私でありながら、私の子どもという他なるものでもある。したがって父性とは、私と他なるものとの関係というかたちでの、私自身との関係だということになる。別の言い方をすれば、子どもという他なるものとの関係が、私自身を形成しており、そうした私のあり方を、レヴィナスは父性と呼ぶのである。

それは、私自身が私と子どもとの関係そのものであること、言いかえれば、私が他なるものとの関係そのものであることだろう。私が私自身との、再帰する閉じた関係によって成り立っていた自己同一性から、他なるものとの関係によって成る仕方へと転じる。つまり主体が、他なるものとの関係という、「本来うちに含み込めないはずのものを、含み切れないという仕方でうちに含んでいるという、矛盾した事態である」と解釈できる。

このレヴィナスの「父性」、言いかえれば「父であること」は、経験レベルで、母に対置される父ではないし、女に対置される男でもない。そのような性差や個人差が問題になる経験レベルの手前の次元での考察である。これを本書では、個体差や性差の手前で、「生みうる」ものとして人間を見る巨視的な視点として、個々の差異を丁寧に見るミクロの視点と並んで、「生殖」を考える際に欠かせない視点のひとつだと考えた。その視点における主体を名付けるのに、なぜ経験レベルの「父」という表象の仕方を用いる必要があるのか、なぜ「母」ではなかったのか、それが喚起する経験レベルでの性差を完全に払しょくできるのか等々の問いは、別途、慎重に考える必要があるだろう。この他なるものとの関係によって成り立つ主体の考察がさらに突き詰められたのが、『存在するとは別の仕方で』で「母性」(maternité)(Lévinas 1974: 95–7, 99–100)と呼ばれる主体であると(大枠では)解釈できるだろう。この「母性」(あるいは「母胎」(le corps maternel)(Lévinas 1974: 85))は、「同のうちでの他の懐胎」(Lévinas 1974: 95)、「私が自分の身体に結び付けられるより前に他なるものたちに結び付けられているあり方」(Lévinas 1974: 96)などとも呼びかえられる。父性や母性と名指されるレヴィナスの考察は、言うまでもなく、男性の実際の子どもとの関係や、女性がじっさいに子どもを妊娠することといった、経験レベルの考察ではない。レヴィナスが一貫してそれを中心に考察を深めた主体、つまり他なるものへさらされ、結び付けられることで成り立つ主体が、「母性」と形容されているのである(言いかえれば、女性・男性、産む者・産まない者という経験レベルでの区別に先立つ、主体のあり方そのものを「母性」と見ることができると考えている)。

また、レヴィナスの言う「子ども」とは、もちろん現実に生まれたり生まれなかったりする子どものことではないが、(本書もしているように)「生みうるもの」として人間を見る際に、その人間のあり方に、(通常の意味とは異なる強い意味での)「可能性」として、「未来」として、構造的に含まれるものだと考える。したがって、「子ども」は、現実の子どもを指しているわけではないが、単なる比喩でもなく、「生殖」に、個体差が問題になるのとは別の次元で、深くかかわっていると言える。

いずれにしても、レヴィナスが言う、このような「父性」、言いかえれば父であることが、本書が肯定的に再解釈しようとしている母であることがどのようなものかを考える上で、重要な示唆を与えてくれると考える。

レヴィナスが「父性」において強調していたのは、他なるものとの関係が、自分の自己同一性に先立っており、自己は、本来抱えきれないはずの他なるものとの関係を、それでもうちに抱えることによって、自己同一性とこの関係という、ふたつのあり方のあいだに引き裂かれた存在でもあるということだろう。ここから私たちは、母であることを次のように考えることができるのではないか（ただし本書では、レヴィナスとはさしあたり異なり、子どもを、まずは現実の子どものこととして考えている）。[4]

つまり、母であることとは、これまでの生活になかった、子どもという他なるものが自らの生に割り込んでくることによって、それまでの存在の仕方が揺るがされ、二重化し、子どもとの関係が、自分の自己同一性を形成するもの——たとえば思考や感情、ふるまい、優先順位の置き方など——に先立ち、それらの基盤となることではないか。その意味で、子どもとの関係が自分の存在を成り立たせるというように、存在の仕方が変容し、再編成されることではないか。[5] このように、レヴィナスから示唆を得て考えてみたい。

4　母であることにおける身体性

さて、そうだとしたら、そのような存在のあり方の再編成はどのようにして起こるのだろうか。言いかえれば、子どもとの関係がその人のあり方の基盤になるような母であることは、どのように形成されるのだろうか。3章で否定したように、産んだという事実から自動的に形成されるのではないとしたら。それには、「生殖」における「身体性」が重要な役割を果たしていると考える。ここでの身体性とは、2章で見たように、身体の経験を重要なベースとしつつも、必ずしも物理的な身体の経験と等しいのではなく、感情や想いや思考も分かちがたく含み込んだ、身体的な存在が丸ごと巻き込まれるような経験のことである。

3章二節で見たように、リッチは、母性をすべて切り捨てるのではなく、負の要素を切り落とした上でなお、肯定的に評価できる母性を区別したが、そのとき注目したのが、やはり身体の経験である。リッチは、社会が外から一律に押し付けてきて（本人が深く内面化している場合も含めて）、「母」の生を制限するよう働く「制度としての母性」と区別して、女性個々人が自分の身体を基にうちから経験する「母性」（3章八五―六頁参照）にもっと目を向ける必要があると考えていた。本書も、積極的に解釈し直された母であることには、自らの身体の経験が深くかかわると考えるが、ただそのときの身体は、リッチが想定しているような、産む機能を中心とする生物学的な身体ではない。もしそうであれば、その経験は産みうる女性に限られてしまうからである。そうではなくむしろ、たとえばメルロ＝ポンティが考えるような、それを基に自らの環境に働きかけ、働きかけられるような身体、そしてそうしたかかわりを通して、その構えがたえず形成し直されるような身体こそ重要なのではないか。

これを、本章一節で見たルディックの文脈で言え直せば、母親業の実践において、子どもの要求を感じ取り、それに応え、必要な作業をこなし、感情と思考を切り離せないかたちで駆使しつつそのつど問題に対処する、そういった環境へのかかわり方の総体であるような身体と言えるのではないか。

本書は、ルディック自身が自覚している以上に、母親業に関するこのような身体性を強調して考えてみたい。ルディックや他のフェミニストたちは、母親業という言葉を用いることによって、母であることを、産んだ者や、親権や養育権をもっている者などの、固定したアイデンティティ[6]に見るのではなく、育児を中心とした子どもとの動的なかかわりを通じて形成されるものと見ることを可能にした。しかしさらに言えば、母であることにおいて、あくまでも母親業が中心に置かれるのは、単にそれが実践という動的なかかわりであるからだけでなく、身体的な存在を丸ごと巻き込んだかかわりだからでもあるのではないか。母親業におけるこうした身体性にもっと着目することができるだろう。

言葉がまだ話せないか、あるいは言葉によるコミュニケーションに比重が置かれず、また過去の記憶にしばられず、順応性が高く、新しい経験や関係に開かれている幼い子どもとの関係においてはとくに、互いの身体が交じり合うような、境界が定かでなくなるような経験を日々積み重ねることが重要性をもつだろう。そこでは、大人の身体は、子どもが自分でできないことを補ってくれる子どもの身体の延長でもあり、同時に、自分がひとりではなく、気持ちの面でも物理的にも、だれかがそばにいてつながっていること、たとえ隔たりがあっても、いつでもすぐにつながれることを確認させてくれるものでもある。こうした、身体を重ね合わせる母親業の中で、子どもにとってなくてはならない存在としての「母親」がかたちづくられる。それは産んだ人である必要はなく、またひとりである必要も、つねに同じ人である必要もない。

　これと連動して、母親業に携わる人々もまた、その実践の中で、子どもの要求を敏感に甘受し、それに気持ちの面でも、行動の面でも適切に応え、状況を的確に判断し、また並行していくつもの作業をこなしていけるよう、感情も思考も感受性も含みこんだ身体の働き方（cf. Ruddick 1989: 70）、あり方を変容させていく中で、「母親」になっていく。その変容には広く、たとえば職場から早く帰宅できるよう、時間内に多くの仕事を能率よくこなすやり方や集中力の注ぎ方の習得、あるいは夜中に何度も起こされても眠れる体の慣れなども含まれるだろう。子どもの側と、母親業に携わる側の適応や変容が、連動しながら同時に進行する中で、「母親」がかたちづくられる。そうであるなら、子どもが、産んだ「母親」から離れたがらないからと言って、やはり子どもにとっては産んだ女性が一番だと思うのは短絡的すぎるだろう。それが産んだからなのか、あるいは日々の母親業を通して、その子にとって一番の存在になっているからなのかを考えるべきである（柏木二〇〇六：一三七―八を参照）。

　とはいえ、身体の交わりが少なければ「母親」ではないとか、一番身体を触れ合っている人が一番の「母親」であるなどと単純に言うつもりはない。それが、母親業が単なる労働とは異なる点であろう。たとえば一番長時間接している保育士が、子どもと心身ともにもっとも緊密な関係にあるという意味で、その子の「母親」であるわけではないことからも分かる。[7] だからこそ私たちは、母親業という実践を通したかかわりは、その人の自己のあり方にまで影響を及ぼしているはずだと考えたのであった。

5　自己のあり方の変容／組み換え

ルディックが言うように、母親業という労働を通したかかわりが、「母」にとって「その人の働く生活の重要な部分を占めている」（Ruddick 1989: 40）ならば、前項で見たような、母親業における身体を通じた環境へのかかわり方の組み換えは、その人の存在のありようを形成し直す、あるいは変容するところにまで影響を及ぼしていてもおかしくない。[8] このようなレベルでも、産んだ女性だけでなく、父親や産んでいない人々もまた、「母親」になりうるし、現になっている側面があるのだと考えている。

具体的には、たとえば大事な仕事や用事がある日に、急に子どもが病気になったとき、子どものことと用事が同じ平面上に並んで、どちらを選ぶか二者択一を迫られるのではない。もちろん病気の重さや仕事の重要度にも拠るし、それらがどうであれ、たとえば人に迷惑をかけてしまう、この日のために準備してきたことが台無しになるという気持ちと、こんなに苦しんでかわいそうに、もし大ごとだったらどうしようという気持ちのせめぎ合いはつねにあるだろう。また調整の可能性、つまり両方の必要を満たす方法を最後まで必死に探りもするだろう。しかし究極のところでは、子どもがあっての自分というところに、少しもぶれはないのではないか。これがたとえば、子どもとの関係が自分の存在を成り立たせているという自己のあり方に変容していることなのではないか。もちろんだからと言って、迷いや葛藤がなくなるわけではなく、そのように子どもとの関係によって成り立つ自分ごと、相変わらず悩んだり、逃げ出したくなったりと揺れ続けるだろう。先に見たように、そこから退く選択だってありうる。しかしそれは、子どもか、または自分かといった、いわば同一平面上での「分裂」、あるいは二者択一とは似て非なるものではないか。たとえ傍からはそう見えたとしても。[9]

３章二節のリッチにおいて見た「分裂」、あるいは「分断」は、制度としての母性が、あるべき母としてのあり方を女性に一律に押し付けるあまり、女性が子どものための生か、自分自身のための生かといった二者択一に追い込まれることで生じるのであった（「二十世紀の教育ある若い女性が、おそらく自分の母親の一生を見るとき、あるいは女は生まれつき子供を産むよう運命づけられているのだときめつける社会で自主性をもとうと努力するとき、選択は二者択一にしかないと感じるのも無理はない。つまり、母性か個性か、母性か創造性か、母性か自由かの二者択一である」（Rich 1986: 160／二一八））。

しかし私たちは、子どもの存在は、「母親」に、子どもか自分かといった生の分断をもたらすのではなく、それらをはじめとするさまざまなあり方がひとりの中に共存する中で、それらのうちの何が基底となりその人の存在を成り立たせているかという形成の仕方が変容するのだと考える。言いかえれば、ひとりの生は、「母性か個性か」、子どもとの関係か自分自身か、もう少し広くとれば、他者のためか自分自身のためかといった、「二者択一」のどちらか一方に振り分けられるようなものではなく、むしろだれもがその両方を含み込んで存在している。つまり、分裂はひとりの人間のうちに折り込まれているのではないか。[10]だからこそ、それらのあいだの葛藤は絶えない。ただ「母親」にとっては、そのあいだの重心の置かれ方が、つまり何がその人の存在を支えているかということが、母親業を核とする子どもとのかかわりの中で、徐々に変容しうるのではないかと考えるのである。[11]さらに付け加えれば、本来だれもがこのような複層的なあり方とその分裂をうちに抱えているはずであり、それがもっとも目につくかたちで表れ、逃げようもなく突き付けられる経験のひとつが、子どもという他なるものとの関係に過ぎないのだと言えるのかもしれない。

三、身体性のグラデーション——明瞭な境界線の代わりに

1 父親や養親らにも開かれた母であること

これまで見てきたように、母であることが、子どもとの関係を中心に身体性の次元で形成されるのだとしたら、この意味での母であることは、産んだ女性だけでなく、子どもと深くかかわる人はだれもが形成しうるはずである。

たしかに、2章でも見たように、「生殖」における身体性の次元の核となるのが妊娠出産の経験であるのはその通りであろう。胎内に子を宿している母と子どもとの長期にわたる身体的なつながりは、それだけで強い精神的な愛着も育てやすいからである。しかし、妊娠出産の体験が、親子の絆に必須であるわけでもないし、これらの体験をした者が、必ずそうでない者よりも強く子どもに愛情を覚えるわけでも、産んだだけで愛情が変わらず続くというわけでもない。また、妊娠出産の過程と、その後の授乳、抱きかかえ、あやしなどの世話が、身体性のレベルで連続性があるのは確かであり、このことは過小評価できない面もあるが、それは、出産に続く子どもの世話の過程に、産んだ人とはほかの人が入り込めないとか、徐々にほかの人が代わって世話を担っていくことができないということを

意味しない。また世話という身体性の経験が、産んだ人とそうでない人との両方がそれぞれかかわるという具合に複層化しないということも意味しない。

①　生殖の身体性への父親の参与

じっさいに、妊娠期から、父親も子どもとの身体性の次元での関係に参加しうるし、注意を向けられないだけで、すでに参加している場合も多くある（よく指摘される、胎児の鼓動をお腹越しに感じる、エコーで画像を見る、専用の聴診器で心臓の鼓動を聞くという、父親の側からの胎児の「経験」はもちろんのこと、妊娠中から、胎児は父親の声を覚え、匂いを羊水を通じて嗅ぎ取っており、すでに父子の絆は形成されているという人もいる（Olivier 1994: 86-111／一一二―四四））。そのような、母子の関係に隠れがちな、父子の身体性の次元での関係は、出産の立ち会い、産後すぐからの世話の過程で、嗅覚、聴覚、触覚による交わりを通じてさらに強められうるし、逆にこのような早い時期から父子関係を築くのに越したことはないとも言える[12]。だとしたら、母子の身体性の次元での関係と、父子のそれとは複層化して、交じり合いながらも別々に育っていきうると言えるだろう。これは父親だけでなく、同じようにかかわる養父母の場合にも言えるはずである。

欧米を中心に、父親が親権や養育権を真剣に要求する例が増えていること、子どもとの面会が少ないことの苦悩が取り上げられるようになったことは[13]、この身体性の次元での父親の状況の変化を反映していると言えるだろう。逆に、父親の、出産前後でも変わらぬ重労働、長時間労働は、父親がそのような身体性の次元での関係を築く機会を奪っている側面があるのに問題にされにくい[14]。さらには、産んだ母親よりも、父親の方が、あるいは養親の方が、より子どもとの身体性の次元での関係とそれに基づく愛情が強い場合もある。これは物理的な身体の経験が、存在全体を巻き込んだ身体性の経験とは必ずしも等しくないことの証拠であろう。これらのことからも、母親と父親、産んだ人とそうでない人の経験のあいだには、「母性」を根拠に考えられているようには、はっきりとした境界線が引けないことがうかがえる。しかも、産むという母親の身体での経験が、生殖における身体性の経験の核となってはいても、それは絶対的な優位性をもつ経験ではないし、産んでいない者がそれを凌駕することも稀ではないのである。[15] さらに言えば、他なるものとの関係が自らの存在を成り立たせているあり方の典型のように語られる妊娠期にもさまざまな相違があるし、この経験は、過ぎれば多少とも薄らいでしまうから、産んだ者にとっても象徴的な意味しかないという側面がある。

このように、広義の「生殖」の身体性の広がりは、産むことを核としつつ、つねに変化するグラデーション状のものだと言えるのではないか。女性と男性、産んだ者とそうでない者のあいだに、はっきりとした境界線を引くことはできないし、同じひとりの中でも、時間の経過とともに濃くなったり薄くなったりつねに変化しているのではないだろうか。

② ひとりの人の重層的なあり方

いま、同じひとりのうちにもグラデーションがあると述べたが、より細かく見れば、ひとりの人は、本当は、生みうる側面を考慮に入れていない、レヴィナスが言うところの「自己同一的な」あり方と、これまで考えてきた、母であることというあり方（初期レヴィナスでは「父性」）とが、重なり、絡み合うかたちで、混在しているのではないだろうか。そしてときに、それらのあいだで人は揺れ、葛藤を引き起こすのではないか。その人が女性であれ、男性であれ、産む（生む／産んだ／生んだ）人であれ、そうでない人であれ。同様のあり方を、とくに性の側面から考えたひとりが、シクスーであると言えるだろう。彼女はひとりの人を、女性性も男性性もともに具えた「両性具有」的な存在だと見る。

シクスーにおいて、人間は、男性であれ女性であれ、本来は、女性性と男性性の双方をさまざまな強さや配分で帯び、しかも時期によってそれらを変化させうる、両性具有的な存在だと考えられている。『新しく生まれた女』で彼女は、二種類の両性具有を区分する。このうち、退けられるひとつ目の両性具有は、ギリシャ神話に見られるような、ふたつの半身が一体になることを求める、「全体的存在の幻想としての両性具有」である。それは「融合的で」、「性差を覆い隠し」、「消去しよう」(Cixous, Clement 1975: 155）とする両性具有である。

これに対し、シクスーが「再評価する」（revaluer）両性具有は、「各人が、自己のうちにふたつの性があることに気づくことである」と言う。しかも「それらのあいだの差異［性差］を排除することも、どちらかひとつの性を排除することもなしに」（Cixous, Clement 1975: 155)。この両性具有では、ふたつの性はともに自己のうちにありながら、融合することも一体化することもない。かといって、この不協和音を避けるために、どちらかの性を排除することもない。これを敷衍すれば、この第二の両性具有のあり方は、異質なものを複数、自己のうちに含みながら、そのことから生じる不安定さや軋轢、葛藤、ちぐはぐさ、統一性のなさを強引に減じようとしたり、覆い隠そうとはせず、なすがままになることである。複数の異質なもの、他なるものによって貫かれ、攪乱され、引き裂かれるがままになる。それどころか、さらにそれを積極的に求めさえするとも言う。「不安定なこの両性具有は、多様な差異を消すことなく、却ってそれを活性化し、追求し、追加する」（Cixous, Clement 1975: 156）のである。そして、自己のうちにある「それら［ふたつの性］の現れ方や強さは、各人によって多様に異なる」（Cixous, Clement 1975: 155）とも言う。

このようなシクスーの考える人間において、本書がレヴィナスとの関係でとくに注目したいのは次の点である。両性具有としての自己のあり方は、後から経験的に獲得されたりされなかったりするものではなく、人間はみな、本来ふたつの性を帯びる両性具有であるとする、その原初性である。両性具有は、人間の本来の「潜在的な」（Cixous, Clement 1975: 158）あり方だと考えられている。しかしそうは言っても、その本来のあり方が、歴史的社会的に、あるいは個人の経験のうちで、抑圧されたり消されたりして、多くの場合はひとつの性のみをもっているかのように自他ともに認識し、じっさいそのように生きているのであると言う。ここから、エクリチュール・フェミニンという彼女の中心的な主張のひとつが展開されていくのだが、レヴィナスとの近接点に着目している本書は、経験的な次元に考察が移る手前のところ、つまり、両性具有が人間の本来の「潜在的な」あり方だと考えられている点に注目したい。それは、レヴィナスが、性差や個体差が重要になる手前の次元で、人間をみな、生みうるものとして考えたことに通じるところがあると思うからである。[16]

そうだとすれば、重要なのは、女性と男性のあいだに、産む者と産まない者とのあいだに、明確な境界線を引いてしまわないことではないだろうか。少なくない父親はすでに、こうした「母」としてのあり方もしているだろうし、反対に、たいていの母親（女親という意味での）が、「自己同一的な」あり方でも存在している。そして何より、性にかかわりなく、すべての人がどちらかだけでは生きられず、多かれ少なかれふたつのあり方を交替させながら、うちに分裂を抱えながら生きていると言える。にもかかわらず、私たちは産んだ女性を「母」としてのあり方に、父親や産んでない人を「自己同一的」なあり方へと故意に振り分け、そのあいだに境界線を見て、安心してしまいがちである。

『フェミニズムから見た母性』の編者のひとり、ヴィレーヌは、「父として、生みの親としての男が社会から隠蔽されてはならない」（Vilane 1986: 79／七一）と語り、執筆者のひとりである、パルスヴァルの言葉を引き合いに出す。パルスヴァルは言う。「母親の生物学的機能は、私たちの西欧社会の中では、非常に頻繁に、母親の社会制度上の役割を隠してしまう。［…］父親に関してはまったく逆である。すべては、まるで父の社会制度上の役割［…］が、非常にしばしば、彼の生殖者としての役割を覆い隠してしまっているかのように進行する」[17]と。母親は「産む者」へ、父親は社会的な父として「産ま（生ま）ない者」へと恣意的に振り分けられ、そこに限定されてしまいがちだということだろう。本当は両者ともに生みうる者であり、かつ社会的な存在でもあるにもかかわらず。

2　「生殖」を超えて、「生殖」の観点から

さらに言えば、「母性」としての主体という観点から見るとき、母親と父親、産む者と産まない者とのあいだに境界線が引けないだけでなく、子どものいる者とそうでない者のあいだにもまた、はっ

きりとした境界線は引けないのではないか、と考え進めることが可能だろう。レヴィナスにおける「母性」としての主体、自らの自己同一性に先立って、他なるものと結ばれた主体の考察は、そのように解釈する展望を与えてくれる。

少なくとも経験レベルで見たとき、すべての人が、自分で制御しきれない何らかの他なるものとの関係を、抱えきれないはずのものを、うちに抱えて生きている可能性があると言えるだろう。そのように、かりに「母性」的と呼ぶ、他なるものとの関係がその基盤となる主体の観点から、父親やあらゆる人を見ることは、無自覚のうちに社会のさまざまな基準となっている、産まないこと、生まないことを当然のように前提としたあり方を、母であることという主体の観点から疑問視し、少しずつ変化させる側面があるのではないだろうか。

たとえば、イリガライは次のように言う。

> 「女の身体のひとつの特性は、生きた組織の一つが病気もせず、死んだりもせずに、自己の中で他者が成長していくことを容認することである。残念なことに、文化は他者を尊重するというこのエコノミーの意味をほとんど逆転してしまった。文化は［…］この関係が表す、自己のうちにあり、自己と共にある他者という寛容のモデルを解釈してこなかった。［…］／男同士の文化は逆に作用する。他の性が自分たちの社会にもたらすものを排除することによって、それは成り立っている。女の身体が差異を尊重しながら子どもを生むのに、父権制社会の身体は、差異を排除することで階層序列的に構築されている」（Irigaray 1993: 45／四一、一部改訳）[18]。

イリガライ自身は、右に言う、「女の身体」が体現する「自己の中」にある他者への「寛容のモデル」を、男性にまで広げて見ることには同意しないだろうが、私たちは、あえてそのように解釈してみることも可能なのではないか。

たとえば、労働の場面で、典型的な労働者の像は、子どもの養育に自分が中心にかかわらなくてよい男性がモデルになっていると言える。言いかえれば、他なるものとの関係にそれほど翻弄されないですむ、「自律的な」人である。そうであれば、子どもとの関係が、時間的・物理的にもその存在を中心的に成り立たせている（ルディックが定義するような意味での）「母親」の労働者の場合、職場で、なるべく子どもの親である側面を出さないよう、生みうることを捨象した労働者の像に近づけるようふるまう必要がある（デルフィが、月経のときでも、現代のフランス社会では、そうでないように装い、ふるまう必要があると言っていたのと同じ意味で）[19]。

このことは、子どもとの関係にかぎらず、病気や障がい、心身の不調、介護、老いによる衰えなどの他なるものと関係が、自分の存在の大きな部分を占めている人にも当てはまるだろう。そしてたとえば、無理に妊娠していないかのように、幼子や老親の世話や病気に翻弄されていないかのように、あるいはさまざまな理由で、仕事をいつも通り、他の人と同じスタイルでこなすことが難しいことを押し隠してふるまうのでなく、多かれ少なかれ大半の人が、じつは典型的なモデルから外れているのに、また、いずれ外れる可能性があるのに、皆が基準から逸脱していないようふるまうことを強いられている側面が明るみに出れば、空疎化し、硬直化した可能性のあるその典型のモデルの方が変わる可能性があるし、その好機を与えることにもなりうるのではないか。そして、このことは労働の場面にかぎらず、広く当てはまるのではないだろうか。[2]

四、なぜ「母」と呼び続けるのか――「第一の親」への呼び換え

ここまで、私たちが肯定的に再解釈した母であることは、性や産んだかどうかにかかわらず、父親や養親を含む、子どもと深くかかわるあらゆる人に開かれうると考えてきた。この母であることにおいては、産んだ女性を頂点とする親の「序列」も、産んだ女性と父親、そして生みの親と育ての親などを分けるはっきりした境界線はもはやなく、つねに流動するグラデーション状の差異があるのみだと考えた。しかし、二節でも触れたように、もし固定した特権性が産んだ女性にないのだとしたら、なぜ「母」という言葉を使い続けるのか、なぜ単に「親」あるいは「保護者」など、ジェンダーや生物学的関係に中立的な言葉を用いないのか、という疑問が生じるのではないだろうか。これまでさしあたり、ルディックらに沿って「母」という呼び方を用い続けてきたが、（次の補章を挟んだ）5章以降で、父親や養親らに焦点を当てて検討するに先立ち、ここでこの問題を考えておきたい。

ルディック自身は、「母親業」という言葉を使い続けることに対する疑問に次のように答えている。「親業」（parenting）という言葉ではなく、「母親業」という言葉をあえて使うのは、「今でもなお、そしておそらく歴史の大半を通じて、女性たちが母親だったという事実を重く見て、それに敬意を表したい」（Ruddick 1989: 44）からであると。「親業」という言葉で、「母親と父親を同等に語ることは、女性が負ってきた歴史を過小評価することになってしまう」（Ruddick 1989: 44）し、「今でも女性たち

が母親業に責任をもっている」という「偏りや不公平さを認めることを妨げてしまう」（Ruddick 1989: 45）からであると。

ルディックは、望むと望まないとにかかわらず、母親業に女性が結び付けられてきた歴史と、今なお母親業の担い手が女性に偏っている現状を最大限考慮する。この考慮の重要性には全面的に同意するが、同時に、ルディックの答えは、先の疑問に半分しか答えていないもどかしさも感じる。たしかに、呼び方と認識、そして対応の仕方は切り離せない側面がある。子どもの世話が、歴史的に大きく女性に偏り、現在もそれが根本的には改善されていない状況で、呼び名をジェンダー中立的なものにしてしまえば、その呼び名が、性に偏っている現実を見えにくくする隠れ蓑になってしまう恐れは十分にあるだろう。[21]

ただ、それでも、呼び名は中立的なものを用いながらも、同時に、女性が子どもの世話に結び付けられてきた歴史と現状を重く見て、性による偏りが今も根強く残ることを認めることは、困難ではあってもなお可能である。じっさい、このように両者を切り分けて考えたのが、『父親であることを再定義する』の著者、ダウドゥである。彼女は言う。

「もし私たちが、養育すること（nurturing）を母親業（mothering）と名付けたとしたら、男性が父親業（fathering）をすることを思いとどまらせてしまうのだろうか？　ある人々はそうだと主張するだろう。たとえば次のように。母であることをモデルに使うことは、男性を退け、彼らに、排除され、不適格とみなされたと感じさせる、と。したがって、もし私たちが真剣に、父親であることの定義を方向づけ直したいと思うなら、私たちの目的を遠ざけてしまうような用語から始めるのはやめよう」(Dowd 2000: 9)。

呼び名を、「母親業」や「母親」など一方の性に偏ったものにすることで、異なる性の人々を遠ざけたり、周縁化させてしまう恐れがあるとしたら、性による偏りをなくすことを目指している私たちにとって、それでもなおその呼び名に固執する理由はないはずである。そう考えて彼女は、同書で、「母親業」という言葉でなく、「養育」という語を用いて「父親」の再定義を試みる。

本書もこの考えに同意する。そこで、呼び名に関しては、ルディックが用いる「母親」、「母親業」という語に換えて、次章以降、よりジェンダー中立的な言葉を用いることにしたい。ルディックは、「母親業」に携わりそれに専心している人のことを「母親」と定義したが、本書は、子どもの世話だけでなく、それを通じてもっとも子どもと心身ともに緊密な結びつきをもつ人を、「母親」と呼ぶ代わりに「第一の親」と呼ぶことにする。[22] この意味での「第一の親」は、言いかえれば、二節で見たように、子どもとの関係がその人のあり方の基盤を成すように再構成されている人とも言える。したがって、この意味での「第一の親」は、ひとりとは限らず、両親ともに、(さらにはそれ以外の人もまた)「第一の親」であることもあれば、だれもこの意味での「第一の親」でないこともありうる。また法律上の親権の有無や、生物学的関係の有無とは関係がない。

さて、ダウドゥは、呼び名をジェンダー中立的なものにすることを厭わない一方で、女性が子どもの世話に結び付けられてきた歴史と現状を、ルディック同様、重くとらえるにとどまらず、その問題に対処する方法について、次のように踏み込んで考える。つまり、具体的な問題に対処する方法は、ジェンダー中立的なものではなく、ジェンダーごとの現状や特性を敏感に掬い取る、「ジェンダー固有のもの」でなくてはならないと。

「再定義された父親モデルを達成するために、私たちはジェンダー固有の戦略を使う用意をしなければならない。ファザリング（fathering）を考えるとき、ジェンダー中立の用語を使うのは魅力的だ。というのも、それは、男性が基本的に女性と同様に親業をすること、養育することとしてのファザリング（fathering）がマザリング（mothering）と同じであることの明らかさを認めているからである。しかし同時に、父親と母親は社会的法律的に異なった状況に置かれている。目標はジェンダー平等で中立性であるとしても、そこに至る手段はジェンダー固有でなければならない」（Dowd 2000: 229）。

たしかに、呼び名をジェンダー中立的なものに換えることは、子どもの世話に、女性だけでなく男性も同じように携わり専心するという、目指す理想の状態を明確にする点で魅力的ではある。とはいえ、呼び名を換えたからといって、現状が変わるわけではないから、「目標」と「そこに至る手段」とを切り分けて、手段の方は、ジェンダーによって異なる状況に沿った、「ジェンダー固有」のものでなければならないと考えるのである。

ルディックが、「母親業」に携わり、それに専心している人はだれでも——性別にも、出産したかどうかにもかかわらず——「母親」であると、あえて皆を同じ基準で測ることによって目標に近づこうとしたのに対し、ダウドゥは、言ってみればより現実主義的で、まずは現にある差異に即して対応することで、その積み重ね、あるいはその延長線上に目標の状態が見えてくると考えたと言ってよいだろう。だからこそダウドゥは、母親とは別に父親を再定義する必要を感じ、また後の5章で見るように、多くの父親が、母親の補助的な役割を担っている現実に即しつつも、その中で、従来の「経済的扶養者」を中心に置くあり方とは異なる、「養育」を中心に置いた、ジェンダー中立的な理想に近づく父親のあり方を提示するのであろう。

しかもダウドゥは、呼び名をどう換えたとしても、その呼び名が想定しているもの、理想としている内容が、女性がこれまで行ってきて、今も行っていることの主要な部分を「モデル」にしていることは隠しようがないとも考える。

> 「親業の養育するモデルは、女性らしい、母親らしいものである。親業のジェンダー中立的な言葉はそれを隠すことができない」(Dowd 2000: 190)。

じっさいに、「養育」(nurturance)という、見かけ上はジェンダー中立的な言葉も、実質を見れば、授乳を中心とした、母親が主に行ってきた育児に源流をもつとダウドゥは考える。しかし、この実質、または「モデル」として倣うものが、ジェンダー中立ではなく、従来の女親に寄っているという「偏り」は、本書がむしろ、(負の側面を切り落とした上で)積極的に採り入れようとしているものである。

すでに見てきたように、本書は、従来の「母性」を丸ごと退けるのではなく、その負の側面を切り落とし、肯定的に再解釈された母であることには、性別や産んだかどうかにかかわらず、子どもに深くかかわるあらゆる人が入りうると考え、「母」を拡大しようとするのであった。つまり、現状から切り離されたところに、性差や産んだかどうかに拠らない中立的な理想の状態を定め、母親、父親、養親などあらゆる「親」を、等しくその状態に近づけることを目指すのではなく、従来、女親が占めることの多かった母であること、改め「第一の親」の中心となる特徴——育てることに深くかかわること、子どもとの心身の親密な関係、そしてそのような子どもとの関係がその人の存在の基盤となること——をそのまま「モデル」とする一方で、それらと産んだ女性との排他的結びつきを緩め、ほかの親たちがそこに参入することを目指している。ダウドゥの言う母親らしさの方に、その他の人を近づけ、かつ、ジェンダーとの固定した結びつきをほどく仕方である。

おそらくルディックも、呼び名を中立的なものに換えることに躊躇したもっとも大きな理由は、その「モデル」を、従来の母親にとっていることを見えにくくしてしまうことにあるのではないか。たとえば「親」や「親業」という、ジェンダー中立的な理想の状態をあらかじめ設定し、そこを起点に考え、現実をそれに合わせようとする仕方に反対だったからではないか。用語を中立的なものにしたからといって、たとえば法律のように、それを定めたとたん強制力をもち、人々のふるまいや認識が、いわば上から変わっていくわけではないのだから。「母親業」が女性に偏っている現状の認識をルディックが重んじたのは、その負の側面を改めるためだけでなく、その良いところを評価し、肯定的な側面を、ジェンダーや出産の有無によらず、広く拡大するためでもあったのではないかと推察する。

本書は、呼び名は換えつつも、この点は継承し発展させていくことになる。つまり、生みうることを捨象した人間のモデルに、産む、あるいは生む人を近づけるのではなく、逆に、あらゆる人を生みうるもの、言いかえれば、母であること改め「第一の親」という観点から見ようとすることである。

おわりに

3章から4章にかけ、「母性」について再考してきた。そこでは、従来の「母性」の核には「産むこと」があると考え、その核をほかに移すことで、産むことと育てること、また産むことと母であることが分離可能であると主張したのだった。

次の補章を挟んだ5章、6章では、今度は、いったん「母」から視点を離して、「産むこと」を直接には行わない、その意味で「生殖」の核心から隔たっているとみなされることの多い、父親や養親の視点から「生殖」を考えることを試みる。つまり今度は、いわば「外側」から「生殖」を考えてみようとする。あらかじめ結論を先取りしておけば、父親や養親は、産んでいない（また生んでいない）からといって、必ずしも産んだ（生んだ）親に次ぐ存在であるわけではないと考える。それは「第一の親」であることの核を、産むことから、育てることやそれを通じた子どもとの関係へと移して見ることと連動している。

それに先立つ次の補章では、いったん理論的な考察から離れて、子どもや親に関する現実の問題をいくつか取り上げ、本章まで展開してきた、産む（生む）ことと育てること、また産む（生む）ことと母であること（「第一の親」であること）とが分離可能であるという主張を、具体的な事例に沿って考えてみたい。そのことは、本書のこれまでの考察を、現実の文脈において考えるための何らかの手助けになるのではないかと考えている。ただ、次章で挙げるのは本書が想定している例のほんの一部に過ぎず、産むことと育てること、あるいは「第一の親」であることの極端な分離の例にかぎっている。そのため、本書の考察すべてを具体的に考える助けにはならないことは断っておかなくてはならない。

注

1　たとえば、日本では上野千鶴子（上野一九九六）がそのような主張を展開している。この点については拙稿（Naka 2018）を参照。

2　しかしこれは、親はそうあるべきという主張とは異なる。

3　1章でも触れたように、「父性」は、経験的なレベルでの男性の主体の記述ではなく、性差に先立つ主体の考察だと言える。この主体を、（かりにジェンダー的観点から呼ぶとしたら）、レヴィナスの論理に従えば、男性的に形容するよりも、むしろ女性的に形容する方が適切であると考える。というのもレヴィナスは、『全体性と無限』を中心に、自己同一的なあり方を、批判的な視点から、「男性的」（viril）と呼ぶのに対し、他者との関係をうちに抱えたあり方を「女性的」（féminin）と呼ぶからである。だからこそ、『存在するとは別の仕方で』では、「父性」の考察の延長線上に、他者との関係の考察がより深められたと言える主体が、今度は「母性」として考察されているのだと考える。1章注2も参照。

4　とはいえ、後に触れるように、本書は、子どもとは、突き詰めれば現実の子どもに尽きるわけではないというところまで見通そうとはしている。また本書が、個々の差異を問題にする視点と、レヴィナスのように、それに先立つ普遍的な視点の両方から「生殖」を考えようとしていることは既述の通りである。

5　しかしこれは、親はそうあるべきという主張とは異なる。またマクマホンは、筆者が語るのと同様の変容を、主に母親について、「子どもが、女性の肯定的に評価される自己観（valued sense of self）を構成するようになる」と述べる。「女性たちは母親になると、彼女らの新しい母親のアイデンティティが、すでにある多くの社会的関係（配偶者としての関係であれ、娘、友だちとして、あるいはその他の関係であれ）のうちに含まれるようになる。そして今度はそれらの社会的関係が、母であることという、彼女らの新たなかかわり（commitment）を支えるようになる」（McMahon 1995: 233）。ただし本書は、マクマホンとは異なり、父親や養親も同様の変容を被りうると考え、その明確な境界線のなさの方に焦点を当てている。本書5章、6章参照。ステップファザーが「親」になる過程における同様の「変容」については、たとえば（Marsiglio 2004: 157-9 他）を参照。

6 cf.（Ruddick 1989: xi）,（O'Reilly 2010: 4）.

7 ただ同時に、保育士もベビーシッターも、その他の人も、その実相を細かく見れば、時と場合によって、たしかに「母親」のひとりである、「母親」を「シェアしている」というのがふさわしい瞬間や関係もあることだろう。

8 先に言及した、メルロ=ポンティの身体的存在の見方に沿えば、両者は直結していると言えるだろう。

9 たとえば、中絶したり、養子に出したり、「赤ちゃんポスト」に預けた女性やパートナーの少なくない人々が、その後長いあいだ、「子ども」のことを思って苦しんだり、割り切れない気持ちでいるという報告を念頭に置いている。本章は、出産後の母親業の身体性にのみ焦点を当てたが、妊娠中の女性やそのパートナーが経験し、積み重ねる身体性もあると筆者は考えている。この点については2章を参照。また「赤ちゃんポスト」や新生児養子については、補章と拙稿（Naka 2018b）を参照。

10 本節の議論、とくにこの部分は、レヴィナスの『存在するとは別の仕方で』の議論を念頭に置いている。そこでは自己は、「他なるもののために」（pour l'autre）と「自己のために」（pour soi）というあり方を合わせもち、前者を基盤としつつも両者に引き裂かれたものとして描かれる。生殖について、レヴィナスの思想を参照しながら論じたものとして、拙稿（Naka 2016）や本書1章を参照。

　またここでの議論は、ボーヴォワールによる女性の「分裂」（division）あるいは「葛藤」（conflit）に関する主張への疑問、という意味合いも含まれている。前章注9参照。

11 ただ、そう変容するはず、するべきだと考えるのではもちろんない。

12 オリヴィエは、この時期に「これらの感覚による「子どもへの」記憶の刷り込み」が行われないと、母子関係に相当する父子関係が築かれるのが難しくなってしまうと言う（Olivier 1994: 86-111／一一二—四四）。また柏木らは、父子の「アタッチメント」について次のように言う。「乳児は母親と同様に、父親からもかなり多くの世話をうけており、その姿やその声は、乳児にとって十分に意味のある重要な対象になっているはずである」「[…]したがってアタッチメントに関しても、もし父親が主養育者であるとすれば、母親が主養育者である場合と同様の結果が得られると予想される」（柏木編一九九三：二五二）。

13　アメリカでは、一九七〇年代に、子どもの養育権を求める男性らの運動が起こった。また日本では現在、父親らからの要請もあり、「共同親権制度」導入の議論がされている。朝日新聞二〇一八年一二月三日大阪朝刊二九頁も参照。

14　ウォーマーは、父親も出産後すぐに子育てをし、子どもとの関係を作れるように、「父親と母親が交替で半日ずつとる二年間の有給の夫婦の育児休暇」の導入を提案している（Wormser 1986: 131／一三二）。オリヴィエも、父親に、母親のそれに相当する出産休暇を与えることを主張する（Olivier 1994: 96／一一四）。

15　これらの点については本書2章を参照。

16　クリステヴァも、ある意味で、産む女性に限定されない「母」としての主体を考えたと言える。クリステヴァは『詩的言語の革命』で、主体において、身体的欲動の場である「ル・セミオティック（le sémiotique）」（前記号態）が抑圧されることによって、「父」の支配する「ル・サンボリック」（le symbolique）（記号象徴態）が成立すると考えるが、前者は「母なるもの」とも呼ばれる（西川一九九九：三六四）。つまり、性別や子どもを産む（産んだ）かどうかにかかわらず、クリステヴァの考える主体の根源的なあり方においては、「母なるもの」が重要な位置を占めていると言える。クリステヴァ自身は、この「母なるもの」がある程度露わになった主体を、あらゆる男性にまで広げることには慎重であるが、しかし、すぐれた詩人をはじめとして、男性が「母なるもの」であるところの「ル・セミオティック」に接近し、掬い上げることは可能であり、現にそのようにしてきたと考えており、最終的には、「母性」としての主体はあらゆる主体に開かれているし、そうでなければならないと考えていると解釈することができると考える。じっさいにレイボヴィッチは、「父親」に関して、そのようにクリステヴァを解釈することを試みる。
「クリステヴァによれば、詩人は彼の内部にあるこの抑圧された母的なものの再活性化に手がかりを与える者

〔…〕のことである。／男もまた育児に携わるならば、このような意味生成とその介在のし方、その疎通に関わりをもち、回帰せずにはおかないこれらの痕跡に無関係ではありえない。〔…〕自己のうちにある母なるものの回帰を許しておく詩人のような父親というものも考えられないだろうか。男が、女の代役をつとめるといった具合に、借り物の持ち場で張り合うのではなく、母の息子として彼自身が受け継いでいる持場で、男たちが私たち女と共に育児に携わるならば（そこに不安と拒絶しか感じない男が多いのだが）、このような母なるものの回帰に喜びを見出すに違いない。これは、平等を確立しなければならないから仕方なくというのではなく、男たち自身の中にあるものを積極的に肯定するという姿勢で実現されるであろう」（Leibovici 1986: 91／九一―二、傍点引用者）。

17 パルスヴァルはさらに続ける。「実際、妊娠、出産、産褥期の男性たちの身体的経験は、無視されるか、完全に笑いの種にされる。メディアが偽娩の症状を語る仕方は、それらが非常に重要な身体表現の様相であるにもかかわらず、それらをあるはずのないものとしてしまう」（Parseval 1981: 103）と。パルスヴァルは、妻が妊娠中の夫が心身に変調をきたすこの現代の「偽娩」について、古くから見られる慣習的偽娩とともに、（Parseval 1981: 67-84）で詳細に考察している。本書2章四七―八頁も参照。

18 アガサンスキも次のように言う。「人類のなかで『人』の区分を消滅させるという試みはつねに女性を消滅させる結果になった。〔…〕差異を無視すると主張しながら一方を無視してしまうのだ。こうして『男性でも女性でもない』主体は最終的に男性をモデルにしてかんがえられてしまうことになる」。「一つの性を抹消することによって出現するのは中性ではなく、もうひとつの性である。それが忘れられてしまったのは、あらかじめ男性とそのモデルが普遍的とされてしまっていたからである」（Agacinski 2001 (1998): 104-5／一二二―四）。

19 ドゥヴルーは次のように指摘する。「支配的モデルを参考にしながら自立していく女性たちの行動の〔…〕支払うべき代価は、『男性的』といわれる職業上の『責任』を果たそうとする女性にとっては、仕事の世界にいるかぎり女としてのアイデンティティを放棄する、というかたちをとる。彼女たちは、たえず『役を演じている』、『男のようにふるまう』、『自らの母性を否定しなければならない』、という気持ちを述べている」（Devreux 1986: 123-4／一二四―五）。

20 そして、イリガライを含め、フランス女性思想における「差異派」と呼ばれる人々が目指したのは、このように

「女性的なもの」の観点から、既成の社会秩序や言語体系を覆すことだったと言えるだろう。その「女性的なもの」を、性別を超えて女性でない者にも見出せると考えるかどうかで立場が分かれるが、かりにそれが可能だと考えた場合、デルフィやバダンテールのような「平等派」と、イリガライやクリステヴァのような「差異派」の立場は、そう大きく違わないとも言えるのではないだろうか。

21　企業の採用や昇進の規定に、性別による扱いの違いが記されなくなった現在でも、性別に基づいた採用や昇進が減っているわけでも、性別間の給与の差がなくなっているわけでもなく、明文化されていないだけに、かえって問題化することが難しくなっているように。

22　ダウドゥがそう呼ぶわけではない。

補章　事例から見る、産む（生む）ことと育てることの分離
――新生児特別養子縁組、「赤ちゃんポスト」、児童養護など

はじめに

これまで、産むことを生殖のもっとも重要な核とする見方に疑問を投げかけ、産むことと育てること／第一の親であることは分離可能で、それらのあいだには隔たりがあると主張してきた。しかしだからと言って、たとえば代理出産によって、それらの分離を積極的に推進し、産むことと育てることあるいは（第一の）親であることを、完全に別々にするのが理想だと考えているわけではない。

本書がまずは目指しているのは、ぴったりと隙間なく連続しているとみなされることの多い、産む（生む）ことと育てること／第一の親になることのあいだに、いわばくさびを打ち込むことである。言いかえれば、それらのあいだには、たとえわずかでも選択の余地がないわけではないことを示そうとすることである。

ここで、4章で引いた、ルディックの言葉をもう一度振り返ってみたい。ルディックは、生物学的

な母親であろうとなかろうと、また性別を問わず、すべての「母親」は、自分で選んでなるという意味で、「養親である」（"adoptive"）と主張していた。

「出産労働と母親業（mothering）を区別することで当然帰結することは、すべての母親は『養親である［親になることを選んで採用する者］』（"adoptive"）ということである。『養子にする』（to adopt）とは、自分自身で、特定の子どもを保護すること、養育すること、しつけることにコミットすることである。もっとも情熱的に［子どもを］愛する出産した者でさえも、彼女が自分自身で、世界のうちで、ある赤ちゃんを維持することにコミットするとき、彼女は社会的、選択的行為にかかわっているのである」（Ruddick 1989: 51、［　］内引用者、以下同様）。

産んだ者が、育てるという「母親業」に携わることが、ひとつの「選択」であるという見方は、携わらないこと、その意味で「母親」に（一時的にあるいは長期的に）ならないこともまた選択可能であるという、逆の側面をも照らし出してくれる。産んだ（生んだ）ことから、育てること／第一の親になることへと自動的に、切れ目なく移行するばかりでなく、それを一時保留したり、長期的あるいは半永久的にそこから退いたり、また、中断したり、かかわりの濃度を薄めたりすることは、例外や異常事態ではなく、どの人にも起こりうる、本質的な「隔たり」からくるものだと認識し直すことをまず目指している。

これから本章が見る具体的事例は、分離の極に近いものが中心であるが、本書全体が想定している分離は、このような極端な場合にかぎらない。むしろそれらの極端な例は、どの親子にも、わずかであっても必ず含まれる、産む（生む）ことと育てること／第一の親であることの隔たりを、目に見えやすいかたちで露わにしてくれているに過ぎないと考えている。じっさいの隔たりの大きさやその見えやすさはさまざまで、時間によっても、時期によっても、また周りの環境によっても広がったり小さくなったりと、つねに変化しうるだろう。

分離の観点から考えうる事例は多いが、限られた紙幅ですべてを扱うことはできないので、本章では試みに、望まない妊娠を軸として考えることにしたい（とくに虐待とその対策の問題は、本来これを中心に論じる章が必要なほど大きな事例であり、また望まない妊娠と間接的につながっている側面もある（川崎二〇〇六）を参照）が、本書では末尾に簡単に触れるにとどめる）。

一、望まない妊娠における、産むことと育てることの分離

予期せぬかたちで望まない妊娠をしてしまった場合、多くの女性あるいはカップルは、中絶することを選択するだろう。それはほとんどの場合、産んでも育てられないからである（育てられない理由はさまざまありうる。育てる金銭的余裕がない、親や親戚が許さない、学業や仕事をしなくてはならず、あるいはどうしても続けたくて、子育てと両立することができない、家族や職場、友人、近所の人、恋人などに子どもを出産し、育てていることを知られたくない、関係を壊したくないなど）。

そこでは、産むことよりも育てることに焦点が当てられ、育てることはほぼ不可能だから、そこか

ら自動的に、産むこともまた不可能だと信じられている。つまり、改めて問われることなく、産むことと育てることが連続的に、ほぼ一体のものとして考えられていると言える。

そこで、望まない妊娠というこのような困難な状況を、本書のこれまでの考察が行き着いた視点、産むことと育てることは別々のことで、分離しうるもの、それらのあいだには本質的に隔たりがあるという視点から見てみるとどうなるだろうか。産むことと育てることは別々の事柄だから、育てられないことは確かだとしても、それがそのまま産まない理由にはなりえない、ということになるだろう。

たしかに、育てられない理由に加え、産めない、産みたくない積極的な理由が別にある場合もある。たとえば、性暴力の被害に遭い、憎い犯人の子どもをこの世に産み落とすこと自体、また自分が育てないとしても、その子が存在すること自体が受け容れられないという場合がありうる。またレイプ犯にかぎらず、自分が嫌悪し、恐れる交渉相手（DV夫など）とのあいだにできた子どもがいつか自分のところに訪ねてきて、嫌な経験を思い出させるかもしれない、またその子どもとの関係が切れないかもしれないという不安もありうるだろう。

ほかにも、妊娠出産したことを、学校や職場、家族や友人、恋人などに知られたくないという理由は、望まない妊娠のほとんどの場合に見られる。産むことと育てることがほぼ一体とみなされている社会で、産んだけれど自分で育てないという事実が周囲に知れ渡るくらいならば、人知れず中絶した方がましだと多くの人が考えたとしても無理はない。

しかし、産めない理由が周囲に知られたくないということだけで、かりに知られずに出産できるのならば、何が何でも産みたくないわけではないという場合が少なからずありうる（あまり表立って語られることはないが、中絶することは、妊娠したことをなかったことにすることではない。2章でも見たように、中絶したこと、あるいは中絶せざるをえなかったことを、当の女性だけでなく、パートナーの男性も長期にわたって悔んだり、罪責感を抱いたり、自己嫌悪、自己肯定感の低下を引き起こしている場合もある(cf. (J. G. Miller 2014: chap. 11), (Zimmerman 1977))。

ここに、ふだんは見えずに埋もれてしまっている、あるいは無意識に目を背けている、産むことと育てることの隔たりを見出すことができる。この隔たりに着目し、広げ、潜在的なものから現実のものにすることが可能なのではないだろうか。人々の見方を変え、あるいは環境を整えることによって。本書がこの章で強調したいのはその点である。

二、新生児の特別養子縁組

環境を整備する方向から言えば、右記のことは具体的には、女性らの、妊娠出産したことを知られたくないという希望を満たしつつ、彼女らが産むことだけを遂行し、育てることは他に託すという分離の仕方を、現実的にも十分選びうる選択肢のひとつにすることである。

そのひとつの方法が、新生児を対象とした特別養子縁組の仲介である。日本では、欧米諸国に比べて件数はまだ少ないものの、公的機関である児童相談所の一部と、民間のあっせん団体によってすでに行われている。[1]

特別養子縁組とは、従来の、家の跡継ぎを得るなどの目的でも用いられている普通養子縁組とは別に、生みの親によって育てられない子どもたちの福祉を第一に考え、子どもたちが、施設よりも家庭で育てられることを推進する目的で、一九八七年に法制化されたものである。六歳未満の子ども（二〇二〇年四月からは一五歳未満に改正）を対象とし、戸籍では、普通養子縁組とは異なり、実子と同等に扱われ（長女・長男などと記される）、また縁組により生みの親との法的関係はなくなる。[2]

望まない妊娠という観点から見た場合、この縁組の存在は、新生児養子縁組ができるのならば、中絶するのではなく出産してみようと妊婦らが考える可能性を広げてくれる。そのときはじめて、中絶するか、産むかが、本当の意味で秤にかけられうると言える。それ以前は、当事者にとって、「育てられないなら中絶するしかない」、あるいは「産むなら育てるしかない」のどちらかであった。というのもそのとき、産むことは即、育てることに等しいと考えられていたからである。しかし、（産むことから切り離された）育てることを担ってくれる人たちが実際にいて、またそれを仲介してくれる人がいて、それによって新生児養子縁組が現実味を帯びた方法として目の前に現れることで、産むことと育てることの隔たりが現実のものとなりうる。つまり、「育てられないけれど、産む」ということが、はじめて現実の選択肢になりうる。

たとえば、次の「里美さん」は、婚約者に多額のお金を貸し、妊娠もして中絶できる時期を過ぎてから、彼に結婚の意思がないばかりか、結婚詐欺にあっていたことを知った女性である。はじめは、「苦労をするかもしれない、でも、堕ろすこともできない。だったら、自分で育てるしかないと里美さんは覚悟を決めて」（鮫島二〇〇六：五八）いた。ところがその後、兄が調べてくれ、特別養子縁組の存在を知り、最終的に、子どもを養親に託すことに決めた。以下は里美さん自身の言葉である。

「子どもをひとりで育てている人は世の中にはいっぱいいるし、それが不幸せだとは思いません。ただ、相手が普通じゃない。子どもを育てていくことが親を苦しめるし、自分も多分いっぱい苦労するだろうし、子ども自身にも辛いことがあるかもしれない。それでも産んで自分で育てるしかない、選択の余地はないと思っていたんです。でも、ほかに選択肢があった。子どもを欲しくて待っているご夫婦がいっぱいいらっしゃるなら……」（鮫島二〇〇六：六〇、傍点引用者、以下同様）

里美さんの場合は、産まないで中絶するという可能性は、すでに中絶可能期間を過ぎていたことからなくなっていたが、それでも、あるいはそれゆえに、育てることは苦しいが、育てるしかほかに選択肢がないと思い込んでいた。ところが、特別養子縁組と、じっさいに子どもを待っている多くの夫婦の存在が、「産むけれど育てない」という選択肢を、もうひとつの現実の選択肢として考えることを可能にしてくれた。

里美さんの父親は、娘が育てることの困難を見越して次のように言う。

「愛する娘と家族を苦しみのどん底に突き落とした憎むべき男。その男の子どもを、果たして育てていけるのか。娘の子どもでもあるけれど、何かの時に男のことを思い出してしまう。そんな状況では、生まれてくる子どもにもよくないだろうし、憎む男の子どもを育てていく娘を見るのもつらい」（鮫島二〇〇六：五七）。

また、手続きの面から言っても、出産前から養子縁組を決め、養親の選定など準備を進めておくことで、出産後すぐに（実親の意思を再確認してからではあるが）養親に引き渡すことが可能になる（仲介する団体や病院によって異なるが、産みの親が退院してすぐに養親が病院に行って赤ちゃんを受け取る場合や、産まれる直前から病院に駆けつけ、産後すぐに養親に赤ちゃんが引き渡され、養親が習いながらミルクをあげたり世話をする場合がある。また、産みの親の意思確認に時間がかかり、数日、数週間やそれ以上、養親が赤ちゃんに会い、引き渡されるのを待つ場合もある）。これによって、さしあたりは縁組を予定していない場合のように、赤ちゃんをいったん乳児院に入所させることなく、はじめから家庭で育て、養親子の絆を早期から形成することができる。母親にしてみても、引き取り手が決まっていることで安心して出産することができる[3]（民間団体があっせんする場合、養親が、母親の支払えない残りの出産費用を肩代わりすることもある）。

さらに、産むことと育てることを分離して、育てることをほかに任せるという選択は、胎児の命を救うだけでなく、母親あるいは両親が、中絶したことでときに長期にわたって持ち続けることもある、後悔や罪責感を含む両義的感情や葛藤を和らげるという側面もあることに注目したい。

中島は、中絶をした人の中に、本当は産みたかったけれど、どうしても産めなかったという人がいることを見落としてはならないと言う（中島二〇一七：一四六）。中島が出会った女性の中には、「自分のことをずっと許せなかった、殺人を犯した人間だと思って生きてきた」という人も少なからずいると言う。彼女らやそのパートナーの中には、中絶によるＰＴＳＤである「中絶後遺症候群」（PASS）を患う人もいるが、その存在はあまり知られていないと指摘する。

たしかに中絶した場合でも、その辛い経験を時間をかけて消化し、胎児のことを大事に想い続けながら、産めなかった胎児のためにも、その後の人生を充実させようと努めている人も多くいる。[4] 他方で、新生児養子縁組を選択して、妊娠期間を胎児と過ごし、出産の不安と痛みを乗り越えて産み、引き渡しまでの数日を愛情をこめて世話をしてから赤ちゃんを引き渡す母親もいる（（鮫島二〇〇六：四五）を参照）。赤ちゃんの幸せを願いながら、やれることはやり切ったという気持ちで。[5] どちらがよいかはその人と状況によるが、中絶することに抵抗があるのに、育てることができないという理由で、選択の余地なく中絶しなければならなかった場合は、母親や父親に後悔や罪悪感が残る場合も多いだろう（ただ、逆もまた同様であることにも注意が必要である。本人の意思に反して、周囲が産むことを押し付ければ、産んだことや、子どもが別のところで育てられていることが、かえって負担になることはありうる）。

三、緊急時の最終手段――「赤ちゃんポスト」、内密出産

これまでは、中絶するかどうかを選択する（しうる）場面で考えたが、望まない妊娠の中には、積極的に選択することなく、気づいたときにはすでに中絶できない妊娠の時期に入ってしまい、産むしか選択肢がなくなっている場合も少なくない。先に見た新生児の養子縁組は、（すでに前項の里美さんの例で見たように、）このような場合にこそ、より頻繁に用いられる。そうでなければ、出産後、乳児院に入れられることが一般的である。ところが、妊娠していることをだれにも知られたくないために、

あるいは自分でも認めたくないために、役所への相談や養子縁組の手続きを進めることができずに出産を迎えてしまう場合もある。このような場合の一部に、新生児遺棄や殺害などが起こりうる（柏木二〇一三：二五―六）を参照）。

そうした最悪の事態をぎりぎりのところで防ぐ目的で、日本では二〇〇七年に、熊本の慈恵病院が「こうのとりのゆりかご」、通称「赤ちゃんポスト」を設けた（本書では以下、一般に馴染みのある通称を用いる）。自宅や車内、ホテルなどで極秘に出産し、ほかに手段がなく、そのまま自分があるいは周囲の人が熊本まで赤ちゃんをポストに置きに行く場合が多い。迷いながら、数か月あるいはそれ以上自分（たち）で育てつつも、限界を感じ、かといって児童相談所などに相談することで身元が明らかになったり、育て続けるように説得されることを恐れ、赤ちゃんポストに置きに行く例もある。

慈恵病院による「赤ちゃんポスト」の設置や運営は――またそのモデルとなったドイツのベビークラッペや、世界各国のベビーボックスもまた――、本書の観点から見れば、まさに産むことと育てること、さらには親の責任と赤ちゃんの生命とを分離する考え方に依拠して遂行されていると言える。産み（生み）の親に育てる責任がないとか、それを免除すべきというのではない。そのような親の責任遂行の如何と子どもとを、別個に考えようとするのである。かりに親が責任を果たしていないとしても、追い詰められて、あるいは安易にでも、親が育てられないと判断した子どもの命と安全に焦点を合わせ、それを最優先して守ろうとする考えが根幹にある。

たしかに、生んだ親が愛情をもって育てることは理想であろう。しかし、産むことと育てることのあいだには元来、隔たりがあると考える本書の観点からすると、その理想が親の事情や家庭の事情なとである。

どで実現できない事態は、単なる例外や異常事態ではなく、状況が変わればだれにでも起こりうることである。

しかし、産んだ親または生みの両親が、基本的には、生まれた子どもを最初から最後まで責任をもって育てるべきだという考えはいまだ根強い。じっさいに赤ちゃんポストに対する批判の多くがそのような考えに基づいている（柏木二〇一三：一五八、「こうのとりのゆりかご」取材班二〇一〇：一九—二一）。彼らは、赤ちゃんポストがあることで、育てる責任を安易に放棄する親が増えてしまう、あるいは子どもを育てることを場合によっては放棄してもよいと認めることになってしまうのを懸念する。しかしこれは裏を返せば、子どもを育てるのは生みの親の責任だから、親が育てられない場合は諦めるしかない、育てられない場合の受け口をとり立てて設ける必要はない、と言っているのに等しい。つまり、産む（生む）ことと育てることの連続性あるいは一体性を理想とし、それを大事にするあまり、親が育てられない場合には、親子が共倒れ（心中や餓死など）になっても、あるいは子どもが著しい不利益（極度の貧困、虐待、遺棄、子殺しなど）を被ることになっても、それらは極端な例外だと諦め、切り捨ててしまうことに等しい。理想から外れた例のための特別な対策を講じると、そのような逸脱した例をますます誘発してしまうことになることを恐れて。ちょうど、中絶を合法化すると、安易な中絶が増えるから合法化すべきでないとか、ピルや緊急避妊薬をより手軽に手に入れられるようにすると、安易で無責任な性行動が増え、「性が乱れる」からそうすべきでないと考えるのと同様、理想を守らんがために、「例外」をとくに顧慮せず、「例外」的状況に陥って困っている人々に差し伸べられうるはしごを、あえて外すようなものである。

これに対し、産むことと育てることを分離する見方は、右のような考え方を根本から転換しようとする。救える胎児や子どもの命があるならば、産む（生む）ことと育てることを、ときには積極的に分離する必要があり、要請されてもいるのだと。そしてそうすることが、同時に親の命や最低限の生活を守ることになる場合も少なくない。したがって、理想から逸れる例からも目をそむけずに、その状況下にある胎児や赤ちゃん、そして親を救うための対策を講じる必要があることになる。赤ちゃんポストや新生児養子縁組は、そのひとつに位置づけられる[6]。

たとえば次の「真由美さん」は、経済的に余裕のない頑固な父親に、地方都市に下宿させてもらい、専門学校に通っているときに妊娠した。出会ったばかりの連絡先も知らない男性が相手だった。中絶の費用がなく、現実から目をそらしているあいだに、中絶可能時期を過ぎていたという。下宿のトイレでひとりで出産し、その後、学校に通いながら、昼休みに一時帰宅したり、冷房をかけて外出するなどして、一週間は自分で育てたものの、ついに限界を感じて、インターネットで知った赤ちゃんポストに赤ちゃんを預けることを決断した。

赤ちゃんポストは、「誰にも素性を明かす必要がなく、子どもを置き去りにしても罪に問われることがない。子どもの存在を誰にも打ち明けていない彼女にとって、これほど好都合な場所はなかった」（ＮＨＫ取材班二〇一八：八二）と取材者は推察する。以下は真由美さん自身の言葉である。

「生まれてからはかわいいと感じて、手放したくないという気持ちもあったけれど、どうしても周囲に知られるわけにはいかなかったので、どこかに置き去りにしてでも隠さないと、という考えもありました。ポストを選択したのは、まわりに頼れる人がいなかったというのが、いちばん大きな理由です」(NHK取材班二〇一八:八三)。

赤ちゃんポストの利用には、後で述べる危険や望ましくない事態がともなうため、赤ちゃんポストは、運営者たち自身によってもあくまで緊急時の「最終手段」と位置づけられている[7]。たとえば、「ポスト」の利用者の中には、周囲に出産を知られたくないために、病院を受診せず、自宅や車、ホテルなどでひとりで出産し、休む間もなく長時間かけて熊本の慈恵病院まで赤ちゃんを置きにくる人が少なくない。ときには赤ちゃんのへその緒の処置が不十分なままのことさえあるという(NHK取材班二〇一八:六一)。その場合、母子の命がともに危険にさらされてしまう。また「ポスト」には、赤ちゃんを置きに来た人が、そのまま立ち去らずに、職員がその人に接触できるような工夫が凝らされているが[8]、それでもだれにも顔を合わせずに立ち去る人も少なくない。その場合、赤ちゃんの情報はほぼ残されず、病気の有無や遺伝情報等はもとより、子どもが成長してから出自を知りたいと願っても、知る手段がないことになってしまう[9]。

これらの難点を避けるために、慈恵病院では、最終手段としての赤ちゃんポスト運営を続ける傍ら、ポストの利用を考えている人々を、そこに至る前に、より安全で適切な方法を提示しながら支援する試みも並行して行っている。現在行われている主なものは、予期せぬ妊娠に関する二四時間体制の電話相談である。出産する前に電話で相談を受けることができれば、自宅などでひとりで出産する孤立出産や、赤ちゃんを遺棄する事態を未然に防ぎ、必要な場合は新生児特別養子縁組を提案することも可能になる。予期せぬ妊娠に関する相談は、認知度はまだそれほど高くないが、行政によるもののほかに、全国のいくつかの民間団体などでも行われている。[10]

さらに、望まぬ妊娠をした女性のうちには、親などに打ち明ける人もいるが、周囲に言えず、知られることを極度に恐れている人たちも多い。[11] そのような女性のために、慈恵病院は、「内密出産」を行うことを模索している。[12] 内密出産とは、出産にかかわる医療者を含むだれにも身分を明かさず出産し、役所にも届け出ない特別な出産方法である。完全に匿名な「匿名出産」と異なるのは、内密出産では、親の情報等を密封して機関に預けておき、子どもが一定年齢になったときに望めば、保管してある自分や親に関する情報の開示を求めることができる点である。これによって、子どもの出自を知る権利が保たれる仕組みである。[13] 赤ちゃんポストや内密出産の試みは、妊娠や出産をだれにも知られるわけにはいかないという女性の強い思いが、遺棄や子殺しへと女性を追い詰めていることに着目し、それを重く受けとめる。それゆえ、その思いから、どこにも相談できずに出産まで至ってしまった女性のために、赤ちゃんポストという最終手段を残しつつも、知られたくないという女性のもっとも強い希望に沿いつつ、同時に赤ちゃんの遺棄や殺害、そして孤立出産を防ぐ方法を一緒に模索する。赤ちゃんポストにしても、内密出産や養子縁組の試みにしても、産む（生む）ことと育てることを思い切って分離することではじめて救える命がある。その命を見捨てずに最優先したいという思いが、それらには共通している。

四、その他の一時的／長期的分離——一時保護、児童養護施設、里親制度

　これまで、望まない妊娠を基点に、産むことと育てることの分離という観点からいくつかの実践を見てきたが、必ずしも妊娠中から出産直後にかけてだけでなく、出産から数年あるいは十年以上経った親子においても、同様に、産む（生む）ことと育てることの分離の観点から考えることが、ときに有益でありうることを簡単に見ておきたい。

　よく起こる事例には、虐待の事実や恐れがあるため、児童相談所が介入し、親に同意を得てあるいは強制的に親から子どもを引き離す場合と、親の側が経済的あるいは病気や障がいなどの身体的、心理的問題によって、今は自分で育てられないと感じたときに子どもを預ける場合とがある。そのような場合、子どもは一時保護所や、小さい場合は乳児院に入れられる。[14] その後、家に戻れる環境にない子ども（慎二〇一七：九）によれば、四割強の子ども）が児童養護施設に入所させられたり、被虐待児を一時的に預かる専門里親や養育里親のもとに送られる。[15]

　多くの場合、はじめは一時的な分離を想定しているが、児童養護施設からじっさいに「家に帰ることのできる子は一握り」だと、ある施設の職員は言う。親が再び育てられる状況にない、あるいはその能力がないと判断されたり、あるいは親が同居を望まなかったり、同居の決心が揺れていたりするため、分離が長期に及んだり、一八歳で出所するまで、親子が一緒に同居するに至らないままのことも少なくないという（石井二〇二〇：二八四—六を参照）。

高度経済成長期以降、とくに一九九〇年代以降、日本でも、虐待などの緊急時には、生みの親と子どもを積極的に分離する方向に向かってはいるものの（土屋二〇一四の第一章五節、第五章一節他）、他方で、生みの親と子どもは、一時的にやむをえず別居することがあっても、最終的には一緒に暮らすことが一番であるという考えが、施設や里親をめぐる方針やかかわる人々の少なくとも一部に、現在でも根強いと言う（山脇二〇一六：一七二―八を参照）。それは、産むことと育てることの分離は、あくまでも緊急時の対応であり、例外的状況であると考えているからだと言えるだろう。じっさい、最終的には産み（生み）の親と「再統合」することを理想とみなす見方が、背後に見え隠れしている。

しかし、赤ちゃんポストのところで見たように、産むことと育てることの連続性あるいは一体性という理想にこだわり、それを大事にするあまり、そうでない事例を「例外」と位置づける見方には危険もともなう。それは、虐待など目に見える問題があって、児童相談所などが介入しないかぎりは、あるいは子どもや親が自ら問題を申し出ないかぎりは、その家庭に問題はない、親子はうまくいっているとみなしてしまう危険である。いわば、黒でなければ白とみなす見方である。その見方は、緊急事例、異常事態以外は問題がないものとして、表面化するには至っていないさまざまな困難を見えないままにして蓋をしてしまう恐れがある。

時折報じられるように、問題が表面化することなく生みの親と同居しているものの、いっときも家にいたくないと思い詰め、ときには家出や外泊を繰り返すほど困難を抱えている子どもはたくさんいる（コロナ禍に、長時間家にいることに耐えられず、男性の知人やネットで知った見知らぬ男性の家に泊まり、予期せぬ妊娠をした未成年の女性からの相談が増加したと報じられた。非常事態はこのような見えにくい問題をある程度表面化したと言える)[16]。また、虐待には至っていないが、子どもに愛情を感じられなかったり、子育てに追い詰められ、申し出はしないが、子どもと距離を取ることを、心のどこかで、あるいははっきりと望んでいる生み（産み）の親もいる。

児童相談所などの関係者や周囲、当事者たちもが、基本的には生みの親と子どもが一緒にいることが望ましいという「理想」に過度にとらわれていると、その理想を守ろうとするあまり、より大事なもの――子どもの命や安全、心身の健康な成長、自己肯定感や人を信頼する力、あるいは生きていく際に自分を助けてくれる学力や能力、技術の習得、さらには、親の最低限の生活やときに命も――が犠牲になってしまうことが起こりうる。そしてそれらが徐々に損なわれていること、あるいは得る機会を失っていることは、何らかの問題として表面化しないかぎり見えにくいから、ないものとされてしまいがちである。このような考えが原則としてあるかぎり、目に見える虐待などの問題としては表面化していないものの、親子が一緒にいることを、どちらかが、あるいは両方が負担に感じている家庭をあえて問題化する根拠が乏しいことになり、見過ごしてしまいがちである。

したがって、ときには生みの親が育てない方がよい場合もあることを、積極的に認める必要があるだろう。産む（生む）ことと育てることを物理的に分離する事態は、決して「例外」ではなく、どの親子にも潜在的にある「隔たり」にその根をもっていると考えることで、子どもか親が強く望む場合、あるいは同居に限界を感じている場合、虐待などの明らかな問題がなくても、ときに子どもを育てることを生みの親から切り離し、里親や施設あるいは養親など、他に託すこと、あるいはいっとき子育てから距離を取ることを、じっさいに選択肢のひとつとして考えることができるようになるのではないか。

しかし反対に、さまざまな問題を抱えてはいるが、生みの親と子どもを物理的に分離することが必ずしも最善とはかぎらない場合もありうることは確かである。生む（産む）ことと育てることのあいだに隔たりがあることを認めること、場合によってはその隔たりを広げることは、どの親子においてもある程度必要であるとは言えるにしても、目に見えるあるいは見えない問題を抱える家庭の子どもを一時保護所や児童養護施設へ入所させるといった極端な分離が、つねに必要で最善とは限らないから複雑である。本章は極端な分離に焦点を当てて検討しているが、本書がこれまで述べてきた隔たりあるいは分離とは、極端な、また完全な分離、あるいは必ずしも目に見える分離を指すのではなかったことをいま一度思い出したい。本章は本書のこれまでの章とはあえて視点を変え、極端な例から隔たりや分離を考えてみる試みであり、本章がむしろ、他章に比べて特異な位置づけにあるのであった。

深刻な問題を抱えているにもかかわらず、親や子どもあるいは双方が、一緒に暮らし続けることを望み、模索している場合もある。その場合、児童相談所の担当者は、分離させることがよいのか、またいったん分離する必要があっても親子を再同居させることがよいのかを迷いながら判断しなければならない。明らかに命の危険や心身が傷つく危険がある場合は判断しやすいが、そうでない場合には、正解はないから難しい。かりに分離が最善ではないと分かっている場合でも、支援する環境の限界から、そうせざるをえない場合もあるだろう。

たとえば『ジソウのお仕事』には、母親が自分で働いて育てることを切望しているのに、「母の養育能力が低くて心配。赤ちゃんを保護すべき」、「この母子はもう支援しきれない」という理由から、生後四か月の赤ちゃんを母から引き離して乳児院に入所させた事例が挙げられている。その母親は風俗で働き、また住んでいた母子生活支援施設が肌に合わずにそこを飛び出し、周りにサポートしてくれる人もいない状況にあった。筆者である担当者のひとりが、「なんとか関係機関が連携してこの母子を支援する方法はないんでしょうか」（青山・川松二〇二〇：一七四）と疑義を呈したものの、万一、事故や虐待死に至ったら責任が取れないとの判断で乳児院の入所が決定したという。

このようなことから、生む（産む）ことと育てることの隔たりを広げるにしても、同居か別居かの物理的距離から見た二者択一のみならず、幾様にも複雑な隔たりの取り方が許容され、選択しうるような環境を整えることも課題のひとつになるのだろう。たとえば、フィンランドでは、虐待の可能性などの問題を抱える親子でも、必ずしも完全に分離するだけではなく、子どもが家庭に住み続けながら、援助を受けつつ問題を改善しようとする「オープンケア」も多く実施されているという[17]。先の母子の事例に立ち返れば、日本にもフィンランドのオープンケアのような環境が整ってさえいれば、母子は物理的に分離される必要がなかったかもしれないと思わされる。

以上から、じっさいは同居か別居かの二者択一だけでなく、より複雑で繊細な隔たりのあり方が要請され、模索されることが分かる。このことは、本章が焦点を当てている児童養護施設への入所など極端な分離の例も、決して例外や異常事態ではなく、本書がこれまで考察してきた隔たりや分離の延長線上に、あるいはその只中で考えうるし、またそうする必要があることを示していると言えるだろう。

五、両義的感情や葛藤——通常の場合との連続性

前項末尾で触れたように、本章では、生むことと育てることの極端な分離の例を見てきたが、本書は、それらの例が、目に見えるかたちでは分離していない大多数の場合と切り離された、「特殊な」例だとは考えていない。冒頭にも述べたように、産むことと育てることとのあいだの隔たりは、もともとどの親子にも存在し、状況が少し変われば、それは目に見える分離につながるほど大きくなりうる。逆に、現実に別居することになった親子でも、少し状況が異なれば（たとえば、パートナーに裏切られなかった、離婚しなかった、職を失わなかった、自身の親など周囲のサポートが受けられた等）、育てることを手放さなかった可能性も大きい。すると、生むことと育てることの隔たりという観点から見れば、養子縁組や施設入所などにより、物理的にも両者が分離するに至った場合と、そうでない場合とは、隔たりの程度に差はあるものの、連続していると見ることができるのではないか。それは、極端な分離の例と、そうではない、一見「問題なし」と見える通常の場合とのあいだに、はっきりとした境界線を引いてしまわない見方である。そのように見ることで、一見問題はないように見える家庭にも、ときに何らかの別居を考慮する余地のある困難（たとえば子どもを愛せずに冷たく接してしまうとか、経済的に苦しく、食事や勉強に影響が出ているとか、あるいは親と一緒いることに子どもが恐怖あるいは苦痛を感じるなど）を見出すことにつながるし、また逆に、物理的には別居せざるをえない親子

でも、（お互いへの想いはある場合など）必ずしも生みの親との関係を断ち切ってしまうのではなく、ともにいるのとは別の仕方で親子の関係が維持され、育まれる可能性、別の仕方で子どもにとっての「親」であり続ける可能性を切り捨てないで済む。

そのような、極端な分離の例と通常の場合との連続性を示唆してくれるもののひとつに、子どもを育てることを手放すに至った人々や、あるいは手放さずに踏みとどまった人々の少なくない人々が、そのことに対して抱き続ける両義的感情や葛藤を挙げることができる。彼らはいずれの決断をしても、それを肯定する気持ちと否定する気持ち、悔やむ気持ちのあいだで長く揺れ動いている。そのような両義的感情は、子どもを手放した人々の多くが、（「鬼母」などと報道で表現されるようには）決して、異常で冷酷な親なのではなく、「普通の」親との連続性のうちにあることを示しているのではないか。

たとえば次に見るのは、はじめは赤ちゃんポストの利用を考えていたものの、最終的に特別養子縁組を行った母親の葛藤である。

「それでも文乃さんは、あのときの選択［特別養子縁組をしたこと］が正しかったのか、と自問自答を繰り返している。『おなかを痛めて産んだわが子を、できることなら自分の手で育てたかった』という気持ちは後退するどころか、時間が経つにつれむしろ強くなってきた。／携帯電話には、新生児室のガラス越しに撮影した、産着姿《うぶぎすがた》の子どもの写真が一枚だけ保存されている。これまでに何度見返したかわからない。忘れた方が、楽になると思っていても、街中で同じぐらいの年頃の男の子を見かけると、わが子の面影を探していた。その度に『今、あの子は何をしているのかな』と想像にふけってしまう。〔…〕いつか息子との再会が叶うなら、幸せに暮らしているのかを確かめたい。自分では育てられないことが分かっていたのに、身勝手な行動をしてしまったことを謝りたい。『生まれてきてくれてありがとう』という気持ちも直接伝えたいと思っている。不可能であろうとも、親子として一緒に暮らしたいと願っていることも」（NHK取材班二〇一八：一〇二―三）。

次は、逆に、赤ちゃんポストに預けるのを踏みとどまったものの、預けて、きちんとした夫婦に育ててもらった方が子どものためだったかもしれないと、両義的感情を抱き続けている母親である。

「現在、母親のサポートを受けながら、シングルマザーとして子育てに向き合っている。／それでも、今でも時々後悔の念が胸をよぎることがある。／『夫婦の仲はよく、子どもも両親を慕っていて、というかたちが理想だったのに、一人親という状況は子どもに対して申し訳ないし、正直なところ自信がありません。〔…〕赤ちゃんポストに預けて、いい人たちに引き取られて生活したほうが子どもは幸せだったのかな。こんな母親でいいのかな、という不安はあります』」（NHK取材班二〇一八：八七）。

ほかにも、不倫相手の男性が無断で一歳の子をポストに預けてしまい、その後、母親が引き取りに行くものの、その後、子どもが二歳のときに母子心中するに至った例がある。男性は当初、離婚して彼女と三人で暮らす約束をしたため、女性は出産したという。しかしのちに翻意し、母親が留守のときに勝手に赤ちゃんを連れ出してしまった。連絡を受けて慈恵病院に駆け付け、「幼いわが子と対面した彼女は、涙を流しながら、『ごめんね』という言葉を何度も繰り返していたという」（ＮＨＫ取材班二〇一八：一〇五）。

引き取った後、母親は精神を病み、二〇一二年、山中の車内で練炭心中をしているのを発見された。最後に山で言葉を交わした男性の次の証言からすると、母親の気持ちは第三者には分かりようがないが、必ずしも精神の病に追い詰められてというわけではなく、覚悟を決めた上での決断なのかもしれないとも思わせる。

「『こんにちは』と声をかけると、母親はにこやかな笑みを浮かべた。男性が山頂近くで枝葉の伐採をしていると、広場からは親子の口ずさむ歌声が聞こえてきたという。『女の子の愛らしい声が山の上まで響き渡ってきて、その楽しそうな笑い声を聞いているだけでこちらも明るい気持ちになりました』」（ＮＨＫ取材班二〇一八：一〇七）。

育てることを分離した方がよかったのか悪かったのか、親子の双方に互いへの強い想いがあったら一緒にいることがよいのか、それがかえって心中にまで追い詰めたのか、あるいは初めから「賢く」産まない方がよかったのか、……まったく分からない。ただ、そのまま育て続けることに限界が迫っていることに、だれかが気づいて、必要な「隔たり」（母が治療しているあいだ、里親や施設に一時的に預けることなのか、家族やだれかと三人以上で住むことなのか、ほかのよい方法があるのか……）を差し挟む手助けができていたら、あるいは母親が自分から助けを求められる環境があったら、母娘ともに幸せに生き続けられた可能性が高いのに、と痛感せずにはいられない。[18]

他方で、表面的な分離に至らない場合でも、多くの親や子どもが困難や葛藤を抱えている場合が少なくない。以下に、子育て中の母親の抱く子どもへの両義的感情を、3章で見たリッチから引用する。

「子供たちにはどうしようもなく悩まされる。よくある矛盾に満ちた悩みだ。神経がささくれだつような思いや苦々しい後悔と喜びにあふれた愛情や満足感、その両方が激しくいれかわる。ときにはわれながらこの罪のない小さな存在にたいして抱くさまざまな感情をもてあまして、自分が利己的で狭量な怪物のように思えてくる。子供たちの声に私の神経はいらだち、たえまない要求をきいてやれないことが情けなくなって絶望的になる。［…］怒りを心にためこんで力なくなってしまうこともある。死ななくては互いに自由になれないと思うときさえある」（Rich 1986: 21／二四）。

「［私たちは］自分の子供たちに激しい怒りを感じるときがあることを話した。それは怒りを発散させてくれるものが何も、誰もほかにいないからなのだ、と。［…］それまでは共通の仕事である詩を中心に会っていた女たちが、認めたくはないが否定もできない怒りという、もうひとつの共通項を見つけたのだった。［…］母性がかぶっていた仮面が壊れつつあるのだった」（Rich 1986: 24-5／三〇）。

上記のような怒りと愛情で揺れ動く気持ちや葛藤を見ると、どの親子にも潜在的にある、産むことと育てることとの隔たりを、上で見た極端な分離の例のように現実に広げることが、つねに解決をもたらすわけではないことが分かる。実際に分離するかどうかよりも、産む（生む）ことと育てることに隔たりがあることを改めて認めることで、事態を見る見方が変わる、あるいは心持ちが変わることが重要な場合もあることを示唆してくれる。また必ずしも、子どもをほかの場所や人に一定期間預けるという目に見える分離だけでなく、たとえば一日のうちに、育てることから距離を取れる時間をつくるとか、子どもにかかわる人を増やして、親と子のあいだの心身の密着度を緩めるという意味での隔たりを広げることも有効でありうるだろう。

つまり、生む（産む）ことと育てることとの隔たりは、上で見た極端な分離の場合のように必ずしも物理的な隔たりと同じではない。親子が同居していても、あるいは数で言えば圧倒的多数である同居の場合においてこそ、まずは、生むことと育てることのあいだに、もともと隔たりがあることを認め、場合によってはそれを、一日のうちでも、また子どもの成長や状態に応じても、広げたり縮めたりする必要があること、また、従来の「母性」が掻き立てるイメージとは裏腹に、じっさいにも、（気づかれにくいが、）隔たりがそのように変動している側面のあることに注目する必要がある。

おわりに

本章で見たように、生み（産み）の親が育てることが（一時的／長期的に）かなわず、子どもが施設や里親のもとにおかれ、あるいは養子縁組などにより、育ての親のもとにいる場合、子どもと生みの親との関係だけでなく、別の「親」、つまり里親や養親（あるいは施設にかかわる人などそのほかの大人）との関係も考える必要が出てくる。

そこで私たちは、「親」とは何か、「親である」とはどういうことか、それは産んだことや生んだことと、あるいは育てていることと、どの程度かかわり、どの程度かかわらないのかを考えるよう促される。このことは、産んでいない父親や、生んでいないが育てている養親の側から「生殖」を考える、次の5章、6章で引き継いで考えてみることにしたい。またそこでは、複数の「親」がいる場合、子どもにとっての「親」はどのように形成されるのかについても考えることになるだろう。

注

1　ただ、児童相談所で特別養子縁組をあっせんしているかどうか、どれだけ力を入れているかは自治体によって差があり、しかも、新生児からの縁組をあっせんしているのはごく一部に限られる。このため、新生児の特別養子縁組は民間団体（一部の病院や医師によるものを含む）を介したものが多い。ただ、愛知県で三〇年以上行われてきた「赤ちゃん縁組」の「愛知方式」は有名である。（矢満田・萬屋二〇一五）を参照。

2　ただ、特別養子縁組が行われたことは戸籍から知りえ、また戸籍から実親を辿ることもできる。（家庭養護促進協会大阪事務所二〇一三：二二一―三）を参照。

3　愛知県の児童相談所で、「赤ちゃん縁組」に長年携わった萬屋は次のように言う。「予期しない妊娠がわかり、出産を間近に悩み疲れた女性は、児童相談所で、『育てたいとおしゃってくれる方を探します。安心して産んでください』と言われると、ほっとして涙を流します。『乳児院に入れる』ことしか決まっていなかったら、辛い暗い気持ちのままで、陣痛に耐えなくてはなりません。『赤ちゃんを喜んで迎えてくれる人がいる』というだけで、妊婦さんも陣痛の辛さに耐えることができるような気がします」（矢満田・萬屋二〇一五：二八一）。

4 たとえば、下記によれば、研究対象の女性の多くは、中絶後も亡くなった胎児がいつも一緒にいる感覚や見守ってくれている感覚をもち、胎児とのつながりや親密感を保ち続けているという。(日比野二〇〇七)、(安田二〇一二)の第8章。

5 以下は、彼と別れた後に妊娠に気づき、特別養子縁組をすることに決めた高校生の言葉である。「[…]あの赤ちゃんが本当に大好きだから、幸せになってもらうためにも温かい家族に育ててもらいたいんです。私たちは一生あの子のことを忘れません。願うことが私たちの幸せだし、赤ちゃんの幸せでもあると思うんです。このことは心の中で一生大事にしていきたいんです」(鮫島二〇〇六：五〇)。

6 ただし、慈恵病院やメディアは、赤ちゃんポストが「命を救う」と言うが、そもそもポストは「命を本当に救えているのか」と、問題点を指摘しつつ懐疑的に考察する(森本二〇二〇)のような立場もあることには注意したい。

7 (田尻二〇一七：一五六)、(朝日新聞二〇〇九年一一月二九日朝刊三三頁)他。蓮田太二の息子で慈恵医院の現医院長、健は、同じことを、こうのとりのゆりかごは、「最終的にはここに頼ることができるという駆け込み寺」だと表現する(森本二〇二〇：二五五―六)。

8 赤ちゃんが預けられると院内のブザーが鳴り、すぐに職員が駆けつけ、ポスト近くにまだ人がいる場合は声をかけて相談を促すことになっている。また、ポストの扉の横にはインターホンがあり、「赤ちゃんの幸せのために扉を開ける前にチャイムを鳴らしてご相談ください」という表示板が設置されている。さらに、ベッドの上には預ける人に宛てた手紙が置いてある。(熊本日日新聞「こうのとりのゆりかご」取材班二〇一〇：一三―四)、(「こうのとりのゆりかご」第4期報告書二〇一七：三―四)を参照。

9 子どもの出自を知る権利の重要性については、第三者の介入する生殖医療でも注目され、世界的に、その権利を保障する法整備や体制づくりをする方向に向かっている。

10 妊娠時の相談窓口は、自治体が開設したり、自治体の委託を受けた助産師会やNPOが運営している。慈恵病院のように、自治体の事業とは別に相談を受けているところが数か所ある(田尻二〇一六：一一六)。田尻は、相談の半数近くが、夕方から朝にかけてであることから、二四時間フリーダイヤルで相談を受ける必要性を強調している(田尻二〇一六：一一〇)。じっさいは、二〇一六年の時点で、自治体で二四時間対応をしているのは熊本市だけであるとも言う（田尻二〇一六：一一六）。（田尻二〇一七：二〇二）も参照。

11　特別養子縁組をするには、いったん子どもを産みの親の戸籍に入れてから養親の戸籍に移す必要があり、縁組をしたことが戸籍に残ってしまう。（家庭擁護促進協会大阪事務所二〇一三：二二一―三）を参照。

12　（森本二〇二〇：二二〇―六六）、（蓮田二〇一八：二〇六―一一）、朝日新聞二〇一八年五月一一日熊本朝刊二三頁、読売新聞二〇一九年一二月八日東京朝刊三八頁他を参照。

13　実際にドイツで実施されている。（柏木二〇一三：一六一―二）、（蓮田二〇一八：二〇六―一一）を参照。

14　一時保護所の環境が子どもにとってよくないことは、経験者の話も含め、よく指摘される。過度に厳しく融通の利かない規則や制度、被虐待児、発達障がいや知的障がいをもった子ども、非行少年が一緒に入所する環境、ときに職員からの体罰や子ども間のいじめがあること。一時保護所は児童相談所に併設されているが、場所によって環境の格差が大きいという。（槙二〇一七）、（山脇二〇一六：一三三―四〇）。一時保護所の説明や現状については（和田二〇一六）も参照。

15　専門里親とは、二〇〇二年に里親制度が改正された際に創設されたもののひとつで、被虐待児を、施設に代わり、最長二年の期限付きで家庭に迎え、援助する里親である。（和泉二〇〇六：八〇）を参照。養育里親については、実際の養育里親家庭を取材した（村田二〇〇五）がある。

16　毎日新聞二〇二〇年七月一七日東京夕刊三頁。

17　「[…]子どもを自宅外の保護下に置くことは最終手段であり、子どもや家族が自宅に住みながら児童保護の援助を受けるオープンケアが優先される。オープンケアの件数は、自宅外保護の四倍以上である。自宅外保護を行う場合、フィンランドでは施設よりも里親による家庭的ケアを優先して提供される。自宅外保護のうち、里親での保護が約四割を占めている」（横山二〇一八：九七）。他にも、（橋本二〇一九：三四、一三六他）を参照。

18　この女性は、経済的には安定しており、森本の取材によると、職業は看護師だったという。「実際に女性と会ったことのある関係者」は、「実父が勝手に子どもをポストに置いたことで、子どもと自分を否定されたと感じ、生きづらさを抱えたのだと思います」と語っている（森本二〇二〇：八〇―一）。

第5章　父親や養親の側から生殖を見る――間接性と二次性を超えて

はじめに

「母親」という言葉と「父親」という言葉は、私たちにかなり異なるイメージを喚起する。それらは単に、「親」という言葉が喚起するものとも異なるだろう。このことは、親というものが、女親か男親かによって、言いかえればそのジェンダーによって、現段階ではかなり差異づけられていることを示していると言える。しかしだからと言って、そのことは、女性と男性が生まれつき異なる素質や傾向をもっていて、それが親になったときにそれぞれ異なる方向に発揮されるということを示しているわけではない。

この事情は、女性と男性の差異と同じであろう。現段階では、女性と男性では意味するもの、想起する事柄が異なるが、それは両者の差異が生まれつきであったり、変わらないものであることを意味しない。また、男女ふたつのカテゴリーしかないことをも意味しない。むしろ、性やジェンダーは、複数、あるいは無数にあって、はっきりとした境界の引けないグラデーション状であることについてはすでに多く主張されている。

本書の目的は、このような複雑な「グラデーション」を、母親と父親のあいだにも見て取ろうとすることにある。[1] そしてさらに、生物学的なつながりのある両親とそうでない育ての親のあいだにも見て取ることにある。もちろん母親と父親のあいだに差がないわけではないし、それどころか、性による役割や規範の多くが、（じっさいに親になるかどうかにかかわらず、）母親と父親にそれぞれ期待されることに関連づけられていると言っても過言ではないだろう。両者のあいだには、現状では多くの歴然とした差があるように見えるにもかかわらず、そこに、不動ではっきりとした境界はない、と考えるのが本書の立場である。

具体的には次のように主張したい。母親と父親のあいだに、あるいは生物学的親と養親とのあいだに境界線を引いて、両者の違いを強調する見方がじつは恣意的であること、境界はどこにもないか、あるいは母親のあいだ、父親のあいだ、そして養親のあいだにも無数にあって、産むか否か、血縁があるかないかという点だけに注目して、そのうちのどれかの境界を強調することが恣意的であることである。特定の境界線の強調は、産んだ母親とそうでない父親、そして生んでいない養親とのあいだにある連続性や、母親たち、父親たちのあいだにある差異を見逃したり、過小評価してしまう恐れがあるだろう。[2]

そのためにはまず、女性のみが子どもを産みうるという事実をどう考えるかということにふたたび焦点を当てる。本書ではこれまで、子どもを出産することは、子どもとの関係を築く上での重要なきっかけのひとつではあるが、不可欠でも、核心にあるものでもない、と主張してきた。このことを本章では、産む母親の側ではなく、産まない親である父親や養親の側から考察していくことにする。妊娠出産に関しては間接的にかかわる父親や、あるいはさらに隔たったところにいるように見える養親の側から、母親へ、また「生殖」全般へと、通常とは逆方向に視線を投げかけることによってはじめて見えてくるものがあると考えるからである。

一、生殖における「核」と、そこからの隔たりによる「親」の「序列」

1 妊娠出産という生殖の「核」と境界線

生殖において、女性と男性とのあいだに強固な境界線をかたちづくっているその源をたどれば、女性のみが妊娠出産するという生物学的事実や、さらに、そのことを生殖における核心に据える人々の見方に行き着くことはすでに見てきた。妊娠出産それ自体は、妊娠期間と産褥期に授乳期間を加えてもせいぜい二年に過ぎないのに、神秘化され、象徴的な意味を付与され、実際を超えて肥大化した結果、その影響は、大した根拠もなく、この期間の前後に、ときにはそれを遥かに超えて広く及んでいるのが実情である。影響の大小を問わなければ、産むか産まないか、産んだか産んでいないかにかかわらず、女性の人生全般に、そしてそれがないというういわば「ネガ」として、男性の人生にまで及んでいると言っても過言ではない[3]。

このようにして、妊娠出産しうる、あるいはしたという一点を根拠に、広い意味で生殖にかかわることの多くが女性の側に割り振られてしまい、男性は、そこに近づきたくても近づききれない隔たりがある反面、自ら距離を取りたいときには容易にそれが可能になるという、男女の非対称が形成される。言いかえれば、決して大げさではなく、妊娠出産という生殖の核を基点に、母親と父親だけでなく、女性と男性一般とのあいだにさえ、境界線が延長され、引かれてしまうのである。

さらに、産まれた子どもが事情によって別の人に育てられる場合も、やはりこの核を基点として、今度は、産んだ女性とそのパートナーである生物学的父親が同じ側に置かれ、育ての親はその核からさらに隔たったところに位置づけられて、両者のあいだに境界線が引かれる。こうして、妊娠出産しうる、あるいはしたという核を基点に、そこからの距離によって少なくとも二本のはっきりとした境界線が引かれることになる。じっさいに妊娠出産をその身体で経験したかどうかという、母親と父親を分ける境界線と、生物学的な親であるかどうかという、生みの親と育ての親を隔てる境界線である（本章では扱うことができないが、ほかにもたとえば、じっさいに産んだ女性とそうでない女性のあいだ、また子どもをもつカップルとそうでないカップルのあいだにも、同様の境界線があるだろう（本書3章・終章を参照））。

2　生殖における間接性と二次性

このように、妊娠出産そして授乳の一連の過程を生殖における核とみなす見方にしたがえばこそ、産む女性は自らの身体でそれを直接経験するのに対し、父親は、身体的には間接にしかそれを経験しえないという、一見揺るがしがたい、明確な境界線が立ち上がってくる。このときの、母の子への、あるいは妊娠出産を中心とした生殖過程への距離のなさを「直接性」と形容するとすれば、それ以外の、妊娠出産過程を自らじかには経験しておらず、子どもの近くにいるのに母親ほど近づききれないと信じられている人、代表的には父親あるいは養親は、子どもや妊娠出産、そして多くの場合育児を含めた生殖過程に、何らかの隔たりを介して「間接的に」かかわっているとみなされることになる。つまり、母の子への、そして生殖過程への直接性を基準としたときの、その否定あるいは欠如としての「間接性」である。または、母親を介して、あるいは母親越しに子どもや生殖過程にかかわるという意味での「間接性」でもあるだろう。

さらに言えば、このさしあたりは身体的な「直接性／間接性」は、多くの場合、子どもとの結び付きという観点から見た、親の「一次性／二次性」にも通じている面がある。つまり母親が、子どもや生殖過程へのその直接性ゆえに、子どもともっとも緊密に結び付いた、その意味で「一次的」(primary) な、いわば「第一の親」(primary parent) であると考えられるとすれば、父親は、妊娠出産をじかには経験していないというその間接性ゆえに、母親に並び、あるいは凌駕することが原則として不可能な「二次的な親」だとみなされることになる。さらに、産まれた子どもが事情によって別の人に育てられる場合、その養親は、産んだ母親と、(多くの場合) そのパートナーであり、もうひとりの生みの親である父親から、より遠く隔たったところに位置づけられうる。

じっさいに、私たちが日常用いる「母親」という言葉には、子どもを産んだ人という意味だけでなく、子どもともっとも強い心身の結び付きをもっている人、その意味で「第一の親」という意味もまた、無自覚に含まれていることが多いのではないか。しかも、それらは単に併存しているのではなく、妊娠出産を自ら経験した結果、産まれた子どもと一番緊密な心身の絆を築くのだというふうに、因果的に理解されてもいる。そしてこの子どもとの緊密な結びつきは、出産前後だけでなく、子どもを育てているあいだ中、あるいはそれを超えてもなお、かたちや濃淡を変えつつ継続するものとさえみなされる。

3　親の「序列」

すると、右のような直接性／間接性、また一次性／二次性という観点から見るとき、子を産んだ母親を頂点とする、「親」の「序列」のようなものがあるように見えてくる。というのも、理論上はあらゆる人に開かれているはずの、子どもとのもっとも強い結び付きが、現実には、産んだ女性というたったひとりの人に、そしてそのパートナーのもつとされる二次的な結び付きにまで広げれば、たったふたりの人に限定されてしまい、それ以外の人に、その結び付きへとアクセスする道がはじめから閉ざされているように見えるからである。その他の人々に残されているのは、二次的な結び付きか、あるいはそれよりさらに劣る結び付きだけであることになる。そしてその他の人々は、つねに、妊娠出産を身体で直接経験した最高度の結び付きをもつ親（＝産みの親）のことを意識しつつ、それに及ばないことに、やりきれなさや引け目、申し訳なさ、あるいは諦めを感じることになりうる。こうして、決してまたぎ越えることのできない厳格な「序列」を、複数の親たちのあいだに最初からつくってしまっていることになる。

イレーヌ・テリーはこのような序列を、本書とは少し異なる観点から、「夫婦間の生殖に基づいた家族」と、そうでない家族とのあいだに見て取る。フランスにおいてはかつて、夫婦間の生殖に基づいた家族[4]が絶対のモデルとされ、そうでない家族、たとえば完全養子縁組（日本の特別養子縁組に相当する）や第三者が関与する生殖医療を利用した家族は、そのモデルに見せかけること、少しでも近づこうとすることが暗に求められていたと言う。

「わたしたちの社会はそうした家族［完全養子縁組や第三者が関与する生殖医療による家族］に、夫婦間の生殖に基づいた家族のように見せかけることを要求しておきながら、基準となるモデルの完璧さには決して到達できないと考えられる贋金のようなものとみなし続けてきた。こうして、生物学的親ではない人たちの心を苛む不安と正当性の欠如という感情が生み出されたのである」（テリー二〇一九：一五〇、［　］内引用者、以下同様）。

つまり、最初から乗り越えられない序列をつくっておきながら、同時に、最上位に位置する（婚姻関係にある）生みの親に少しでも近づこうとすることが望ましいとして、生みの親でない人たちを虚しい努力へと駆り立てていたというのである。

松木も、日本における養子縁組や第三者のかかわる生殖技術、施設養護など、非実子、非家族的な養育を広く視野に入れた文脈で、家庭での実子の養育を頂点とする「序列」の存在を指摘して、次のように批判する。

「非実子主義的あるいは非家族主義的なオプションは実子主義的かつ家族主義的な子育てがもつ引力にさらされている。この引力は、実子主義的かつ家族主義的な子どもへのケアを最善のものとする序列によって成り立っていて、〔著者作成の図における全四象限のうち〕第一象限〔実親による実子の養育〕以外の形態のケア〔養子縁組による子育てや第三者のかかわる生殖技術の利用、施設養護など〕は、経験の面でも制度の面でも、第一象限より下位にあるものとされる。この序列によって、〔…〕養親子関係は実親子関係に擬制され、〔…〕子どもの妊娠・出産に関与した第三者の存在は忘れられるべきことになる」（松木二〇一六：三〇、傍点引用者、以下同様）。

松木はまた、テリーが「夫婦間の生殖に基づいた家族」をモデルとして、そうでない家族をそれに近づけさせようとすることを批判したのと同様、次のように言う。

「養親が養子を『実子のように』育てようとすることは、それ自体が批判の対象になるべきではないにせよ、その環境や行為を『家庭的』あるいは『実子のように』と表現することには、それらのオプションを『模倣』におとしめる含意がある」（松木二〇一六：三二）。

本書では、テリーや松木のように、生みの親と育ての親のあいだだけでなく、さらに母親と父親のあいだにも「序列」を見ているから、その場合、「序列」の頂点にいるのは、妊娠出産やときに授乳を自らの身体を通して直接行った母親であることになる。そして生みの親ではあるが、間接的にのみこれらにかかわる父親がその次に、そしてそれ以外の「親」がさらに「下位」に位置づけられてしまうことになるだろう。

本章が問いたいのは、このような産むことを頂点とした、「直接性」の程度による親の「序列」づけであり、またそれを固定的に見る見方である。これに対し私たちは、産むこととは別のところで「第一の親」がかたちづくられるのだと考える。言いかえれば、生殖の核を、産むことからほかへ移すことによって、妊娠出産の経験の有無が、母親とほかのだれかのあいだに、また血縁の有無が、生みの親とそうでないだれかのあいだに、越えがたい境界を作っているわけではないことを示せるのではないかと考えている。

二、父親の間接性あるいは二次性

1　父親の間接性から二次性への横滑り

右記の、母親—父親—養親という「序列」のうち、まずは母親と父親のあいだの序列に焦点を当てて考えてみたい。先に私たちは、生殖における女性と男性とのあいだに強固な境界線をかたちづくっている源をたどれば、女性のみが妊娠出産するという生物学的事実に行き着くと考えた。たしかに男性は、妊娠出産を自らの身体で経験することができないから、その経験の有無に焦点を当てるかぎり、母親とそれ以外の親のあいだに、決して越えられない壁がそびえ立っているように見えてくる。

しかし問題は、父親が妊娠出産そしてそれに続きうる授乳という一連の身体的過程に間接的にしかかかわれないことよりもむしろ、そのあくまでも限られた期間の身体的な間接性が、それ以降のはるかに長い養育期間全般におよぶ、子どもとの関係における父親の「二次性」と混同され、前者が後者へと横滑りし、ときにすり替えられてしまう点にあるのではないだろうか。

乳児のあいだだけでなく、その後の長期にわたる子どもとの関係において見たとき、多くの場合、心身ともにもっとも子どもの近くにいて、子どもと緊密に結び付いていると考えられるのは、母親である。このときの関係の「直接性」は、妊娠出産そして授乳期の直接性とは性質が異なるはずである。後者では、それがすべてではないにせよ（本書2章を参照）、物理的な身体の直接性あるいは近さがその基礎を成しており、母親の身体しかそれを担うことができない。これに対し、幼児期以降の子どもとの関係においては、母親の身体が物理的に不可欠なわけでは必ずしもないから、母親は、少なくとも理論上は代替不可能ではない。それにもかかわらず、たいていは、産後すぐ、あるいは乳児期までの母子の直接性と、その後の長期にわたる母子の（関係における）「直接性」とが、区別されることなく、連続させて考えられる。

こうして、子どもとの心身ともに緊密な結び付きという観点から見たときも、子どもに一番近い、その意味での「第一の親」は母親であり、それに次ぐ「第二の親」が父親であると、疑うことなく考えられてしまうことがままある。つまり、生殖における母親の子どもへの身体的な直接性が、母親が「第一の親」であることへと切れ目なくつなげられ解釈されることの裏返しとして、父親が妊娠出産をじかには経験していないという「間接性」が、彼らが「第二の親」であることへと、疑うことなくつなげられ解釈されているのだと言える。言いかえれば、産むことと第一の親であることとを連続させる「母性」の見方の[5]、母親に対するのとは逆の影響が、父親の見方にもまた及んでいるのだと言える。たとえば、じっさいには母親よりも父親の方が、子どもとより緊密な関係を築いている家庭であっても、第三者あるいは当人たちですら、父親を「第一の親」とみなすことは容易ではなく、産んだことを根拠に、何とはなしに、母親を「第一の親」とみなしてしまいがちである。必要以上に、産んだという事実に依拠しようとする見方は、現在でも、それほど強く人々に根付いている。

2 「育てること」を中心に置いた父親の再定義

そうだとすれば、母親の側からだけでなく、父親の側から見た場合もやはり、産むことと育てること、また、産むことと第一の親であることとを、意識的に分離して考える必要があると言える。それらを分離して考えることは、言いかえれば、3章、4章で試みたように、生殖における核を、産むことから別のところへ移して考えることである。具体的には、育てることと、それにともなう子どもとの心身の緊密な結び付きへ、（さらに言えば、そうした子どもとの関係がその人の存在の基盤になるよう再編成されることへ）と移すことである。このように核を移すことによって、産んだ母親だけでなく、育てることを通じて子どもと緊密な関係を築いているだれもが、「第一の親」とみなされうるようになる。

① ルディックによる「母親」の定義の再確認

ここでふたたび、ルディックによる新たな「母親」の定義を思い出しておきたい。ルディックは「母親業」を、子どもの基本的な要求を満たす「労働」あるいは「実践」とみなし、この実践が「当人の生活の重要な一部を占めている人」（Ruddick 198: 40）は、だれもが「母親」であると考えたのだった。

「私の語法では、彼らが『母親』であるのは、母親業を定義する要求を満たすことに彼らが専心しているというだけの理由、その限りにおいてのみである」（Ruddick 1989: 17）。

この定義は、生殖における重心あるいは核を、産むことから母親業に携わることへと移したのだと言える。このことによって可能になったのは、性別にも、産んだかどうかという事実にもかかわらず、母親業に中心に携わる人々を、そのかぎりで、「母親」であると考えることである。この考え方によって、母親であることはひとりの人に排他的に、またほぼ永続的に帰属されるものではなく、父親と養親を含むあらゆる人に開かれる、また複数の人が同時に、あるいは時期をずらして担うことが可能な、動的で、つねに変化しうる「状態」であることになる。ルディックが、性別にも産んだかどうかにもかかわらないそれを、にもかかわらず「母親」という言葉で呼んだことの是非については4章四節で考えた。その上で、本書では、それ以降、ルディックが「母親」と呼んだものを「第一の親」と呼び換えて考察しているのであった。

②　ダウドゥによる父親の再定義

さて、右のルディックと同じような再定義の試みを、父親であることに関して行ったのが、ダウドゥである。彼女は父親であることを、「育てること」（nurture）を中心に置いて定義し直そうと試みる。その試みには、伝統的に父親であることを構成すると考えられ、今でも優位性を保っている、父親の見方に対する挑戦という意味合いも含まれている。[6] 従来の、そして今も根強い、父親の概念を構成する三つの要素とは、生物学的父親（血縁）、婚姻上の父親（法律上の父親）、そして経済的に子どもを養う者としての父親（扶養者）という要素である。彼女は、これら三要素に勝るものがあると考える。それは、子どもを育てるという実践であり、また、その実践が築き、維持している子どもとの関係である。そしてこれらを、右の三要素に代わる父親であることの中心要素であるとみなす。彼女は、自らの考える「育てること」を、次のように規定する。

「育てること（nurture）とは、人々の行いによって評価される世話――身体的、感情的、知的、精神的な世話――と、子どもの積極的な発達に及ぼす結果とを意味する。それはさまざまな年代の子どもの異なるニーズに対応するものである。このように、育てることは、静態的な概念ではない。それは単に何かを行うこと以上を意味する。またそれは、物事がなされるやり方や、子どもたちにとってのその結果をも含意する」（Dowd 2000: 175）。

ここでの「結果」とは、育てることを通じて形成される子どもとの緊密な信頼関係だと考えてよいだろう。ダウドゥは、このような、育てるという実践とその「結果」による父親の再定義を、生物学的な「地位」、また婚姻上の「地位」、そして扶養者という経済的な「地位」による定義に対抗させる。「地位」に対して「実践」を優先させるこの点も、ルディックと共通している。たしかに地位による定義はわかりやすく、判定しやすいが、その反面、硬直化した基準であるという欠点があり、たとえば、婚姻関係を超えて、すなわち離婚して別居した後も維持されている父親であることが現に存在するという実態をとらえ損ねてしまいかねない。他方で、ほとんど子どもに関心をもたず、あるいは疎遠になってしまっている生物学的父親を、血縁があるというだけで、じっさいに愛情をもって育てている父親よりも優位に置いてしまう恐れもある。

これに対し、「育てることという、よりニュアンスを許容する基準は、多様な定義や多様な理解、そして、育てることの基準が満たされる際の差異へと開かれている」（Dowd 2000: 176）と、ダウドゥは自負する。つまり自身の定義は、瞬時には判定しがたい難点はあるものの、本質に依拠しているため、より柔軟であり、微妙な差異を含む父親であることをとらえ損ねることが少ないのだと彼女は考える。

ダウドゥはまた、子どもを経済的に養う「第一の扶養者」（primary breadwinner）としての父親の見方は、「男らしさ」の見方に深く根付いているだけに、より手ごわいと考える。たしかに経済的に子どもを支えることも、子どもの生活や幸福のためには必要であるが、彼女はこれを、父親であることの定義からは慎重に外す。というのも、経済的な支えが子どもに必要不可欠であることと、それを満たす人が父親であることとは別のことだと考えるからである。そのように彼女に厳密に考えさせ、その点を譲らせないほど、子どもと接する時間が少ないか、まったくない父親が、それでも子どもの金銭的必要を満たしているという理由から、父親としての最低限の務めは果たしていると自他ともに考える傾向はいまだ根強い（cf. Dowd 2000: 7）。法律に関する場面では、たとえば、離婚後に養育費を払えていない父親が、それを理由に子どもに面会することを制限されてはならないとダウドゥは主張する。そのことは、子どもを愛情をもって育てている単身の母親が、子どもを経済的に養えていないからといって母親失格であるわけではないと考えられるのと同様である。このように、経済的に養うことと、ダウドゥの用いる意味での育てることとは、切り離して考えるべきだと彼女は繰り返し強調する。父親の見方における、この経済的扶養の根強さは、ちょうど、母親の見方における「産む（産んだ）こと」の根強さと対照をなしているように見える。母親においては、産んだという事実が根強い影響をもち、じっさいの子どもとのかかわりや愛情が少ない場合でさえも、それをきっぱりと退けて、育てることや、その過程で形成される緊密な関係の方に重心を置き換えて見ることは容易ではない。

③　父親の置かれた特殊性

以上のようなダウドゥの試みは、一面では、ルディックの母親業による「母親」の定義を、父親に焦点を当て考察する文脈でも一貫して遂行する試みだと言える。このようにダウドゥは、定義に関しては、母親であることのみならず父親であることをも、「育てること」によって定義すべきだと考える。この点では一貫しており、ジェンダーによる扱いの差異は考えていない。ただダウドゥは、育てる者はみな一律に「母親」であるとみなしたルディックほど、単純にも考えない。ルディックは、母親業に専心するものはみな「母親」であると定義し、第一の「母親」と、いわば第二の「母親」（通常の父親）とを、質的に一切区別しなかった。この点ではルディックは、よい意味でも悪い意味でも理想主義的だと言える（よい意味では、本来「母親」のうちに質的差異がないのが理想であり、その点を明確にして妥協しないからであり、悪い意味では、すぐ後に見るように、現状はそこからほど遠く、現実に即していないからである）。

　これに対してダウドゥは、父親に焦点を当てて考えるときには、母親を考える際にはなかった、父親に特有の性質に突き当たると考える。それは、多くの父親たちが現実に今も担っている育児における二次的な役割であり、それを担っているがゆえに重要な、第一の役割を担う母親との関係性であるという。ダウドゥは、理想よりもまずは現状を重くみる立場から、現実の父親の多くは第二の親であること、言いかえれば、第一の親である母親を支える役割を担っていることを重視する。彼女によれば、「父親が核の親の役割を五〇％共有すること、あるいは彼ら自身が核の親であることは、よくある例ではない」（Dowd 2000: 160）。だから、現実に即して、あるいは現状を出発点として、そこからよりよい父親のあり方を考えようとするならば、父親であることを母親との関係を抜きにして考えることは難しいと考える。言いかえれば、母親であることとは異なり、父親であることを考える際には、完全なシングルファザーである場合を除き、つねに母親がその中心にいるのだと言える。

　「重要なことは、父親であることは、母親であることから切り離して定義されてはならないということである。父親と母親のつながり、あるいは／そして、父親とほかの世話人たち（caregivers）とのつながりは、どのように再定義された場合でも、父親であることが成功する実践にとっての核心であるから、そのつながりに注意を払わなければならない」（Dowd 2000: 206）。

　ダウドゥによれば、父親であることとは、この意味で、母親であることにもはるかに増して「関係的」に成り立っているのだと言う（cf. Miller 2011: 155）。そこで次に、父親のこの現実の二次的位置づけと、切り離して考えがたい母親との関係性について、より詳しく見てみたい。

3　父親の「二次性」と母親との関係性

ここ数十年ほど、他の先進国と同様、日本でも、多くの男性が育児に関心をもち、かかわるようになってきていると言われるが（多賀二〇〇六：一三一を参照）、単に育児にかかわる時間や関心の増加だけでなく、父親のかかわり方がどのようなものなのかにも、慎重に目を向ける必要があるだろう。じっさい、ひとくくりに育児と呼ばれていても、父親のかかわり方は母親のかかわり方と異なる場合が多い。[7] 男性の育児への関与がより大きい国でさえその相違は顕著であるという。たとえば父親は、比較的年齢の大きい子どもの遊び相手や、勉強をみる、しつけをするなどの補助的役割であったり、遊びやスポーツをともに楽しむなど、自分の時間の空いたときに比較的自分のペースでできる「特殊な」（Miller 2011: 77）かかわりが中心となることが多い（Schaefer: 2016）という。ところが、「このケアのスタイルは、どちらかの親（あるいはだれか）が引き受けなければならない、すべてを含んだ（all-encompassing）、第一のケア／考える責任（primary caring/thinking responsibility）に、他のだれかが携わっているときのみ可能になる」（Miller 2011: 77）ことに注意する必要がある。つまり、毎日の食事や着替え、おむつ替え、泣いたり機嫌が悪いときのあやし、寝かしつけなど、日々の待ったなしの子どもの要求や必要に応える、育児の基底となる部分の多くを母親が担いつつ、母親が育児の全般を見渡し、「考え」ているからこそ、父親は「特殊な」、相対的に見れば、楽しくやりがいのある育児の領域を引き受けることができるのである。

> 「複数の研究で指摘されているのは、男性が育児により多くかかわるようになっているものの、だからと言って、男性が子どもの第一の（*primary*）責任を担うことはあまりなく、子どもとの特殊な仕事や活動にかかわることにより多くの時間を費やしていることである。しかもそれらの仕事も、依然として第一の責任を担うよう位置づけられる、妻／パートナーによって調整（arrange）されていることが多い」（Miller 2011: 33）。

ここで「第一の責任」と呼ばれるのとほぼ同じものが、先の引用では、「すべてを含んだ（all-encompassing）、第一のケア／考える責任（primary caring/thinking responsibility）」と言いかえられている。つまりそれは、まず、かりに助けが得られなくても、ひとりでもすべての作業をこなせる能力と経験と用意があることであり、また日々の、地味であっても、後回しにすることができず、ほかの世話の基盤になるような世話を担うことであり、さらに、ただ作業をこなすだけでなく、全体を把握した上で、今、何をどのようにすることが子どもにとって一番良いか、迷ったときに決断をし、思い通りにいかなかったときに軌道修正するなど、方針を決め、大小の判断を行うために、全体を見渡して「考える」ことであろう。

たとえば、食べさせたり、一緒に遊んだりするときは、そのときだけを考えるのではなく、長期的な心身の健全な発達、あるいは行儀や社会性の習得にも気を配る必要がある。少し大きな子どもの場合、子どもの交友関係や行動範囲を把握し、園や学校、習い事の先生や保護者とのやりとりの主要部分を引き受け、それらのスケジュールを把握し、子どもの心身の状態や言動の変動にも日頃から気を配っていることを背景に、日々の世話や子どもとのやりとりが位置づけられ、行われる。

このように、育児の根幹部分を担い、全体を把握して重要な判断を行い、日頃かかわっている人（配偶者や学校園、祖父母、ベビーシッターなど）のだれの都合が悪くなっても、最後まで逃げられない最終的な責任を負うのが、現状では、多くの場合母親であり、他方、それらの仕事の一部を、自分自身の生活が許す範囲で、しかも得意なものを中心に、選択的にあるいは割り振られて担うのが、多くの場合父親だということだろう。その際、必ずしも全体を把握していないから、分からないことがあれば母親に尋ね、ときに指示を受け、終わったら、起こった出来事や様子を報告する……という具合である。あたかも、全体と長期的な影響につねに気を配る管理職と、上司の言われた通りに動く部下、あるいは責任の制限されたパートタイム労働者の関係のようである。[8]

4 父親の「間接性／二次性」に対する反応の両義性

① 間接性と二次性の混同による父親の両義的感情

では、父親自身は、育児においてこのように、しばしば二次的な役割しか果たせないことをどのように考えているのだろうか。そのことは、男性が、妊娠出産前後の身体的過程に間接的にしかかかわれないことと、少なくとも父親や周囲の意識において密接な関係がある。つまり、ここにも、間接的にではあるが、私たちが問題の中心だと考えてきた、産むことと育てることとを結び付ける見方が、少なからず影響を及ぼしていることが分かる。

父親にとって、育児における二次性は、妊娠出産前後の身体的過程における間接性と同様、都合の良いもの、納得できるもの、あるいは仕方ないと甘受するものにもなれば、疎外感やもどかしさ、引け目や非力感を抱かせるものにもなりうる、両義性をもっていると言える。子どもとかかわる喜びや、それが自分にもたらす影響に焦点が当たるときは、間接性や二次性は、疎外感やもどかしさ等の源となるが、逆に育児の苦労や負担に焦点があたるとき、男性にとって二次性は、そこから逃げたり、距離をとるのを容易にする。ただじっさい、ほとんどの場合、この両面は、混ざり合って共存し、時期や状況に応じて、そして何よりパートナーとの関係やパートナーの態度によって、どちらが優勢になるかはつねに変化しうることだろう。

『父親であることを理解する』で、インタビューに答えた父親たちは、一面では、自らが、妊娠出産する母親に比べて、「遅れて」親になること、また子どもの育て方を本能的に知っているか、あるいは妊娠出産・授乳という子どもとの身体的密接性を通じて「自然と」体得すると彼らが信じる母親と違って、自分は育児に関する「学習」を必要とする「初心者」(novice) であることを謙虚に受け入れている。つまり、妊娠から授乳までの自らの身体的なかかわりの「間接性」を根拠に、「二番目の」親であることを受け入れているように見える。「男性たちは、妻／パートナーがどのように母親をするか (mother) を本能的に知る能力があると信じて安心する」(Miller 2011: 55) かたわら、「自分が前もって父親の本能あるいは知識をもっているとは思わないこの領域において、自分たちを意欲的な学習者 (willing learner) と位置づける」(Miller 2011: 58) のである。

しかし他面では、このかかわりの「間接性」と、それと連続させられていると信じられている親としての「二次性」は、積極的に生殖過程にかかわりたい男性に、「つながりの断絶 (disconnection)」、孤立（detachment）、否定、嫉妬の感情」（Miller 2011: 55）を抱かせもする。「男性たちは、女性や、女性の世話する自然な能力に密接に結び付けられてきた領域から、排除されていると感じ（あるいは実際に排除され）うる」（Miller 2011: 42）[9]。

子どもとのより深いかかわりを望んでいる父親にとって、自分が子どもを産んでいないという事実は、大きな壁となって立ちはだかりうる。彼らは、つねにこの「間接性」に密接に結び付けられた「二次性」と、言いかえれば子どもとのあいだにある、見えない隔たりと戦い続けなくてはならない。子どもに向かって、もどかしさを感じながら、霧をかき分けるように手を伸ばし続けなくてはならない。少しでも「本物の」親――産んだ親に近づけるように。

一方で、先にも触れたように、この間接性／二次性は、産んでいない者、つまり父親に、子どもとのかかわりから逃げる余地を、あるいは一定の距離を取る余地を与える。産んでいない者には、「選択」の余地があるかのように。親になるかどうか、どの程度、どのように子どもとかかわるかどうかの選択の余地である。すぐに思い浮かぶのは、相手の予期せぬ妊娠を知って逃げ腰になったり、突き放す男性、あるいは子どもが生まれても相変わらず自分中心の生活を続ける父親などだろう。しかしそうでなくても、今は重要な仕事を抱えているから仕事に集中し、それが終わったらたっぷり子どもとかかわろうという、先に比べればずっと「ささやかな」選択や融通さえも、母親にとっては贅沢な、手の届かないものであることが多い。

このように見ると、多くの男性が二次的な親の役割を担っているのは、必ずしも、男性が生殖の身体的過程に間接的にしかかかわれないという生物学的性差からじかに帰結するわけではないにもかかわらず、後者はしばしば、男性が育児に二次的にしかかかわれないこと、ときには排除されているように感じることを甘受する理屈として引き合いに出されたり、あるいは育児から距離を取るための自他への言い訳として用いられる。当の男性にとって、また周囲にとっても、半ば無自覚に、両者が連続するものと理解され、混同され、ときにすり替えられているのだと言える。このような混同やすり替えによって、父親と母親とのあいだに、妊娠出産期だけでなく、その後の養育期においても、あたかも動かしがたい境界が立ちはだかっているように見えてしまうのだろう。

②「男であること」と父親の二次性

男性の二次性に対する両義的反応は、「男らしさ」あるいは「男であること」というジェンダー意識を考慮に入れると、さらに複雑であることが分かる。「男であること（masculinity）という社会的概念は、世話をするという、典型的な育てる仕事（the typical nurturing work of caring）を含んでいない」（Cahn 1999: 542）。ダウドゥも、男であることが語られる際に、「父親をすること」（fathering）に注目する視点が欠けていると指摘する。女性を語る際には逆に、フェミニストであれだれであれ、母であることに関する議論がともなわないことはないというのに。

「男であること」の概念に、「育てること」は含まれず、代わりに、賃金労働に携わり、「第一の稼ぎ手」（primary breadwinner）であることが、いまだにその中心部分を占めている場合もある。すると男性にとって、「無償の養育や育児」にあまりに深く携わることは、「賃金労働がしばしばその中心にあって、高く評価される、男らしさのヒエラルキーの枠組みに立脚し、その中で理解される自己同一性の感覚に脅威を与えるもの、あるいはその自己同一性を弱体化するものと知覚され、経験されうる」（Miller 2011: 42）。その枠組みでは、世話すること（caring）は「女性的」で、しかも賃金労働に比べ、「本当の仕事ではないと過小評価して見られ」（Miller 2011: 42）るからである。

> 「[社会のかたちづくる]男であることが、育てることや世話を、女性的とか、男らしくないこととみなすかぎり、また、女性的とラベリングされた事柄を評価せず、スティグマ化するかぎり、男性は女性モデルから学ぶことから締め出されるか、あるいはそれによって葛藤を感じるだろう」（Dowd 2000: 181）。

かりに、男性が自ら育児に深くかかわりたいと切望し、育てる父親であることを自らのアイデンティティに積極的に組み入れようとしたとしても、そのことは必ずしも、「第一の稼ぎ手」であるという、もうひとつの男性の主要なアイデンティティを揺るがし、変化させるには至らないから、男性はしばしば、両者のあいだに挟まれて揺れ動くことになる。

> 「[一部の]男性は、自分自身を育児にかかわる父親と位置づけ、『女性の役割に結び付けられてきた仕事をやることにもっとかかわる』ことを望むが、彼らはまた、深く根付いた、ジェンダー化された期待や実践に囚われてもいる」（Miller 2011: 78）。

もっと育児にかかわりたいという父親の希望は、必ずしも妻／パートナーと同じように育児の「第一の責任」を担いたいということと等しいわけではない[10]。じっさい賃金労働という「男性にとっての主要な責任」は、彼らにとって、育児中心の生活からの「逃げ道」と認識されうる（Miller 2011: 80）。しかし一方で、出産直後に子どもとの密接なかかわりを形成した場合、そこから離れて、本格的に賃金労働に戻ることは、彼らにとって「つらい分離」と感じられもするとミラーは言う。

「［インタビューされた］何人かの男性は、仕事に戻ることが『つらい分離』［…］であることを予期している。フランク［そのひとり］の言葉によれば、『「もっとも大きい恐怖」は、「［子どもと］密着しすぎることだ。私はまだ稼ぐ必要があるのだから」』」（Miller 2011: 79）。

このように、社会や自身がかたちづくってきた「男であること」の観念が、父親が育児により深くかかわろうとする際のブレーキとして働いてしまいうる。一方、母親は、これとはちょうど反対のブレーキを経験しうると言える。母親がかりに男性と同様に働いていたとしても、子どもを育てることに深くかかわる「よい母親」であることから距離を取ることは難しい。とくに子どもが小さいうちに、子どもとは別の自分の楽しみや仕事をもち没頭することにうしろめたさを感じたり、あるいは日頃は両立していても、病気や行事など大事なときに子どもを優先しない、またはできないことに葛藤を感じたりしうる（中谷一九九九：六一―三）。[11] さらに、自分に時間と愛情をかけて育ててくれた自分の母親と同じように、子どもにしてあげられないことに罪悪感を抱くこともある。母親は父親とは反対に、子どもを育てることへの深いかかわりから少しでも距離を取ることに困難を覚えやすく、自他の抱く「よい母親」像によって引き戻され、そこに縛られてしまうことがしばしば起こる。

それでは母親は、このような育てることに関する不均衡について、とりわけ男性の二次的な位置づけについてどのように考えているのだろうか。結論を先取りすれば、母親の反応もまた、父親とは反対の意味で両義的である。

5 「母親の門番」(maternal gatekeeping)

ベッチャー&ポラックは、次のような男性と女性のすれ違いを見出す。

「なりたての父親はしばしば、妻と子どものために自分ができる最良の方法は、より多くの収入、あるいはよりよいキャリアを得るためにせっせと働くことだと感じる[…]。しかし、研究を通じて私たちが見出したのは、女性たちをもっとも悩ませているのは、一番いてほしいこの時期に、夫が情緒的に(emotionally)いないも同然であることであった」(Betcher & Pollack 1993: 237)。

母親は、急に降りかかってきた慣れない育児の実質的労働を、夫に少しでも多く分けもってもらいたい、また可能な限り一緒にいて、子どもへの関心とともに心配や気苦労も共有してほしい、要するにもうひとりの当事者になってほしいと感じている。このように母親は、たしかに一面では、多くの研究が示すように、夫が心身両面でもっと育児に携わってほしいと切望しており、それが満たされないことを嘆く。それはしばしば第二子以降をもうけることをためらわせるほどである。

しかしもう少し細かく見ると、母親の反応はそう単純でないことが分かる。母親は父親の関与に、望ましいばかりではない両義的な感情を抱きうるとアレン&ホーキンスは言う。

「女性たちの一部は、主要な育児者であることをいとおしく感じるとともに、憤りを感じ、父親の参加によってホッとするとともに追放されたようにも感じる。彼女たちはより共同して分担するための交渉に、意欲的であると同時にためらいを感じる。男性がより家庭の仕事に関与するようになると、罪悪感とともに解放感を抱く」(Allen & Hawkins 1999: 202)。

そのため、母親はしばしば、父親のかかわりを意識的あるいは無意識的に抑制したり、夫の家事育児能力を信用しないため、結果的にそれを抑制することがありうる。これは研究者のあいだで、母親の「門番」作用と呼ばれている。[12] アレン&ホーキンスの定義によれば、「母親の門番」とは、「家庭の仕事における男女の協同しようとする努力を、男性が家事や子どもの世話を通じて学んだり成長する機会を制限することで、最終的に疎外する信念やふるまいの集まりである」(Allen & Hawkins 1999: 201)。

では、なぜ母親は父親の育児への関与を歓迎しないことがあるのだろうか。それは母親が、社会や職場におけるのとは対照的に、家庭内の事柄に関して特権的な地位と権力をもっており、それを失うことを恐れるからだとアレン&ホーキンスは言う。父親が、部分的にでも母親の代わりになりうることによって。母親がたとえ「外で働いていても、低賃金、低地位で、心理的報酬や昇進の見込みがなく、達成感のない仕事では、それは女性たちの妻や母としての価値ある役割の代わりになれないが、そこ［家庭］では、彼女らは置き換え不可能であり、強い権威と力を行使できる」(Allen & Hawkins 1999: 202)。かりに母親が力をもつことを直接望んだわけでなくても、父親の家事育児へのかかわり方やその技術を低く評価したり、あまり期待しないことによって、「男性が家庭の仕事に対する責任を引き受ける気を失わせる一方」、母親自身は、パートナーの家庭の仕事を「管理し、基準を設けて、規制せ」ざるをえなくなる。こうして妻と夫のあいだにはしばしば、「管理者―ヘルパーという関係」が成立しているという。

「ある妻たちは、夫がする［家庭の］仕事を管理し、委託し、計画し、予定を組み、監督することによって管理者（manager）としてふるまうことがある。［…］彼女らの夫は、自分に要求されたことはするものの、頼まれるのを待ち、明確な指示を要求することでヘルパーとしてふるまう。このやりとりにおいては、［…］妻は、夫の関与を管理し続け、夫をより多くの責任を取ることから遠ざけておく」（Allen & Hawkins 1999: 203）。

（育児と直接かかわらない）家事に関してはここでは措き、育児に限って言えば、このような母親の態度は、結果的に、父親が育児の中心部分にまでかかわり、もうひとりの「第一の親」となることを妨げるように働いてしまう。母親は、一面では本気で、父親がうまく子どもに対処できないことを苛立たしく思う。しかし父親は、産後すぐからずっと子どものそばにいることの多い母親に出遅れてはいるが、ミラーやドゥーセが言うように、育児の潜在能力がないわけではなく、母親自身がそうであったように、試行錯誤しつつ学ぶ機会に開かれてさえいれば、母親がすることは何でも劣らずできるようになるのだとしたら、母親たちは、まさに父親がそうなることを恐れているとも言える。そうなれば肩の荷が下り、より自由になったように感じる反面、自分が子どもから絶対的に求められることがなくなり、代替可能な存在になることを恐れもする。そのことが、父親が育児の核心部分にかかわり、その一部を引き受けるのを妨げるように、半ば無意識に母親を動かせることも多いという（Jordan 1995）。ベッチャー＆ポラックは、「それはしばしば、父親が子どもの面倒を見たときに、適切なやり方をしていないと批判することで、巧妙に行われている」と言う。「たとえば、赤ちゃんを間の悪いときに父親に手渡して、『あらあら、赤ちゃんをそんな風に抱っこしないで』とか、『おむつはそんな風に替えるんじゃないのよ』などと言うことによって」。これに対して、「父親はしばしば、日頃からうまくできていないと感じているだけに、あわてて赤ちゃんを妻に渡して引き下がることで、無意識に共謀する」（Betcher & Pollack 1993: 236）、とベッチャー＆ポラックは言う（中谷一九九九：六三を参照）。

アレン＆ホーキンスもまた、母親だけでなく男性自身が、男性の家庭での二次的な位置づけを歓迎し、その維持に加担している側面があると指摘する。つまり「カップルが共謀して、［性に］分化した家庭役割を維持しようとする側面」である。父親は父親で、「［そのような母親中心の］家庭の権力配分を変えることに抵抗する。なぜなら、彼らは家庭の仕事に責任を負う必要がないこと、それによってほかの興味を追求できることに価値を置いているからである」（Allen & Hawkins 1999: 203）。このように、一面では、母親と父親が「共謀して」、それぞれのジェンダー化された領域を守り、役割分担を維持しようと無意識に動いてしまう。他面では、母親は育児の一方的な負担に不公平さや不満を感じ、父親は、ときに疎外感や無力感を抱くこともまた真実なのだけれど。

三、「第一の親」（primary parent）であること

1　子どもからの「指名」

今見てきたように、「母親の門番」の議論では、家事と育児が一緒に論じられることも多いが、本書の主題のひとつである育児に焦点を絞るならば、母親が父親にもっとも譲りたくないと思うのは、「地位や権力」というよりも、先ほど私たちが生殖の新たな核と考えた、子どもとのもっとも緊密な結び付きなのではないだろうか。つまり、子どもにとっての「第一の親」であること、言いかえれば、子どもがいざというときに、一番一緒にいてほしいと思う親であることなのではないだろうか（そのことが結果的に、母親の家庭での代替不可能性や、母親のもつ「権力」につながっている面は大いにあるだろうが）。

『父親は母親をしうるか？』（*Do men mother?*）で、ドゥーセは、あるカップルの女性の次の言葉を引用している。そのカップルは、父親が途中から専業主夫になり、母親に代わって家で子どもをみるようになったのだと言う。

「マーティン［パートナーである父親］が［育児のために］家にいるようにすることをはじめて決めたとき、私は脅威を感じました。［…］もし彼［子ども］が、私の代わりに父親にもっとそばにいて欲しがったら、私はおそらく平静さを失ったでしょう［…］。私はママでいたかったのです。

私は、夜中に彼［子ども］が呼ぶ人でいたかったのです」（Doucet 2006: 110）。

続けてドゥーセは言う。

「子どもの真夜中の泣き叫びに応えることには、親による保護と世話の核心に触れる何かがある。起きて優しく、泣く子どもに応える親――あるいは眠い子どもが抱っこして欲しいとせがむ親――は、養育を比喩的に凝縮したもの（encapsulation）である」（Doucet 2006: 111）。

子どもは元気で機嫌のよいときは、ふだんそれほど接していない人も含めて、さまざまな人と遊びたがったり、外に関心を向けたりするが、逆に、疲れたり、眠かったり、具合が悪かったりすると、一番一緒にいてほしい人、一番緊密に結ばれている人を求める傾向がある。すると、夜中に目が覚めて泣く子どもが求める親、あるいは転んで痛い思いをしているときに求める親、ドゥーセの言葉を用いれば、「『愛する』子どもに、『静けさ』と落ち着きをもたらす親が、［子どもとの］情緒的絆と結びつきを体現している」（Doucet 2006: 111）のだと言うことができる。

ここには、親の側だけでなく、子どもの側の視点が加わっていることに注意したい。多くの時間を、子どもの必要に応えながら一緒に過ごし、情緒的な結び付きが形成された結果ではあるだろうが、最終的に子どもが、いわば「第一の親」を選び、「指名」しているとも言えるだろう。

子どもが自分のことを、あなたじゃなきゃだめ、あなたがいないと安心できないと必死に求めていること、このように子どもに「第一の親」に選ばれ、指名されることが、最終的にその「指名」された親に、どんなコストを払ってでも、「第一の責任」を引き受けさせる重要な動機づけになっているのではないだろうか。自分以外にだれもこの子を心から安心させてあげられない。自分がいないと、この子が引き裂かれるような思いをしてしまう。そのような、自分しかいないという使命感が、その人を「第一の親」にするという側面がある。そしてそれは、つねに母親であるわけでも、生みの親であるわけでもない。

2 「第一の親」のコスト

他方、指名されなかった親、二次的な親にとっては、たとえば自分が抱っこする我が子が、自分ではない親を呼んで泣き叫び、身をよじらせるのを、半ば押さえつけるようになだめすかしてやり過ごす時間は、ひたすら耐え忍ぶ苦行の時間でしかないと言っても過言ではないだろう。自分は今この子に求められていない、それでもこの子には自分が必要だ、自分にはこの子を守る役目があると、半ば自身に言い聞かせる姿は、報われない片思いにも通じるものがある。このような親――多くは父親――の一部が、自分には子どもに対する母親とは別の使命があると考えたとしても、無意識にそこに逃げ込んだとしても、全面的には責められないだろう。社会の大勢が、それこそ父親のあるべき姿と考えているのならなおさらである。

多くの父親は、妊娠出産や授乳を経験していないことを理由に、子どもとの一番緊密な結び付きをはじめから諦めているところがあるが、もし専業あるいは兼業主夫になったり、シングルファザーになるなどして、子どもに自分が「指名」され、「第一の親」であることの喜びと重みを知ってしまったらどうだろうか。今度はそれを手放すことに苦痛を感じるのではないか。専業主婦（夫）を途中で交代した、先の母親が感じたのと同様に。

そのことはちょうど、多くの女性が、両性間の賃金格差、就職・昇進機会の格差を理由に、キャリアや仕事の達成感、社会的経済的地位などをはじめから期待していないが、それらをいったん手にするやいなや、手放しがたいと感じ始めうることと対照的な関係にあるだろう。

先に見たように、いまだ多くの男性が、「第一の稼ぎ手」（primary breadwinner）という役割に固執しているが、それは現実的には、収入の減少を案じたり、パートナーをはじめ周囲の期待する責任から降りられないからでありうるが、もうひとつには、自らも賃金労働の場で得られるキャリアや達成感、そして賃金労働の結果得られる社会的経済的地位を手放したり、減じたりしたくないからでもありうる。多賀はこれを、メスナーの「男らしさのコスト」（the costs of masculinity）という概念に依拠して、男性が伝統的な「男らしさ」から降りられないからだと解釈する。

メスナーによれば、「集団としての男性は、集団としての女性を犠牲にして、さまざまな制度的特権を享受している」（Messner 1997: 5）が、その反面、「男性たちは、彼らに地位と特権をもたらすことを約束する男らしさの狭い定義に自らを合致させるために大きなコスト（浅い人間関係、健康の侵害、早死）を払う傾向がある」（Messner 1997: 6）[13]。これが「男らしさのコスト」である。多賀はこれをさらに展開して次のように言う。男性たちは、「男性支配体制」を維持し、そこから利益や特権を得るのと引き換えに、深刻な「生きづらさ」を抱えることになるが、それは集団としての男性支配を維持するために必要な「支配のコスト」なのであると。

「長時間労働や、それが引き起こす最悪の結果としての過労死・過労自殺が男性に圧倒的に偏っているという事実は、労働市場における雇用・昇進機会と、そこから得られる所得もまた、男性に圧倒的に偏って配分されているという事実と表裏一体である。［…］つまり、これらの『生きづらさ』は、男性支配体制を維持し、そこから利益や権威を得るために、男性に負担が求められている『支配のコスト』なのである」（多賀二〇〇六：四七―八）。

このような、男性が代償を払ってもこれらを手放したがらないことを指す、（メスナーを基にした）多賀の「支配のコスト」になぞらえて、育児に関しては、主に女性が、仕事のキャリアや自分の時間の犠牲、責任の重さや重労働を代償に引き受けてでも、子どもから「指名」される「第一の親」であることを容易には手放したがらない先のことを、「第一の親のコスト」と呼ぶことができるかもしれない。男性が第一の稼ぎ手であることからなかなか降りられないように、女性は、「よい母親」、子どもにとって一番の親であることから容易に降りられない。

しかし、本書が明らかにしようとしているように、もし母親と父親のあいだに、養育に関して、生物学的差異を土台にした明確な境界がないのだとしたら、母親だけでなく、父親も養親も、だれもが子どもとのかかわり方次第で「第一の親」になりうることになる。このことを、それぞれ別の理由から不都合に感じたり、不安に感じたりする父親や母親が一定数いて、境界線が取り払われることにともに抵抗するのが、育児に関する「門番」作用のひとつだと言えるだろう。

カーンは次のように、女性の「門番作用」に理解を示す。「女性と男性が、互いにますます相手の伝統的な『縄張り』に侵入しているから、女性が家庭での、とくに親業に対する制御を、ある程度維持したいと感じたとしても無理はない」。

しかしその上で、次のように女性を鼓舞する。「女性は家庭での権力を諦めても大丈夫だと感じる必要がある。それが意味することは次のことである。女性は、子どもがきちんと世話されると信じなければならない。さらに女性は、家事労働以外の権力に手を伸ばし、それを引き受けてもよいと感じる必要がある。そして、そうしても家庭内のすべての権力を失うわけではないと感じる必要がある」(Cahn 1999: 541)。

育児でも賃金労働でも、そのもっとも核となる部分、そこには過酷な責任や重労働とともに、それを担っている者にしか味わえない喜びや充実感、自己肯定感がありうるが、その核の部分を、ほかの人に半分、あるいは一部でも譲り渡し、共有することができなければ、ほかの人は、その苦労も喜びも本当には知ることができないし、当人もそれをひとりで担う心身両面の過重負担から解放されることはない。育児で言えば、「管理者—ヘルパー」関係の「ヘルパー」にとどまって、依頼されたことを、整えられた段取りに則って、その場限りで、指示通りにこなすかぎり、その人は「第一の親」にはほど遠く、「第一の親」にのみ味わえる喜びや充実感に手が届かない。逆に、家計を補助する目的で、責任や権限、裁量の幅の少ない単純作業を、不安定で条件のよくない時給や立場でこなすかぎり、働く喜びや、家族の生活を経済的にも支えている使命感や自負を、責任が与えられ、身分や十分な給料が保証されている場合と同等には感じにくいだろう。

このことはしかし、「第一の親」であることが、産んだこととも、女性という性別とも直接には関係ないことを示してもいる。母親が、核心部分の一部を手放すことを恐れず、「父親にも場所（space）を空ける」ことができれば、また父親が、「第一の稼ぎ手」であることへのこだわりを緩め、育児に関する自分の無能を早々と認めてしまわずに（cf. Cahn 1999: 539）、子どもとじかに、責任を引き受けながらかかわることを諦めなければ、父親も、母親と同様に、ときにはそれ以上に、「第一の親」を共有し、あるいはひとりで担うこともできるはずである。

四、「親」のグラデーションとその変動

①「親」のグラデーション

4章で見たルディックの考え方によれば、母親と父親、そして養親とは、彼女の定義する母親であることの度合いによってしか異ならないことになる。つまり、父親も養親も、母親業により深く携わることによって、「母親」である度合いを強めることがあるし、母親が母親業への関与を弱めることで、「母親」である程度を弱めることもありえる。そして両者のその度合いは、さまざまな環境や心情の変化によって、つねに変化しうる。

このような、ルディックをはじめとする、「母親業」という実践に焦点を当てる見方は、出産の有無や性別、法的関係にかかわらず、育児に心身ともに深くかかわる人を、父親であれ、養親であれ、「母親」とみなすのであった。この見方は、本書が主張するように、妊娠出産した母親と、そうでない父親のあいだ、さらに彼らと養親のあいだに、固定化された境界はないことを明らかにする利点が

ある。しかしその反面、父親や養親を含むさまざまな「親」たちを隔てなく一律に見ようとするあまり、今のところ、「母親」の多数派である出産した女親を基準にして、ほかの親も見てしまいがちで、父親や養親の育児、あるいは親子関係に現れやすい特徴を覆い隠してしまう難点がある。

本書は、母親と父親、彼らと養親のあいだに、親としての乗り越えられない差異はないとして境界線を取り払うことを目指す一方で、（性別役割分業の歴史や現状、女らしさや男らしさといったジェンダー意識、生みの親による養育をモデルとする従来の価値観、労働条件、労働現場での性的格差、あるいは養育環境などによって）現に現れている差異には敏感であること、そしてたとえば多数派である母親など、どれかひとつのあり方を典型、あるいは「モデル」として見ないことをも目指しているが、その一見相容れない二種の要素を同時に満たしうるのが、すでに所々で触れている「グラデーション」という見方なのである。[14] その見方からすれば、さまざまな要因によって、現状では、母親や父親、養親それぞれに色濃く現れやすい特徴はあるだろうが、それはたえず濃淡や位置を微妙に変えているグラデーション状のものであって、細かく見れば無数の差異で出来ており、どこのあいだにもはっきりと固定化された境界線は引けないのだと言える。

②　育児の変容と親自身の変容

ドゥーセがその著作で、著作名でもある、「男性も母親をする（mother）か？」という問いを立て、これに、肯定でもあり否定でもあると両義的に答えるとき、彼もまた、私たちと同様の視点をとっていると見ることができる。彼は、ソーンが子どもの遊びに関して提唱する、「ジェンダーワーク」

(gender work) と「ジェンダークロッシング」(gender crossing) という対概念を援用して、母親と父親の「類似性と差異」(Doucet 2006: 218) の両方を考察する。ソーンは、子どもの観察を通して、遊びの場面で、女の子と男の子のあいだに明確なジェンダー境界が打ち立てられるときもあれば、その境界が緩み、ほとんど目立たなくなるときもあり、その境界は、作られたり壊されたりしながらたえず流動しているのだと主張する (cf. Thorne 1996)。

ドゥーセはこれと同じことを、母親と父親の養育に関して主張しようとする。一面では、世間一般だけでなく、当の「父親も母親も、母親と子どものあいだに、[父親のそれと] 異なる、根底的により深い結びつきがあると信じている」(Doucet 2006: 198)。多くの父親たちは、かなりの程度育児にかかわっている場合でも、「決して母親の代わりにはなれない」(Doucet 2006: 121)、(cf. Jordan 1995: 62, 65) と思っている。しかし実際には、母親と父親のあいだの境界は思っているほど堅固ではなく、「かなりの程度の揺れがあり」、「信じていることと実践のあいだには分裂がある」とドゥーセは見る。とくに母親が長期的に不在のときに男性は、女性と同じように「母親をする」(mother) ことができる。とくに母親が長期的に不在のときには、「母親が抜けたスペースに父親はすんなりと入りこみ」、母親がそなえるのと同様の「スキルを発達させることができる」(Doucet 2006: 133)。

しかも、単に母親のやり方を倣い、母親にできるだけ近づこうとするだけではなく、しばしば男性に独特なやり方を展開することさえある。たとえば父親の育児では、子どもを外に連れ出し、体を使った活動を通して自律を促したり、場合によっては、あえて危険を冒すことを厭わないよう導く傾向があるとドゥーセは指摘する (cf. Doucet 2006: 133)。このことは、子どもの生命の維持 (preservation)

と保護（protection）を育児の核とみなす従来の見方からすれば、逸脱かもしれないが、その従来の見方はじつは、多数派である母親の傾向を基準に形成されたものであり、父親の育児は、育児には本来、自律を促したり、あえて危険を冒させるという要素も含まれることを気づかせてくれる。さらに父親の育児は、それを通じて、育児の観念や、典型とされてきた育児のやり方を変容し、拡張してくれる可能性がある。そして父親自身も、育児に深く関与し、「第一の親」（のひとり）となることで、自らの自己把握や、「男らしさ」についての考え方を徐々に変えていくことがあるのだと言う（柏木編一九九三：二三九―四一も参照）。

「男性は、子どもに全幅の責任をもつことの意味の深さを知るようになりうる。この他者への責任こそ、男性としての彼らを根底的に変える。つまり、世話をする機会をもつことは、男性のうちに精神的変容（moral transformation）とみなしうる変化を生じさせる」（Doucet 2006: 206-7）。

同書では、子どもの出生後すぐからではなく、途中から家にいて子どもの世話をするようになった父親が、ある変化について次のように語っている。以前は、彼は、「子どもが夜に泣いてもぐっすり眠っていたが、家にいるようになって数か月後には、乳児の息子［…］が起きると、彼も起きるようになった」のだと。さらに彼は続ける。「私が家にいるようになって二か月後には、彼女［パートナー］は子どもが起きても、もうその声が聞こえなくなってしまって、［今度は］起きるのは私になったんです」。「私には母親の耳があるようなのです」（Doucet 2006: 111）[15]。

そうだとすると、母親と父親のあいだの「ジェンダー境界は、子どもを自分自身で長い期間育てる父親に起こる、感情やふるまいの変化によっても取り払われる」（Doucet 2006: 132）のだと言える。本人がそうとは意識していなくても。

父親が経験する変化は、しばしば、育児に深くかかわることによって、自分が母のように、まるで自分が産んだかのように変化していると形容されることがある（cf. Doucet 2006: 206）。しかしそれは、一部の男性が恐れるように、育児によって「男らしさ」を失い、女性化しているわけでは必ずしもなく、育児と根本的には相容れなかった従来の男らしさを、それと相容れるように、あるいはむしろ「第一の親」であることを土台として、「男らしさ」（そういう言い方がなお有効であるとしてだが）、あるいはむしろ自分であることがはじめて形成されるような方向へと変容し、拡張しているのだと言えるのではないか。

逆の変容が、母親について言いうるだろう。父親が育児の核心にまで入り込み、新しい育児の仕方や子どもとのかかわり方を示すことで、母親には、従来、多くは男性にのみ開かれていた、育児から距離を取る「選択」の余地が生まれる。また、母親らしさの典型から外れていた母親に、さまざまな育児の仕方があってよいし、そこから（一時的にであれ長期的にであれ）身を退く可能性があること、だれかに「第一の責任」の一部あるいは全部を託してもよいことを気づかせてくれる。[16] 言いかえれば、母親のあいだにも無数の差異があってよいこと、あるいはむしろ、産んだ親と「第一の親」という意味合いが混然一体となった「母親」というカテゴリーが、そもそも無効であることを気づかせてくれる。

以上のことから、ドゥーセの主張を敷衍して次のように言えるのではないか。母親と父親のあいだの境界は、「妊娠、出産、授乳、産褥期などの、身体的、情緒的、象徴的な経験を参照して、育児の初期における身体化（embodied）した側面に訴え」て、「父親も母親も、女性の子どもへの情緒的結びつき（emotional connection）に、象徴的にであれ実際にであれ、より大きな意味を与える」とき、動かしがたい確かな境界であるように見えるが、じっさいにはそれは、ジェンダーや生物学的つながりに関係なく、だれもが育児に深く関与する日常の実践の中で、携わる者の自己把握の変容とともに、たえず変わりうるものであり、その境界はなくなったり、あるいは男性の育児の傾向が反映されることで、新たなところに境界が現れ、いずれはそれも薄れたりする、「満ち引き」（Doucet 2006: 134）のようなものなのであると。

おわりに

本章では、妊娠出産を生殖の「核」とする見方が、妊娠出産を直接には経験せず、その意味でその核から隔たっている父親や養親などを、「二次的」な親とみなすことにつながっており、その結果、さまざまな親のあいだに境界線と「序列」をつくってしまうのだと考えた。その後、主に父親の二次性に焦点を当て、それがどのように生じ、維持され、またどのように変容しうるかを見てきた。このことは、父親や養親の二次性は固定した不変のものではなく、父親や養親もまた、主に育てることに深くかかわることを通じて「第一の親」になりうるし、すでにそうなっている側面があるのだと見ることに通じている。次章ではこのような、性別からも、産んだ（生んだ）かどうかからも切り離された、「第一の親」であることを構成しているものは何かについて考察する。そして最終的に、子どもを産んでいない父親も、産んでも、生んでもいない養親も、ともに「第一の親」になることに開かれているのだと改めて主張することになる。

注

1 4章では、ルディックの定義に沿って、括弧つきの「母親」を、女親だけではなくその他の親も含むものと考えたが、女親と男親の差異や非差異を主題のひとつとする本章では、ルディックの主張にかかわる一部を除き、括弧なしの母親を、日常の意味での母親として用いている。

2 序文でも述べたように、本書では、「産む」という語を女性が出産するという意味で、「生む」という表現を、男女ともに生物学的に子どもの誕生にかかわった、つまり生物学的な親であるという意味で用いている。

3 たとえば女性は、幼少期から将来子どもを産みうる者とみなされ、妊娠前でも身体を通じた将来の子どもへの影響を懸念されたり、子どもを産む可能性を理由に就職やキャリア形成上の差別を受けたりすることがよくある。妊娠を望むのになかなか妊娠しないときには、不妊治療の主要な対象となり、出産後は主たる養育者として、長きにわたり子どもに心身ともに一番近い存在とみなされる。孫が生まれれば一番頼りになる助っ人とみなされうる。子どもを産まなかった場合でも、本人の意思にかかわりなく、そのことを強く意識して生きざるをえないほど、女性と産むことを強く結びつける社会的価値観の影響を被ることがある。男性は逆に、どれだけ子どもに深くかかわっていようと、女性がそう見られやすいように、子どもとのかかわりがその人の中心を占めるとはみなされにくく、母親と親権等を争ったときに圧倒的に不利になりやすい。反対に、子どもに対する義務から逃げたり、子どもに大して関心をもたなかったりしても、女性ほど責められることはない。本書3章参照。

4 テリーや次に引用する松木らは、生物学的親であることに加え、（婚外子などを除外して）法的な夫婦であることが、従来典型的な「モデル」とされてきたと考えている。本章では、後者をめぐる問題については、複雑になるため措いている。

5 3章三節2項参照。そこでは、産むことと母親であることの連続性と表現しているが、4章四節以降、後者を

「第一の親」と呼び換えているのであった。一三七頁参照。

6 とくに、彼女の専門領域である法律の分野において根強く残るその優位性に異議を申し立てたという側面が強い。

7 (Lamb 1997: 111-4)、(柏木編一九九三：二四九―五〇)、(多賀二〇〇六：一三四)、(中谷一九九九：五四、五八)。

8 アレン&ホーキンスを引用した本章二節5項の議論を参照。

9 (Mason 1993) は、不妊治療の場で、排除されていると感じる男性の経験を紹介し論じている。

10 下記では、育児にかかわりたい希望が、家庭内での性別役割分業を解消することに直結するわけではないことが指摘されている(船橋二〇一二)。(Miller 2011) も参照。

11 ヘイズは、母親は父親と異なり、たとえば育児を離れて映画に行くことにも、あるいは行っているあいだでさえ、子どものことを心配したり罪悪感を抱いて純粋に楽しむことが難しいと指摘する (Hays 1996: 104)。

12 母親の門番作用については次も参照。(McBride, et al. 2005)、(Gaunt 2008)、(Altenburger, et al. 2018)、(Jordan 1995)、(Peters 1997: 137)、(石井クンツ二〇一三)。

13 メスナーには、ここで挙げた「(男性の) 制度化された特権」、「男らしさのコスト」に加え、「男性間の差異と不平等」という第三の主題もあり、この三つを軸に男性運動を分析する。集団としての男性は支配する側にいるが、個々の男性を見れば、特権をどれだけ享受するか、コストをどれだけ負担するかには大きな差異と不平等があると言う (Messner 1997: 6-8)。

14 性については、ふたつの性があるというよりむしろ「グラデーション」状であるという見方は、すでに人々に浸透し始めている。

15 ほかにも、父親が育児の第一の責任を担っている場合、子どもへの反応や、子どもに対する感情、話しかけ方が母親のそれらと似てくるとする研究がある。(柏木一九九三)、(柏木・若松一九九四)、(柏木二〇一一) などを参照。

16 望まぬ妊娠をした場合の、新生児養子縁組や、最後の手段としての「赤ちゃんポスト」の利用の問題なども念頭に置いている。本書補章、拙稿 (Naka 2020) を参照。

第6章　産むことや血縁を超えた「第一の親」の拡大

はじめに

本章では、妊娠出産の経験と「第一の親」であることを切り離して、妊娠出産とは異なる視点から、「第一の親」について考えることを試みたい。もちろん、妊娠出産の経験が「第一の親」であることに影響を及ぼさないというわけでも、その経験がある人とない人とが、子どものかかわりにおいて、はじめからまったく同じ条件下にあると主張するわけでもない。ただ、「生殖」の核を、妊娠出産から別のところへ移して見ることによって、妊娠出産の経験の有無が、じつは母親と他のだれかのあいだに、越えがたい境界を作っているわけではないことを示せるのではないかと考えている[1]。

一、産むことと「第一の親」であることの分離——育てることへ

さて、妊娠出産から切り離された「第一の親」であることを構成するものとは何だろうか。本書で

は、「第一の親」を、たとえば法的な地位などとは関係なく、子どもとのもっとも緊密な結びつきのある「親」であると考えているから、その問いは、言いかえれば、子どものもっとも緊密な結びつきを形成するものは、妊娠出産の経験でないとしたら何だろうか、ということになる。４章で見たように、ある人たちはそれを、「母親業」（mothering）の実践に見ようとする。その代表がルディックであった。彼女は母親業を、子どもの基本的な要求を満たす「実践」とみなし、この実践が「当人の生活の重要な一部を占めている人」（Ruddick 1989: 40）は、だれもが「母親」（mother）であると考えた。

「私の語法では、彼らが『母親』であるのは、母親業を定義する要求を満たすことに彼らが専心しているというだけの理由、その限りにおいてのみである」（Ruddick 1989: 17）。[2]

このときの「母親」は、本書が呼び換えた「第一の親」に相当すると考えてよいだろう。この見方に則れば、「母親」改め「第一の親」であることと、妊娠出産の経験の有無とを切り離して考えることが可能になる。また「第一の親」は、ひとりの人に排他的に帰属されるものではなく、父親や養親を含むあらゆる人に開かれる、また複数の人が同時に、あるいは時期をずらして担うことが可能な、動的で、つねに変化しうる「状態」であることになる。さらに言えば、母親と父親、そして養親は、ルディックの定義する「母親」であることの度合いによってしか異ならないことになる。つまり、父親も養親も、親業により深く携わることによって、「第一の親」（ルディックにおける「母親」）である[3]度合いを強めることができるし、母親が親業への関与を弱めることで、「第一の親」である程度を

（一時的あるいは長期的に）弱めることも、またそこから退去することもありうる。こうした関与の度合いは、さまざまな環境や心情等の変化によって、絶え間なく変化しうる。このように、「第一の親」を柔軟で可変的なあり方へと開いた点で、この見方の転換がもたらした功績は大きいと言えるだろう。

また、4章と5章で見たように、ダウドゥは、基本的にはルディックの意図に沿いつつも、「第一の親」（ルディックにおける「母親」）を、ルディックのようにただひとつの基準で一貫して見るのではなく、とくに父親については、現状で父親が置かれた特有の文脈に沿って考える必要性を説いて、父親であることを定義し直した。そこにおいて、父親であることを、育てること、つまり母親業とも父親業とも言いかえうる養育によって定義し直そうとする点はルディックと同じである。ただルディックが、母親と父親のあいだには、母親業の実践の程度による差異があるだけとして、どちらも「母親」と呼びうると考えたのに対し、ダウドゥは、父親であることは現状では、母親との関係に強く影響されており、父親と子どもとの関係、あるいは父親の育てることへの関与の具合は、母親によって促進されもすれば、疎外されもする点で、母親であることと質的に異なる（先天的にではなく現状においては）と見る視点を付け加えた。

さて、このような、育てる実践に重点をおいて「第一の親」を見る見方に物足りない点があるとすれば、それはひとつには、親業の実践を、（4章二節でも触れたように）その実践者自身に結び付けて見る視点が弱いように見える点である。ルディックの言うように、母親業の実践がその「母親」の生活の中心を占めるものだとすれば、中心を占めるその実践の積み重ねは、その人の身体のありようや存在の仕方に、根本的な変更を迫るほどの影響があるはずである。

もうひとつは、母親業から親を見る見方は、親が子どもに対して何をするか、どうかかわるかといった、親側の視点が中心であり、子どもの視点からの考察、あるいはそれらが混ざり合った側面の考察が十分ではないように見える点である。

そこで次の二節、三節では、親業に専心していることを、その人の身体や存在のありようを視野に入れたとき、どのように言えるのかを、また続く四節では、子どもの側から見た「親」の形成と、その形成に関する親子の相互作用とを、ほかの思想家を参照しつつ考え進めてみたい。

二、親業における身体性とその変容

メルロ=ポンティが『知覚の現象学』で展開するように、私たちは身体的な存在であり、身体を介して自らの環境に働きかけ、働きかけられる、そうしたかかわりと連動して、自らのあり方をかたちづくっている側面がある。だとすれば、環境が変われば、環境に働きかける身のふるまいも変わり、新しいふるまいを習得し、身体のありように組み込まれるに従って、新たな環境に滑らかに対応できるようになる。そのことは自分のあり方の変容と連動しているはずである。メルロ=ポンティは、タイピングの習得を例に挙げる。タイプを学ぶ人は、キーボードのそれぞれのキーの位置を、客観的な位置としてではなく、「あたかもわれわれが自分の手足のひとつがどこにあるかを知るのと同じように」(Merleau-Ponty 1945: 179)、からだに馴染ませていく。ほかにも彼は、かぶった帽子のつばや、それを手に歩く杖の長さを、自分の身体のあり方に組み込むことによって、新たな世界への働きかけ方を身につけていく例も挙げる。それは、馴染みのないタイプライターや帽子、杖の介入によって変化した環境の新たな意味を、ふるまいの試行錯誤を通じて身体で了解していくことでもある。

「身体が新しい意味によって浸透されたとき、身体が新しい意味の核を同化したとき、身体が了解した、習慣が獲得された、と言われるのである」(Merleau-Ponty 1945: 182)。

これと同じことが、親業の実践においても言えるのではないだろうか。子どもが誕生し、その存在が自分(たち)の生活の中心を否応なく占めることは、おそらく人生の中でももっとも大きな環境の変化のひとつだろう。このことは、その「親」の世界への働きかけ方、身のふるまい方を大きく変えると同時に、自らの存在の仕方も変容せずにはいられないはずである。ひとくちに、子どもの誕生による環境の変化に呼応する身体のあり方の変容と言っても、さまざまに異なる次元の変化が含まれているだろうが、ここでは試みに、次のふたつを取り出して考えてみたい。ひとつは親業を行う中での身のこなし方の変化(以下の1項)で、もうひとつは、子どもとの関係における身体のあり方の構築あるいは変容(以下の2項)である。

1　身のこなし方の変化

まずは、子どもの世話が生活の中心になったことで生じる、身のこなし方の変化について考えてみたい[4]。というのも、子どもの誕生による環境の変化のうち、子どもとの関係もさることながら、それよりも先に、子どもがいる状況への新たなかかわり方——具体的には身のこなし方や時間のかけ方——の習得が緊急の課題となるだろうからである[5]。たとえば、ひっきりなしに世話を必要とする子どもがいることは、自分ひとり、あるいは大人だけの生活とかなり異なる身のこなし方や、時間の使い方を必要とする。同じ家事であっても子どもがいないときと同じような水準で、あるいは時間のかけ方でやっていてはやり終えないために、やり方を変え、ときに要求する完成度のレベルを変える必要がある。また子どものための行動のほとんどが、後回しにできずすぐに対応しなければならないものだから、複数の動作を並行してする必要が出てくる。たとえば子どもを片腕で抱っこしながら、料理をしたり、ものを取ったり。複数の子どもがいればさらに複雑になる。ひとつの行動が、子どもの呼ぶ声で中断されることもしょっちゅうだろう。そこで、たとえば導線をうまく利用して、ある方向に行くときは、その道々にできることをなるべく多くこなすようにするとか、動きながら頭の中でやるべきことの優先順位を瞬時に判断して、緊急性の高いものから手を付けるなど、新たな環境に合った身のこなしが実践されるようになり、その繰り返しにより、それが習慣化していくだろう。そしてそれは、子どもの成長や、他の子の誕生、パートナーや他の人のかかわり方の増減……などによってもたえず変化する。このように、たとえば新人ウェイターが身のこなしを徐々に身につけて、疲れず、効率よく、仕事をこなせることができるようになるのと同じことが親業においても言えるし、そうした点からも、まずは親である（になる）こと、親業を行うことを考える必要があるだろう。

2 身体のあり方の構築あるいは変容

もうひとつは、子どもとの関係における身体のあり方の構築あるいは変容である。たとえば、子どものひっきりなしの呼びかけにどう対応するか、子どもが理不尽に思える泣き方や要求を頑として続けるとき、どう対応するかといった、（1よりもっと）子どもと直接にかかわるふるまいの習慣化があるだろう。はじめは、子どもが泣いたり、機嫌の悪い理由が分からず、言いなりになったり、怒ったり、突き放したりしうるが、何度もそのような場面に直面し、抱っこしたり、言葉を交わしたりする互いの身体の交わりの中で、また、おむつを替えたり、食べ物を出してみたり、寝かせてみたりなどの行動によってひとつひとつ反応や効果を試しながら、比喩的にも、文字通りの意味でも、子どもの目線で状況を見ること、気持ちを想像すること、そして適切な対処の仕方を、繰り返しの中で、「馴染みの知」（un savoir de familiarité）（Merleau-Ponty 1945: 179）として身体で習得していく。

ここで、身体的なふるまい（抱っこの仕方、言葉のかけ方、いくつかのありうる対応の中から適切なものを選んで行う仕方など）の習得が、子どもとの関係の基底にあることに注目したい。対処の仕方を、頭で理解するよりもからだで会得し、染み込ませていくことによって、より子どもの気持ちに近づき、適切な対応の仕方が分かるようになる。[6] そのことはちょうど、繰り返しによって、見ないでもキーボードを打てるようになり、しまいには、キーボードに触れていることすら意識せず、浮かんだアイデアを文章に現実化できるようになることと、複雑さは異なるものの同様に考えられる。

ハミントンは、私たちの身体における、「ケアの習慣化」（caring habit）（Hamington 2004: 56 以下）という次元があると主張する。それは、「[メルロ=ポンティが言うような] タイプを打つような繰り返しの動作という意味での習慣ではなく」（Hamington 2004: 56、［　］内引用者、以下同様）、より複雑で、各々少しずつ異なる状況に、獲得したふるまいを、必要によって柔軟に微調整しつつ適用するような、また、愛情や配慮を、習慣化した身体の動きに乗せて伝えるような習慣である。もし、子どもがけがをして泣いたら、親は子どもの身体を抱きしめることで慰める。それは毎回まったく同じふるまいではないが、似たような状況への応答の繰り返しによって、親の身体は、「ケアの気持ちを伝えるのに必要な微細な動きを獲得していく」（Hamington 2004: 57）のだと言う。また、ハミントンは、親と子どもが何かひとつのことを一緒にするとき、顕在化している身体のやりとりに並走するかたちで、親と子どもの「身体の微細な交わり」が、気づかれないままに「サブテキスト」（Hamington 2004: 59）として進行しているのだと言う。たとえば、子どもが自転車を乗る練習を一緒にしながら、また、寝る前に物語を語り聞かせながら、同時に、親子は身体を触れ合わせ、交わす言葉の声の調子によって、愛情や気遣い、優しさ、安心を伝え、受け取っている。そうした身体的交わりも、基層で、意識されずに生じていることに着目する。

そうだとすれば、泣き叫ぶ子どもは、たとえば一挙に自分の要求が満たされなくても、まずは呼んだ「親」が反応し、抱っこし、語りかけ、いろいろと試してみてくれている、そのようにして自分を気遣ってくれているという、その背景の「サブテキスト」だけでとりあえずは満足するという側面があると言える。逆に、前景化している対処の行為は適切だったとしても、その基層に、身体に乗せたケアの伝達がなかったとしたら、心が満たされることはないのだろう（保育士の心のともなわない業務的な対応など）。

3　身のこなし方の変化（1）と身体のあり方の変容（2）の連動

右に見た1と2は、じっさいには連動し、混ざり合いながら、新しい環境への適応が進んでいくと言える。このように、子どもが生まれ、子ども中心の生活へと、自分を取り巻く環境が変わることは、その環境への自らのかかわり方が変わることであり、それはさらに、そうした環境とのかかわり方によってそのつど形成されている、自分のあり方が変わることでもあると言える。メルロ=ポンティは、新たな習慣の獲得は、「実存のあり方を変えること」（Merleau-Ponty 1945: 179）だと言う。

つまり、子どもとのかかわり、子どもがいる新たな環境へのかかわり方を、徐々に自らの身体的なあり方に編み込み、組み替えていくことを通じて、自分自身のあり方も変容していく。このような過程が、親業の実践の核にはあるのではないだろうか。「母親業」による考察は、このような存在のあり方にまで及ぶ必要があるのではないか。そして、このような環境の変化の渦中に巻き込まれ、翻弄されながらも、その中で新しい適応の仕方を徐々に習得していく過程こそが、「第一の親」（ルディックの言う「母」）に成っていく過程であり、その只中に巻き込まれ、渦中にいることが、妊娠出産の経験に代わる、子どもとの関係や、育児への「直接性」である、と言い直せるのではないだろうか。[7]

逆に、そこに巻き込まれる度合いが少ない人、たとえば子どもの誕生によって、自分の生活や、個々のふるまいの次元でも、環境へのかかわり方でも、（自ら望んでであろうと、やむをえない事情で意に反してであろうと）大きな変容を迫られない人は、その分だけ、「第一の親」であることから隔たりがある、その意味で、「間接的に」かかわっているのだと言い直せるのではないか。

この見方によれば、「第一の親」は、妊娠出産し、授乳した女親、通常の意味での母親である必要はなく、父親も、養親も、また祖父母や、ときには親戚や兄弟、あるいはそれ以外の人も、等しく「第一の親」になる可能性があることになるだろう。

三、「第一の親」に不可欠なもの

とはいえ現実には、子どもが誕生し、子どもが中心にいる環境の変化は、そこにいるだれにとっても同じように影響を及ぼすわけではない。それでは、その中でとくに、ある人（々）を「第一の親」へとかたちづくっていく要因とは何なのだろうか。まずは、親業が生活の重要な中心を占めるほどに、それに携わるかどうかであろう。ただ、おなじ、子どもの親業の実践に深くかかわっている人でも、「第一の親」（のひとり）であると言える場合と、そうでない場合とがありうる。場合によっては親よりも長時間子どもと接し、世話をし、子どもとの関係と子ども中心の環境にかなりの程度巻き込まれていると言える保育士やベビーシッターは、その子どもの「第一の親」（のひとり）でないことがほとんどである。そこに欠けていて、逆に「第一の親」であることに不可欠なものがあるとすれば、それはとくに次のふたつであると考える。

1　代替不可能な責任

ひとつは、ほかの人に代替不可能な責任であろう。たしかに保育士やベビーシッターも、自分たちが預かっているあいだに、子どもの命や安全をはじめとするかなりの重責を担っているが、それは親に比べれば限定的である。契約の時間内に限られ、その契約を解除したり、休暇を取ることでその責任から逃れることもできる。一方、親の方は、自分（たち）しか十全にその子どもの要求に応えられる人がいない、あるいは最終的な責任は自分にしか果たせない、子どもに関する最終的な判断は自分（たち）が下さなければいけないという切迫した、逃れられず、譲渡できない責任を担っている（ここで言う責任はさまざまなレベルのものを含んでいる。身の安全という緊急時のものから、健康管理やしつけ、教育、心身の健康な発育への配慮など、日常の積み重ねが子どもに大きく影響を及ぼしうる責任まで）。つまり、ただ周りの環境が一変するだけでなく、自分だけはそこから逃げられない、向き合うしかない、という抜き差しならなさと代替不可能性が、その人に、世界へのかかわり方を組み替えるよう迫り、それと連動する自己のあり方をも変容させるに至るのだと言える。逆に、この切迫性と代替不可能性が弱いほど、変容を迫られる程度も少なくなる。この最終的な責任は、両親のうちのどちらかに大きく偏っている場合も多く[8]、また生みの親ではなく、だれかほかの人に託されている、あるいは実質上ほかの人が担っている場合もありうる。

2　子どもからの指名

もうひとつは、1と別のものではないが、前章三節で見たような、あなたじゃなきゃだめ、あなたがいないと心から安心できない、という子どもからの「指名」である。具体的には、子どもがいざというとき（体調が悪いとき、不安なとき、夜中に目が覚めたときなど）に、一番一緒にいてほしいと切望するかたちで表れる。ただし、子どもは場面によって、第一に必要な人を使い分けているとされる[9]ことからも、指名されるのはつねに同じひとりとは限らない。ドゥーセは、「『愛する』子どもに、『静けさ』と落ち着きをもたらす親が、［子どもとの］情緒的絆と結びつきを体現している」（Doucet 2006: 111）と言う。

子どもが自分を、あなたでなくてはだめと必死に求めていること、このように子どもに指名されることが、１で見た、最終的な責任は自分にしか担えないことと相まって、指名された「親」に、どんなコストを払ってでも「第一の親」を引き受けさせる重要な動機づけになっていると言える。このように、親の側からだけでなく、それと呼応してではあるが、子どもからの働きかけが、その人を「第一の親」にするという側面もあることに注意しておきたい。

ここには、親のかかわりと子どもからの指名が、互いを強め合いながら、両者の結びつきを深めていく中で、「第一の親」が形成され、しだいにその濃さを増していく構造がある。そこには、深くかかわればかかわるほどそこから抜けられず、ある意味では親自らも抜けたくなくなる側面があり、また関係の濃い方の親が、それによってさらに求められ、より濃くなっていくという側面もある。そしてその親は、自分が必要とされているという喜びや充実感と同時に、負担や拘束感も増していくという両面性がある。

逆に、右の１（代替不可能な責任）、２（子どもからの指名）のふたつを自分が担っていないとき、自分に向けられていないときには、どれだけその子どもに愛情があったとしても、その子のために「第一の親」である可能性を諦め、身を退くことがありうるだろう。たとえば、もう一人の親によりなついている子どものためを思って親権や同居を諦める場合など。また、右の1、2が自分にないのを口実に、あるいはそれを苦に、子どもや育児からますます距離を取る場合もあるだろう。

このように、「第一の親」は、親の側のふるまいや想いだけでかたちづくられるものではなく、子どもの側の反応や働きかけもそれに関与しており、「第一の親」はむしろ、両者の交わりの中から立ち上がってくるものという側面が浮かび上がってきたのではないだろうか。

四、子ども側の視点と「第一の親」の複数性

しかしそのように、「第一の親」の形成が、親側と子ども側の相互作用であるとするならば、双方がうまく調和する場合だけでなく、ずれや行き違いが生じる場合も当然出てくることになる。親の側が、子どものことを深く想い、献身的な親業を行うものの、必ずしも子どもにはそのまま受け止められず、「第一の親」が、（限定的な期間であろうと長期間であろうと）本当の意味では形成されない場合や、親の側の働きかけと子どもの側の反応や働きかけに行き違いがある場合もあるだろう。たとえば、父親が愛情をこめて乳幼児を抱っこしたり、またふたりで時間を過ごそうとしても、「ママがいい、ママはどこ?」と泣き叫ばれてしまったり、あるいはあとで見るように、養親が子どもを想うほどには、子どもは養親だけを想っているのではなかったりする場合などである。

1　指名されない親の苦悩

子どもからの「指名」を得られない育児は、同じ労働であっても、格段に負担感は増し、ときにはひたすら苦行にすら感じられるだろう。子どもからの「指名」が目的ではないにしても、結果的に、それが親業の一番の報酬になっている側面もある。それが一番の足かせになる側面もまたあり、両義的ではあるが。育児にかかわることに出遅れた父親が、なかなか子どもからの「指名」を得られず、そのことがさらに父親を遠ざける要因になる場合も多いだろう。その場合、指名を得られないことが、父親を代替不可能な責任からも免責するという側面がある。なついていない父親に子どもの安全と安心を任せられないと、母親が事実上免責する場合もあれば、子どもが自分を求めていないなら、その分自分の時間に充てたり仕事に専念したりしようと、父親自ら遠慮したり免責する場合もあるだろう。

このようなすれ違いは、どの親子にも潜在しており、いつでも起こりうるが、それがもっとも見えやすいかたちで表れうるのは、養親子の場合であろう。養子縁組、あるいは子連れ再婚（ステップファミリー）をためらう大きな理由のひとつが、このすれ違いの恐れ、言いかえれば、どんなに親側が愛情を注ぎ、親業に専心しても、自分を「第一の親」と認めてもらえないことへの恐れではないだろうか。じっさいに、乳幼児の養子縁組の希望は新生児に殺到し、子どもが三歳を過ぎると激減するという。[10] 子どもから、「あなたじゃなきゃだめ」と思ってもらえるかどうかは、現実として、育児をする上で大きな違いになってくる。もし選べるのなら、物心ついていない新生児を養子にしたいと思ったとしても無理はない。たとえば、施設で育った二歳児を養子にする場合でも、激しい「試し行動」[11]があると言う。子どもの側も、指名しうる親を必死に求めており、指名できる関係を築くために戦っているのだと言える。

養親の場合は、前節で見た、逃げられない責任（1）は、実親と変わらないだけ負っているにもかかわらず、子どもからの指名（2）が得られない事態が、生みの親よりも頻繁に起こりうる。指名が得られず、育児が苦痛に感じられても、一部の父親と違って[12]、そこから距離を取ったり逃げることが許されない分、過酷さは増すことだろう。

2　養子の側から——「生みの親」の問題

ここまでは、父母にせよ、養親にせよ、主に親の側から考察してきた。まず、妊娠出産そして授乳という身体的過程は、生殖の核ではないと考え、育てることや子どもとの心身の緊密な結びつきの方に核を移して考えた。その際、親業がその人の生活の主要部分を占めることを、「第一の親」（ルディクにおける「母」）の定義と定める見方は、母親と父親の、そして生みの親と育ての親とのあいだの境界線を取り払い、誰もが親業を通して「第一の親」になることを可能にする利点があった。しかしそれはあくまで、親あるいは第三者の視点からの定義であり、そこには当の子どもの視点が欠けている。子どもの側が、親業に専心している人を、それにもかかわらず「第一の親」と認めないか、一点の曇りもなくそう認めることをためらう場合が考えられる。

①　養親と養子の見方の相違

右記のことはどんな親子でも起こりうるが、親の見方と子どもの見方がもっともすれ違いうるのは、養親子の場合、あるいは生殖技術を介して、第三者が子の誕生にかかわっている場合であろう。なぜなら、たとえ養親が、生物学的なつながりよりも、親業の実践を通じた子どもとの結びつきこそが、その人を真の親、「第一の親」にするのだと考え、そのように子どもと接しているとしても、子どもの方が、生物学的なつながりや産むことを特別大事に感じている場合があるからである。養親は、(不妊や、子育てへの関心、施設にいるあるいは入る予定の子どもを引き取りたいなどの思いから）養子を育てる決断をし、その子の親になる覚悟を徐々に育てることで、生物学的なつながりや出産したかどうかを重視する伝統的な価値観から距離を取っていったかもしれないが、子どもは逆に、幼少時は養親の考えを自然と受け入れていても、学校をはじめとした外の世界と接するにつれて、伝統的な価値観をも内面化して、友だちの大多数と自分との差が重大なものに思えてくる可能性がある。「なぜ自分だけ、生みの親と一緒に住んでいないんだろう」、「なぜ生みの親は、自分を手放すことができたんだろう」と。[13]

その上、養親とその養子とのあいだには根本的な非対称性がある。単純化して言えば、養親はその子どもだけを見ているが、[14]子どもには、養親と生みの親の双方が、自分にとって重要な意味をもつ存在だと感じられる、つまり、ずっと一緒に過ごしてきた目の前の養親が「親」のすべてではないことがありうるという非対称性である。養子にとっては、自分の「親」という観念を形成する上で、あるいは特別の情愛や思慕を向ける上で、養親と排他的に競合しうる、生みの、あるいは産みの親がいるのである。[15]

じっさい、養子縁組をした親子のあいだでもっとも難しい問題のひとつであり、親子のずれが顕在化しやすいのは、生みの親（あるいは産みの親）の存在をめぐってであろう。しばしば、養親が養子に対して、心身を傾けて親業に専心する中で、子どももそれを受け止め両者のあいだに深い絆が築かれている場合でもなお、それとは別のところで、子どもが生みの親への強い思慕を抱いていることがある[16]。このことは前節までに述べてきたことの重大な反証を示しているように見える。というのも、生みの親と交流がなく、その子の親業にまったくかかわっていない場合でさえ、生みの親はその子にとっては重要な意味をもっていることが多くあるからである。ときに生みの親は、養子にとって、養親とは別の意味で代替のきかない唯一無二の存在である。このことをどう考えたらよいだろうか。

② 複数の人から成る「第一の親」

ここで、自らも養女と実娘のふたりを育てる、パークの考察を参照したい。パークは、「母親」に関する、生物学的な「母」かそれとも養育を中心とする社会的な「母」か、端的に言えば、「自然か養育か」（nature-nurture debate）（Park 2005: 175）という、排他的で二元論的な見方に警鐘を鳴らす。なぜなら、これらの「どちらかの台本に忠実であることは、子どもに、彼らの人生のうちのだれかに不誠実であることを要求する」（Park 2005: 175）からである。つまり「母親」が、自然の母か養育の母かの二者択一であるとすれば、子どもはどちらかを主に選んで、もう一方には「不誠実である」ことを強いられてしまう。パークの言葉を用いれば、「忠誠が分割されてしまう」（Park 2005: 173）。具体的には、養親に遠慮して、生みの親を想い、会いたいと思う気持ちを押し殺したり、逆に、生みの親に悪い気がして、養親もまた本当の親だと心から受け入れることにブレーキをかけたりする場合があるだろう。

これに対しパークは、「複数の人から成る多様な『親』」（multiple, diverse, parents）（Park 2005: 172）――私たちの言葉で言い直せば、多数の人から成る多様な「第一の親」――という見方を、子どもが形成する必要性、そして養親がそれを後押しする重要性を主張する。第一には、生みの親と育ての親双方を含んだ「親」を念頭に置いているが、それにかぎらず、子どもにかかわるあらゆる人をさまざまに異なるかたちで包含しうる、複数から成る親の観念を、子どもが形成する必要があるとパークは言う。そしてそれが、子どもにとっての「本当の」（real）親になる過程でもあると論じる。

この見方をとれば、生みの親への思慕はじつは、養親子間のすれ違いを表しているのではない、と解釈することができる。たしかに、「第一の親」はただひとりで、つねに変わらないと考えるならば、養親が養子のことだけを想って、我が子として育てているのに対し、養子が養親に加え、生みの親にも、別のかたちにせよ代替不可能な思慕を抱いていることは、双方の深刻なすれ違いを表しているように見える。しかし、そもそも実親子の場合でも、よく見れば、「第一の親」は、母、父、ときに祖父母、知人、保育士など複数の人により、それぞれ異なるかかわり方で複層的に構成されており、そのあり方もたえず変化しているのだとしたら、養子にとっての「第一の親」に、生みの親が重要なかたちで含まれていたとしても、それは親への「忠誠が分割されてしまう」（Park 2005: 173）ことではなく、その子にとっての「親」を豊かにし、ひいてはその「親」との関係から成るその子のあり方をも豊かにしているのだと言える。親側から見れば、養親か生みの親かという二者択一の問題に思えるかもしれないが、子どもから見ればそうではない。母か父かが二者択一ではないのと同じように。両方をだれに憚ることなく包含しうることで、かえって、構成するひとりひとりへの想いと愛着も増しうる。

それに、じっさいには養親の側も、ただその養子のみを見ているとは必ずしも言えない。パーク自身がそうであるように、養子のほかに実子がいることもあれば、複数の養子がいる場合もある。そもそも、実親子であっても、複数の子ども（兄弟姉妹）がいることは珍しくない。親にとって「最愛の子ども」が複数いることがありふれたことであり、だからと言って愛情が分割されるわけではないのと同じように、子どもにとっての、複数の人から成る「親」を考えてみることができるだろう。[17]

3　養子による「第一の親」の形成とその変化

ただ、親業に携わっていない生みの親は、それでも「第一の親」を占めうるのかという問題は、依然として検討すべく残っている。血縁へのこだわり、そして産んでくれた母親へのこだわりは、親業を中心に時間をかけて育まれた絆を一挙に飛び越えるほどの、あるいはそれとは別種の、強い牽引力を発揮しうるのは確かだろう。子どももまた、大人と同様に、妊娠出産と生物学的つながりに重点を置く社会の価値観を、（それがよいか悪いかは別として）成長とともに避けがたく身につけていくことを考えればなおさらである（野辺二〇一八：二五一―二）。それはちょうど、赤ちゃんを産院で取り違えられた親たちが、その事実を知らされたときに、実の子どもに抱きうる気持ちと、（方向は逆だが）同様のものと言えるだろう。ノンフィクション、『ねじれた絆』では、赤ちゃんを取り違えられたことに気づかずにいた親たちが、数年後にその事実を知らされると、自分たちの育ててきた子どもへの愛情とは別に、実の子ども、つまり産んですぐに（知らずに）引き離された子どもにも、抑えがたく引き付けられていく様子が描かれている（奥野二〇〇二）。

しかし、子どもにとって、複数から成る親が、時とともにたえずそのあり方を変化させるものであることを思い起こせば、まだ交流のない生みの親に強い思慕を抱いているその時点だけを見て、親業に携わっていない生みの親は「第一の親」を構成しうるかという問いに、早急に答えを出すべきではないだろう。この時点は、スタートラインに過ぎないと考えることもできる。生みの親に会ったことのない子どもにとって、生みの親は自分の生の始まりにきっかけを与え、妊娠出産の経験をともにし、また多くの似た性質を共有しうる点で、自分というものを考えるのに不可欠な存在であることは間違いないが、かりに彼らと会うことが叶った場合、交流を重ねる中で（双方の事情でうまく交流できない場合も含めて）、「（第一の）親」の観念や、そのうちの比重の置かれ方などはつねに変化するものであり、どのように変わるか、変わらないかは、それぞれの場合によって異なるのであろう。その点では、通常の親子の場合と同様である。ただ、親業に準ずる交わり（たとえば、子を気にかける、喜怒哀楽をともにする、相談に乗る、力になるなど）を通じた関係の構築が、その変化の過程に重要な影響を及ぼさずにはいないはず、とは少なくとも言えるのではないか。そして、ここで注目したいのが、このとき、子どもの側に、「第一の親」のあり方を自ら選び、構築する余地が与えられている点である。

① 養子自身が形成する「親」の概念

先ほど見たパークの養女も、子どもたちをとりまくポップカルチャーの影響を受けて、「自分にはひとり、たったひとりの母しかいるはずがない」(Park 2005: 174) という頑なな信念を形成していた。そしてパークの実子で養女の「妹」にあたる娘もまた、生物学的なつながりを重要視して、半ば無自覚に、姉に対する優越感を抱いているようだった。パーク自身は、育ての母を扱ういくつかの童話の検討を通じて、最終的に『チョコの母』(A mother for Choco) という物語に共感し、真の母親は母親業という「社会的営み」を通じて形成されるものだという、上で見たルディックに代表される考えに至っていた。しかし意外にも、養女はこれを受け入れない。その理由を、今度は養女自身の視点に沿って探り直してみたところ、パークは三つの理由に思い至る。

第一に、「この社会的母親という物語からは、子どもの生みの母が目立ったかたちで消えている」ことである。「子どもの視点に立てば、生みの母親を消し去った物語は信じがたく、倫理的に疑わしい」(Park 2005: 180) にちがいない。養女にとっては、生みの母は重要な意味をもっているのだから、養親の視点にのみ従った考え方は、パークの「娘自身の語りの文脈、そこでは産みの母が自分自身のアイデンティティの鍵として顕著に現れる文脈を過小評価している」(Park 2005: 180) ことになる。そのようにして、暗黙の裡に、「母」が複数の人から成る可能性を、ここではとくに産みの母をも含みこんだ「母」の概念を、子どもが形成する可能性を排除してしまっていることになる、と思い至る。

② 養親子のあいだの「選び」の非対称性

第二に、『チョコの母』では、養子が自分の意志で育ての家族を選んだように描かれているが、「現実には、養子がこのような決断に何らかの影響を及ぼせることは稀である」(Park 2005: 180)。するとこの物語は、この点では「養子の経験をねつ造している」ことになると気づく。パークは、「選び」に関する養親子間の非対称性を次のように指摘する。

「養子縁組をした女性たちは、重要な意味で母親であることを選んでいる。さらに彼女らは、養子縁組のために提供された子どもを、受け入れたり拒否する権利を行使する。他方、養子は、その家に置かれ、彼女らに馴染むよう運命づけられる。じっさいに、私の娘の怒りの一部は、彼女が自分の家と家族を選べないことに由来しているのだと説明することができた。いかなる子どもも自らが生まれる環境を選べないが、養子の経験には、特別な意味での欲求不満と喪失が付きまとっている。彼らは選択肢があったことを知っているのだから。彼らは単に介入することができなかっただけなのだ」（Park 2005: 179）。

たしかに養子になる際の年齢によっては、自分で判断することはできないし、できたとしても子どもの意見や好き嫌いを反映させることは現実的には難しいかもしれないが、問題は、関係を選択する余地があったかどうかという点に非対称性があることだろう。先に、養親と養子の関係の非対称性に言及したが、それをかたちづくっているもうひとつの重要な要素は、関係を選択する余地の有無であると言える。このときの養親子間の非対称性は、次のように言い表すことができる。養親には、（ときに）悩み、逡巡し、熟考した結果、養子を迎えることを選びとった経緯がある。そこには生みの親にはない、あるいはより意識的な「選び」がある。一方、養子の方は、他の多くの子どもにはない、自分にとって決定的な岐路がそこにあったことは知っているが、その選択に自分は関与しておらず、結果だけが初めから与えられていた――このような、選びの有無の非対称性である。

ただ、養親が、養子縁組という関係の成立前に熟考し、決断し、選択したのだとしたら、養子はいわば、関係が成立した後から遅れて、自らの「選び」を時間をかけて遂行するのだと言えるのではないか。産みの母、育ての母以外の他人たちも含めた、「複数から成る親」を自由に形成する過程において。だからこそパークは、子どもがそのような「親」を形成することを、周囲が助け、促す重要性を強調するのだろう。養親は、養子縁組という関係の成立（あるいは第三者のかかわる不妊治療の施術）前に熟考し、決断し、選択するのだとしたら、養子は、いわば関係が成立した後から、事後的に、自らの「選択」を時間をかけて遂行するのだと言えるだろう。ただし、生みの親か育ての親かという排他的な、たったひとりを選びほかは捨てる選択ではない。自分のアイデンティティをかたちづくる上で不可欠な人物を、「母」あるいは「親」の観念のうちに自分の意志で自由に組み込み、その比重やかかわり方を柔軟に変えていく、そうした「選び」を通して、法的ではない、より複雑で、しかし充実した関係から成る「母」あるいは「親」を形成していくのだと言ってよいだろう。[18]

③　似た家族の中で養子が抱く違和感

そして第三の理由は、「『チョコの母』が、養子が養親の家族の中で抱く違和感（sense of difference）からくる恐れや不安を過小評価している」ことだと言う。愛情のこもった母親業を通して真の親子や家族になれるのは理想だが、現実には子どもは、互いに「『似ている』（あるいは少なくともそう見える）人たちの中にいて『他者』である」（Park 2005: 181）と自分を感じざるをえない経験をしばしばするという。パークは、自身の養女の場合を次のように告白している。

養女は宿題をやりたがらないが、そもそも彼女にはじっと座って集中することが難しかった。「本当のお母さんなら私にこんなことさせない！」と彼女に反抗され、疲弊しながらも、「産みのお母さんもあなたに宿題をやってほしいと思っているはずよ」と諭し、後日、手紙での交流のある産みの母に、それを肯定し、宿題をやるよう促す手紙を送ってもらう。ところが、別便でパークのみに送られてきた手紙には、じつは産みの母自身も、子どもの頃、学校に関する困難を抱えていたという告白が綴られていた。それを見てパークははじめて、自分や自分の家族が難なくでき、重要だと思っている勉強が、養女にとってはそうでなく、多大なストレスになっていることに気づく。そして彼女が言う通り、産みの母なら、「彼女の悩みにもっと共感できただろうに」（Park 2005: 181）と痛感する。

しかしだからと言って、やはり生物学的つながりが一番だと、二元論的枠組みでの二者択一に逆戻りするわけではない。こうした違いを認めてもなお、「違いを超えた共感によるつながり」（Park 2005: 182）は可能だとパークは信じるのだが、そのためにもまず、互いに似ている家族の中で、子どもが感じているかもしれない違和感を軽く見てはいけないと、自戒を込めて警鐘を鳴らす。「［養子の］子どもの、［家庭の規則に］順応しないふるまいは、善くも悪くもないのであって、単に彼らの必要（needs）や才能の現れである」と気づく必要があるし、「子どもがその家庭の規則に反発したり、それに従う能力がないのは、子どもの側の困難というよりも、規則自体の困難を示しているのかもしれない」（Park 2005: 183）と省みる必要があるのである。そうした家庭環境でのみ、「子どもは自由に、恐れることなく、複数の母を、自分自身のための存在（being-for-herself）へと組み入れることができる」（Park 2005; 189）のだと結論づける。

おわりに

現状では、「第一の親」を考えるとき、妊娠出産の経験と血縁に過度の力点を置く傾向がいまだ強いために、光が当たりにくくなっているものの、以上見てきたような、親と子の身体を基底にした交わりの中で「第一の親」が立ち上がる過程——親側から見れば親に成る過程、子ども側から見れば親を構築する過程、そしてそれらが混ざり合う過程——に、もっと焦点があてられてもよいのではないだろうか。前章や本章のように、父親や養親の視点から考えることは、それを少しは後押ししてくれることだろう。

さて、本章最後で、親業に携わっていない生みの親は、それでも「第一の親」を占めうるのかという問題を考察したが、ここでもう少し補足して考えてみたい。親業を通した、子どもとの心身ともに緊密な結びつきが「第一の親」をかたちづくるのだと述べると、では、愛情は人一倍あるけれど、離れて暮らさざるをえない親は、「第一の親」に入らないのかと反論されることがある。長期入院している親や、生活費を稼ぐためにやむなく祖父母に子どもを預けて別居する親、出産後事情があって子どもと引き離されるも、子どものことを片時も忘れないでいる母親、離婚後、子どもに会えないが、子どもの写真や子どもからもらった絵を肌身離さず持ち歩き、生きているうちにもう一度会えるかも分からない子どもに恥ずかしくないようにとひとりで生きる父親など。前節で見た生みの親の一部もそうであろう。[19]だからこそ、4章で、親業を通じた子どもとの緊密な結びつきの形成は、「第一の親」であるためにほとんどの場合必要であるが、必須ではないと述べたのであった。

ただ、右のような場合、毎日の親業を通じて緊密な結びつきを形成している親子と、愛情がどちらが大きいとは一概には言えないが、関係や想いの性質が微妙に異なっているとは言えるのではないか。私事になるが、七歳の子どもと、海外と日本に分かれて四〇日ほど暮らしたときのことを思い出す。その子のいない日常に徐々に慣れる中で、愛情が減るわけではまったくないが、想いの質あるいは関係の質が微妙に変わっているのに気づいた。いてもたってもいられないくらい心配で、会いたいし、何かしてあげたいと思う反面、その子が悲しんでいないで、楽しんでおり、きちんと世話をしてもらっていることを把握し、自分が今この状況でしてあげられることはそれほどないと分かると、その子のことが頭からすっぽり抜けているときがあるのに気づいて驚く。これは、そのときの「第一の責任」者（の少なくとも筆頭）が、自分ではなかったということではないかと思う。七年間一度も、その責任の過半をだれかに託したことはなかったけれど。そのときの私はたしかに、その子にとっての二次的な親であったと言える。「第一の責任」を、自分ではないだれかがきちんと果たしてくれているという安心と……一抹の寂しさ。私の場合は短期で疑似的な体験の域を出ないけれども、おそらく別居している祖父母や、あまり子どもとかかわれない父親の心境と通じるものがあるのではないか。だから同じ祖父母でも、同じ父親でも、そして母親でも、そのカテゴリーだけから、子どもとの結びつきの強弱を一概に言うことはできない。そして一緒に過ごした時間、世話の質や量、親の想いの強さなどと、子ども自身が形成する「第一の親」の、こう言ってよければ占有率が必ずしも一致するとはかぎらないからさらに複雑である。

先に触れたノンフィクション、『ねじれた絆』では、病院で赤ちゃんの取り違いをされた両家は、子どもを交換して数年後には、同じ敷地内に住み、交流を密にすることを選ぶが、その生活の中で、ふたりの娘がともに片方の同じ「母親」とのかかわりに心情の面でも交流する時間の面でも重心をおき、もう一方の母親や父親とのかかわりの比重を少なくしていく。ふたりがともに結びつきを保持する母親は、ひとりにとっては産みの母であり、もうひとりにとっては六歳までの育ての母である。ふたりの子どもがともに複数から成る「母」あるいは「親」を形成し（そうすることを環境に半ば強いられ）、その上で、一方にとっては産みの母、他方にとっては育ての母という同一人物とのかかわりの方を選んでいく。複数から成る「親」というのはこのように、つねに流動的で可変的でもあるだろう。おそらくふたりの娘が片方の同じ「母親」を選んでいく過程では、家庭環境の善し悪しだけでなく、彼女の親業を通したふたりとの関係の構築がうまくいっていたという要因が大きいだろう。そうだとすれば、まだ産みの母、生みの親に会っておらず交流していない養子にとって、生みの親は自分の生の始まりにきっかけを与え、妊娠出産をともに乗り越え、また多くの似た性質を共有しうる点で、自分のアイデンティティの形成にとって不可欠な存在であることは間違いないが、彼らと交流を重ね（双方の事情でうまく交流できない場合も含めて）、自分自身も経験を重ねる過程で、自分の「親」の観念や、そのうちの比重の置き方などはつねに変化するもので、どのように変わっていくのかは、それぞれの場合によってまったく異なるのであろう。この意味でも、生みの親か育ての親かという排他的で二元論的な見方は、「親」を考える上で有効ではないと言える。

そして、そうした時期や状況による変動は、親の側にも同様にあるだろう。子どもの年齢や、子ども自身の必要によって、そして親の余裕や世話の熟練度によって、だれがどれだけどのようにかかわるかは、たえず変動する。こうして、親をはじめとする大人側と子どもの側の想いや認識はときにすれ違いつつ、ときに共鳴し連動しながら、だれかが参入して、だれかが退去するといった入れ替わりも含めて、「(第一の)親」をかたちづくっていくのだろう。それは排他的でも、固定的でもまったくなく、正確に言えば、どこまでが親で、どこからが信頼できるメンターなのかも線が引けないほど、またその形態の全容をいっときでも正確につかみ切れないほど、たえず流動するグラデーションを成しているのだと言える。このように親であることが、変動しつつ積み重ねてゆくもの、ある意味ではたえず更新しつづけなければならないものだとすれば、産んだ母親も、生物学的親も、養親も、本質的にはそう大きく変わらないとも言えるのではないだろうか。

さらに、「複数から成る親」の形成という考え方への転換は、親にとっても、救いや、新たな可能性へのいざないになる側面がある。たとえば、4章でも見たように、親業による関係の構築に重点を移して考えることは、「序列」のトップにいて、子どもと心身ともにもっとも緊密に結び付いていると思われがちな母親にもじつは、子どもや母親業に対する「隔たり」が、程度や質を変えながらも存在する事実に目を向けさせてくれる。その隔たりは、悩みや葛藤の元になることもあれば、自由や選択の余地にもなりうるのだった。産んだ母親の、子どもや親業へのかかわりが、つねに「直接」で「一次的」ということもなければ、父親や養親やその他の「親」が、つねに母親より隔たったところにいるわけでもない。

そしてそのように、父親や養親が、「第一の親」に単独あるいは共同でなるのを可能にしたり、母親が「第一の親」から退去したり、一時身を引いたりするのを可能にするなど、すべての親に柔軟で可変的なかかわり方を許容し、下支えするのが、「複数から成る親」という見方であろう。つまり、「複数から成る親」の積極的な形成は、子どもの側のみではなく、親側にも、また第三者にも必要とされ、それまでと別の世界、別の生き方にも目を向けさせてくれるものだと言えるだろう。

注

1 妊娠や中絶の経験に関して、男女に決定的な境界がないという主張については本書2章を参照。

2 ルディックによれば、母親業を定義する主な要求は、「保護（*preservation*）、成長（*growth*）、社会的に受容されること（*social acceptability*）」への要求（Ruddick 1989: 17）の三つである。

3 ダウドゥの考えに賛同し、本書でもこれ以降、（ルディックやほかの論者自身がそのように呼んでいるテキストの文脈に沿う場合を除き）「母親業」という呼び名に換え、親業、養育、あるいは育児というような、ジェンダーに偏りのない呼び方を使用することにする。

4 ここでは、生まれて間もない子どもや比較的小さい子どもを世話する生活を挙げているが、子どもの成長とともに、同じ親業に携わっている中でも、その身のこなし方はたえず変化するだろう。

5 妊娠という身体現象に関しても、傍から想像しやすい、母体と胎児との関係が真っ先に語られがちだが、妊婦自身にとってまず一番切迫しているのは、胎児との関係というよりも、自身の体調をはじめ、体形や周囲の反応の変化など、妊娠している状況にどう対応するかということであり、それは、どのように新たな状況に合ったふるまい方、世界へのかかわり方を獲得していくか、ということでもある。cf.（Young 2015）. また、妊娠についての考察は、拙稿（Naka 2016）を参照。

6 同様のことを、ベナーや西村は、看護師の実践において明らかにしている。（ベナー二〇〇六）、（西村二〇一四）。

7　生殖における「直接性」、「間接性」については、5章一節を参照。
8　父親が育児に比較的かかわっている場合でも、よく見ると、最終的な、そこから逃げることのできない「第一の責任」は、母親が担っている場合が多いとミラーは指摘する。「いくつかの研究で指摘されているのは、男性が育児により多くかかわるようになっているものの、だからと言って、男性が子どもの第／の（*primary*）責任を担うことはあまりなく、子どもとの特殊な仕事や活動［遊びやスポーツなど］にかかわることにより多くの時間を費やしていることである。しかもそれらの仕事も、依然として第一の責任を担うよう位置付けられる妻／パートナーによってお膳立てされていることが多い」（Miller 2011: 33）。
9　赤ちゃんは、「一人の人だけを頼りにしていては危険」なので、自分を支え、守ってくれる複数の人（両親、祖父母、兄弟、近所の子、保育士など）から成る「社会的ネットワークをつくる能力をもっている」という。つまり、「自分にとって必要な機能を周囲の人々の中にちゃんと見分け、それぞれを使い分けている」（柏木二〇一一：三七―八）。（柏木他二〇〇六：一三九―四〇）も参照。
10　たとえば次を参照。ＮＨＫ厚生文化事業団福祉ビデオライブラリー『パパとママがほしい～大阪・乳児院の一年～』。
11　関係が良好であっても、養親が困るような行動（噛みついたり、飲み物を大量に床にばらまいたり）をしつこく繰り返し、それでも養親が自分を見捨てないかを無意識に試そうとする行動。多くは数か月続くという。
12　ただ、パークは、同じ養親のあいだでも、養母と養父では、医療者や子どもの福祉の従事者をはじめとする世間の見る目や、求めるものが異なると指摘する。それは産みの母親への期待や要求が、養母にも映し出されたものであり、養母に対して露骨に表されるそれらを分析することで、逆に、母親一般に突き付けられるそれらを明るみに出せるとパークは考える（Park 2014: 63 以降）。
13　次の当事者の言葉を参照。ＮＨＫ厚生事業団福祉ビデオライブラリー『ヒューマンドキュメンタリー　私の〝家族〟』。
14　養親に複数の子どもがいる場合には後で触れるが、ここでは、たとえ複数の子がいたとしても、ひとりの子どもとの親子関係に限定して見た場合のことを念頭に置いている。
15　この非対称性がずっと小さい場合が考えられる。それは、一九七〇年代に頻発した赤ちゃん取り違えの場合である。この場合は、親の方も選んだわけではなく、知らずに、「養親」として実の子でない子を育てていたことになるし、何より、他の夫婦に育てられた実の子と、自分たちで育ててきた子どもとのあいだで引き裂かれ、それら競合しうる複数の子どもが、「自分の子ども」という観念をかたちづくってもいるからである。ただ、映画『そして父になる』のモデルとなったと言われるノンフィクション、『ねじれた絆』の二組の夫婦は、悩んだ末に子どもを交換して、両家が密に交流することを選ぶが、そのことは親側が決めている（奥野二〇〇二）。

16 たとえば次を参照。NHK厚生文化事業団福祉ビデオライブラリー『新しい絆の作り方 特別養子縁組・里親入門』、『ヒューマンドキュメンタリー 私の〝家族〟』、（楽木二〇一〇）、（フィースト他二〇〇七）。

17 もっとも、（一部の）実子と離れて暮らす代わりに、パートナーの子を（も）養育しているステップファミリーの親の場合はより複雑で、それぞれの子どもへの想い、あるいは子どもとの関係が、排他的に競合することもありうる。

18 米国をはじめ海外では、養親子と生みの親が、手紙のやりとりやじっさいに会って交流を継続する「オープンアダプション」が行われている。日本ではようやく、養子をあっせんした民間団体を介して手紙などの交流をする「セミオープンアダプション」が始まったところである。（原田二〇〇八）、NHK厚生文化事業団福祉ビデオライブラリー『新しい絆の作り方 特別養子縁組・里親入門』を参照。

19 事情があって育てられないために、新生児養子縁組をすることを決めたものの、出産後いざ養両親に引き渡す段になると、なかなか赤ちゃんを渡すことができない産みの母親も多いという。NHK厚生文化事業団福祉ビデオライブラリー『パパとママがほしい～大阪・乳児院の一年～』を参照。

終　章　生殖にかかわる三つの境界の攪乱

はじめに

前章では、「第一の親」の立ち上がる過程を、親側からのみならず、子ども側からも見ることを試みた。それを通じて改めて浮かび上がってきたのは、「親」というものが、それを構成する人（々）やその割合の観点から見ても、また時期や時間によっても、固定してはおらず、たえず流動しているという側面である。このことは、第一の親と、第二あるいは第三の親のあいだの境界線が流動的であること、そして、たとえば母親が第一の親で、父親や養親は第二の親、第三の親であるというように固定的に割り当てては考えられないという本書の主張を、別の側面から見たものだと言える。つまり、母親と父親、生みの親と育ての親のあいだに固定化した境界線は引けないということは、別の見方をすれば、「第一の親」というのは、しばしば考えられるように、産んだ親である母親とほぼ同義なのではなく、さまざまな種類の「親」から構成されており、その配分や濃淡は、時間や時期によって、また（子どもの成長や関係の変化にともなう）いくつかの節目をまたぐことによっても、たえず変化し流動しているのである。

最終章の本章では、ふたたび親の境界線の流動性に立ち返って考えてみたい。本書ではこれまで、次のように、親のあいだに固定化された境界線を引く見方を疑問視してきた。まず、広義の「生殖」における「核」が産むことにある点に疑問を投げかけ、生殖の「核」を、育てることや、それを通じて形成される子どもとの心身ともに濃密な関係へと移して考えることを試みた。それと同時に、妊娠出産だけでなく、養育や親子関係にも及ぶ、生殖における「身体性」の経験を、自らの身体を通じて妊娠出産する母親に閉じずに、子どものもうひとりの親である父親や、養親、家族などにも拡大して見うること、そしてそれにともない、子どもとの関係が自己のあり方に変容をもたらす、「母である」あるいは「第一の親である」というあり方もまた、父親や養親にまで拡大しうると考えてきた。逆に、広義の生殖の中心にいると見られがちな母親が、父親や養親、その他の人よりも、生殖の身体性や、「母であること」あるいは「第一の親であること」を、もっとも濃く経験し、体現しているわけでは必ずしもないこと、つまり、母親がつねにこの意味での「第一の親」であるわけではないことも見てきた。このような本書の主張を、親の境界線の流動性という観点から、以下に改めて考えてみたい。

一、「生む（産む）こと」に関する境界とその無効化

1章ではレヴィナスを参照しつつ、性差や、産んだかどうか、あるいは生んだかどうかといった個体差の手前の、普遍的なレベルから生殖を考えたが、そのような見方を考慮に入れつつ、同時に、そ

れと重なり合っているレベルとして、個体差が問題になる経験レベルを改めて見るとき、何が言えるのだろうか。そのとき浮かび上がってくるのは、あらゆる人間を、たとえばレヴィナスが言うように、「父である」あるいは「母である」というように、あるいは私たちが見てきたような意味での「母である」、「第一の親である」というように見うるとしても、人によってその表れ方には濃淡の差があり、しかも、ひとりの人においても濃淡がたえず変わるというような、可変的で流動的な側面であろう。ここに、レヴィナスにおいては扱われていなかった、経験レベルでの差異、生む（産む）ことに関する個体差や性差が重要なものとして浮かび上がってくるのだと言える。

ただ、本書のこれまでの考察を経てきた私たちは、それらの差異は、たとえば、産む（産んだ）者とそうでない者、子どもがいる者とそうでない者というように、はっきりと区分できるような差異ではないと見るように促されるのではないだろうか。というのも、後期のレヴィナスらが言う意味での「産むもの」、「母である」というあり方、あるいは本書が見てきたような「母である」、「第一の親である」というあり方の現れには濃淡の差があり、しかも流動的なのだから。具体的に言えば、「生む（産む）」ということに関し、私たちが自明のものとみなしている、人々を分ける境界線は、本当は恣意的に引かれたものであり、じつははっきりとした境界線などない、と見るように促されるのではないか。

1　三つの境界線

私たちは「生殖」に関して、漠然といくつかの境界線があるとみなし、それをほとんど疑うことなく受け入れている側面があるのではないか。それらを境に、人々を「生殖」に関し、こちら側とあちら側に分ける境界線である。細かく見れば、また視点の置き方によってもそれは無数にありうるだろうが、もっとも際立つのは次の三つだと言えるだろう。

まず、いちばん内側にあるのが、①自分が「生んだ」子ども（自分の生物学的な子ども）が、自分が出産した子どもかどうかを分ける境界線であり、そのひとつ外側には、②子どもがいる場合、それが自分の血のつながった、本書の用語法で言いかえれば、自分が「生んだ」子どもであるかどうかを分ける境界線がある。そして一番外側には、③子どもがいるかいないかを分ける境界線があると言える。端的に言えば、それらは、次の三つの基準で分ける境界線だと言いかえられる。①妊娠出産経験の有無、②子どもとの血縁の有無、③子どもの有無、である。

①の境界線では、生みの親が、妊娠出産した母親と、そうでない父親とに分けられ、②の境界線では、子どもをもつ親が、生物学的親である生みの親と、そうでない育ての親とに分けられると言える（もちろん、代理出産やその他の第三者からの提供を受ける生殖医療を利用した場合など、この三段階ではっきりと分けられない例も存在するが、ここでは措いておく）。

たしかに、このような境界線による区分は、親子間の愛着が形成されうる要素のひとつとして、また子どもの利益を考える上で一定の意義があり、完全に無効化されることはこの先もないだろう。ただ、「生殖」に関して、レヴィナスが注目したような、経験的次元の手前の次元も考慮に入れて見直してみると、上記の境界自体は、事実として残るには残るものの、その境界にどれだけ重要な意味を見出すかどうかが変わってくる。このことは、男性と女性のあいだに引かれる性別の境界線と同じ事情だろう。男女ふたつに、あるいはふたつであろうがいくつであろうが、性を分ける境界線に必要以上に大きな重要性を置いてきたことに、今日疑問が投げかけられ、見直しが求められている。これと同じ疑問が、「生殖」に関する上の三つの境界線についても投げかけられるのではないだろうか。ではそれらは、具体的にはどのように見直されうるのだろうか。

2 妊娠出産経験による境界の見直し

「お腹を痛めて産んだ母親には敵わない」とか、「やはり産んだ母親が中心に育てるのが一番よい」などと、妊娠出産の経験と、子どもにとっての「第一の親」であることを結び付けることに生物学的根拠があるかのように考えられ、語られることが今でも少なくない。また、子どもを妊娠出産して母親になることは、女性の生をそれまでと決定的に隔てるもっとも大きな転換期（のひとつ）であるとして、女性が「母親」になることに、男性が父親になること以上の、またそこには含まれていない特別な意味を見出そうとすることも同様に多い。「母になること」を特別なこととみなし、ときにそこに神秘性をも見ようとする。それは、産んだ女性に子どもに関する特権や優位性を与えることにもなれば、同時に、産んだ女性を子どもへの責任に縛り付ける呪縛にもなりうる。母親が子どもの育児を放棄したり、やむなく諦めるときには、父親がそうするよりもはるかに大きな非難や無理解にさらされる。

しかし実際には、妊娠出産した女親が、つねに変わらずその子どもの一番の親であるとはかぎらない。それどころか、男親や（法律上／実質上の）養親が、一時的にあるいは長期的に、子どもとの関係性において女親を凌駕することは珍しくない。

　また、かりに妊娠出産した女親が、子どもとの関係から見たときの「第一の親」でもあったとしても、その親が、自分の子どもだけでなく、あるいはそれを通して、レヴィナスが象徴的な意味での「子ども」との関係に託したように、他なるものとの関係に開かれ、その関係が自己を成り立たせているようなあり方を現実にも体現しているとはかぎらない。自分の子どもを気にかけるあまり、それしか見えなくなり、自分の子どもや自分たちさえよければよいという我が子中心の、あるいは親子中心のエゴイズムに陥ることはよく起こることである。このときの親のあり方は、レヴィナスの見る普遍的な次元から見れば、「産むもの」、言いかえれば、「母親であること」あるいは「親であること」というあり方をしていないことになる。経験的には、たとえその人が、何人もの子どもの、あるいは生活の大部分において親であり、親として生きているとしても。したがって、レヴィナスの見方を採り入れれば、人は、経験的には子どもがいるとしても、あるいは自ら出産したとしても、必ずしもつねに、レヴィナスの文脈で解される「（母）親である」わけではないということになる。あるときは濃く（母）親でありうるが、子どもの成長とともに、あるいは責任や労苦をだれかとシェアしたり、だれかに受け渡すことによって、徐々にあるいは一時的にそれが薄まったり、なくなったりしうるし、あるいは子どもとの関係が築かれるにつれて、少しずつ（母）親である濃さを増していったりもしうる。このように見るとき、（母）親であることは、安定した、容易には変わらない属性ではなく、可変的で流動的なあり方であることになる。

3　子どもとの血縁の有無による境界の見直し

父親よりも、産んだ母親が（ほとんどつねに）勝るという思い込みが根強いのと同様に、育ての親より生みの親が（ほとんどつねに）勝るという思い込みもまた、それに劣らないほど根強い。それは、父親や育ての親も、ときに母親と同等かそれ以上に重要な役割を果たすことは認めるが、原則として「第一の親」はあくまでも母親や生みの親であり、父親や養親は、それに比べたら次善の親、第二の親であり、例外は多くあるとしても、原則としてのその「序列」は決して揺るがない、という思い込みであり信念である。ちょうど、母子家庭や単身の女性が「例外的に」家長になることはあっても、男性で父親が家長である原則は揺るがないと信じるのと同様である。

こうした思い込みが、「親であること」の実質上の複雑な濃淡（グラデーション）を覆い隠すように働く。そしてあたかも明確な境界線によって白か黒か、つまり親か親でないか、第一の親か第二の親かを分けられるかのように見えてくるのではないか。たとえば、父親が主に育てること、あるいは育ての親が主に育てることを「次善」と位置づけることによって、生みの親のもとでの虐待やネグレクト、（母）親が子どもに、あるいは子どもが親に愛情を感じられないという問題、また、（母）親の孤独な子育てによって親や子どもが追い詰められる問題を過小評価しがちになり、母親や生みの親が中心に育てることが一番という固定した考えにとらわれない、多様で柔軟な「親子関係」に開く可能性を閉ざしてしまいがちである。

逆に、客観的に見れば、産みの親と同等かそれ以上の強い絆を子どもと築いている父親や育ての親が、産みの親あるいは生みの親（でないこと）に引け目を感じ、自分（たち）を超える存在があるという思いに囚われ、それが足かせになることもありうる。また、養子が養親にこれ以上ない愛情と信頼を抱いていても、それとは別に、（数回しかあるいはまったく）会ったことのない産み（生み）の親への別種の思慕を抱き続けることも起こりうる。それが幻想であると第三者が決めつけることは決してできないが、産み（生み）の親を第一に置く社会的・文化的価値観から、親側と同様、子ども側も完全に自由ではいられないのは確かだろう。

これとは逆に、境界の自明性を疑い、解消しようとする見方は、「親」を単一のものとする見方をも緩和し、解消していく可能性がある。実質的に、（母）親はひとりあるいはふたりだけでなく、それ以上の複数から成りうる。「親であること」を流動する状態だとみなせば、生み（産み）の親だけでない複数の人がそれをシェアしうるし、子どもの方も、自分にとっての「親」を、かかわり方の異なるさまざまな人から自由に形成しうるだろう。

4　子どもの有無という境界の見直し

だとすれば、同様の見方が、「子ども」に関してもできるのではないだろうか。つまり、ある人において、レヴィナスの文脈で解される「（母）親である」というあり方を際立たせるのは、現実の子どもだけではないし、さらに言えば、現実の子どもが、そこでとりわけ特権的な位置にあるわけでもない。現実の子どもとの関係は見えやすく、自他にとって分かりやすいひとつの例に過ぎないと言える。ここから先は、本書では具体的に展開する余裕はないが、もしかしたら、自分の生みの子どもだけが、あるいは自分が中心になって長期にわたり育てた子どもだけが自分の「子ども」であるという

「思い込み」、さらに言えば、人間の子どもだけが、自分自身でもあり他なるものでもあるという意味での「子ども」であるという「思い込み」を解消する必要がある、ということになるのではないだろうか。そしてこのように、固定化された境界や思い込みを徐々に解消していくと、最終的には、象徴的な「子ども」との関係から成る、「産む（生む）ものである」、「（母）親である」というあり方をだれもがその基底に有しているという、レヴィナスに沿って見た普遍的な地点へとふたたび返り着くのではないか。

それというのも、レヴィナスが見たように、他なるものである「子ども」との関係が自己の基底を成しているのだとしたら、それは経験レベルでの子どもの有無という偶然の個体差に左右されるものではないはずだからである（妊娠出産経験の有無、あるいは血のつながった子どもの有無に左右されないのと同様に）。そうだとすれば、そのときの「子ども」は現実の子どもに限らないし、現実の子どもはその特権的な例ですらない可能性がある。それどころか、現実の子どもがいるかいないかは、レヴィナスの主張に則して見たとき、大して重要な問題ではないとさえ言える。その場合に重要なのは、人間が「産む（生む）もの」というあり方を基底に成り立っていることであり、それが何を通して現れるか、つまり現実の子どもとの関係か、あるいは別の、いわば象徴的な意味での「子ども」との関係を通してなのかは、この観点から見る限り、それほど重要な問題ではないと言える。

そうだとすると、「生殖」という観点から経験的に見るとき、絶対的な基準だと思われる子どもの有無による境界（③）も、普遍的次元との重ね合わせから見るとき、それほどはっきりとした「線」をなしてはいないように見えてくる。レヴィナスの主張に則して見たとき、だれが「子ども」との関係をより露わに体現しているか、だれがその意味で「親である」と言えるかは、じつは明確には言えないし、しかもそれはたえず流動しているからである。つまり明確な境界線の代わりに、あるのは、つねに変化している濃淡のみということになる。

5　現実の子どもではない「子ども」とは

では、現実の子どもではない、象徴的な「子ども」というものを、どのように考えたらよいだろうか。レヴィナスは、「生物学的繁殖性」、言いかえれば、生物学的に生むこと、またその生んだ子どもとの関係は、彼の考える「父性」の単なるひとつの「形式」に過ぎないと言う。

「生物学的繁殖性は父性の多くの形式のひとつに過ぎない。時間の根源的実現として、人間のうちでは父性が生物学的生に基づくこともありうるが、生物学的生を超えて生きられる父性、そのような父性が問題である」（Levinas 1961: 225）。

レヴィナスは生物学的な生むことや、親であることを参照しながらも、それにとどまらず、それを含み、それを超える「父性」、言いかえれば「子ども」との関係から成る主体をこそ考えようとする。だとすると、自分の生んだ子どももまた、レヴィナスの言う「子ども」のひとつの「形式」ではありうるが、それを十分には満たさない不完全な例に過ぎないと言えるだろう。

では、単なるひとつの形式ではない、本来の「父性」あるいは「子ども」とはどのようなものか。先の引用でレヴィナスは、「時間の根源的実現」とも、「生物学的生を超えて生きられる父性」とも言っていた。レヴィナスは、主体が「父性」であること、言いかえれば、主体が「子ども」との関係そのものであり、それから成っていることが、真の意味での「時間」を可能にすると考える。彼にとって、他のものを同化しつつ自己同一性を維持する主体のあり方は、拡張する「現在」であり、そこには「時間」がない。というのも、そこでは、現在にとって予期しえない「未来」、言いかえれば、真に他なるものに出会うことはないからである。ただ、そのような主体の死は、主体が予期し、現在に組み込んで同化することが不可能な「未来」であるが、死は主体を維持しえない。これに対し、主体と関係しながらも、主体を維持し、しかも主体の死を超えてなお、主体を別様に、新たなかたちで維持しうるのが、「子ども」という「未来」との関係である、「父性」あるいは「繁殖性」なのである。「私は私の子どもである」という言葉は、このようにも理解されなければならない。拡張する「現在」である私が、いまだ存在しない「未来」である子どもでもあるということは、私という現在が、決してそこに取り込まれることのできない不在の未来によって穿たれているということである。こうして現在と未来とが、言いかえれば主体と子どもとが、絶対的な断絶を介しつつも、連続し、関係していることになる。「非連続的」なものの連続という真の「時間」が、ここにはじめて成立する。誤解を招きかねないレヴィナス自身の別の言い方を用いれば、私は、私自身の死を超えて、まったく他なるものである子どもとして、ある意味で「生き延びる」（survivre）（Levinas 1961: 225）。私であると同時に、私とはまったく異なる、新たに誕生した者として。

このようなレヴィナスの主張を参照しつつ考えると、「子ども」は、必ずしも自分自身の生んだ子ども、または法的に認められた自分の子どもばかりではない。少しずつ広げて見ると、たとえば自分が養親や里親になった子ども、また扶養義務や会う頻度とはかかわりなく、自分が気にかけ、その世話や成長に心身を傾け、そのことが、少なくとも一面ではその人の存在を支えているような「子ども」も含まれうる。さらには、子どもにかぎらず、自分の知見や技術や精神を引き渡す生徒、後進、後輩、次世代の人々にも広げうるのではないか。たとえば、学問や仕事、スポーツや芸術、伝統技能、職人の世界（あるいはクラブや何らかのグループや団体もそうでありうる）など、どの分野でも、自分がその中で必死に「現役プレーヤー」として活躍したり、力を出し切って第一線を退いた後に、その分野の存続や発展のために尽くしたり、次代を担う後進を育てることに注力したりする場合がある。そのとき、その世界やそれを担いうる後進は、それに自分の時間や労力、情熱を捧げてきて、それがなければ自分ではなくなると言えるほどである点で、自分自身でもあると同時に、自分が退き不在になった後も、関係なく生き続けうる、まったくの他なるものでもあると言えるから、レヴィナスが言うところの「子ども」に相当するように思える。時間的にも、それは成熟する前、かたちを成す前の「いまだない」「不在」のものであるが、自分が死んで「不在」になった後も、まったく別の仕方で、言いかえれば「非連続」に時間を繋いでくれると言える。

そして、さらにそれを延長していくと、その先には、人間にかぎらない「子ども」もありうるのではないか。たとえば自分がかかわり、気にかけ、育て、影響や変化をもたらすもの……その中で、自分にとってまったくの他なるものでもあり、それが「非連続の連続」というかたちで真の時間を可能にし、そのことによって、私が私の死を超えて「生き延びる」、そのようなあらゆるものが。はじめと終わりの両端に位置する、「自分の」子どもとそれらは、まったく異質に見えるけれど、さまざまな濃淡とその変容をともなって、同じ延長線上に、隔たりながらも連なっていると見ることができるのではないか（ただ現実には、他の人間がつねにレヴィナスの言う意味での「他なるもの」ではないように、こうした「子ども」も、「子ども」とそうでないものとのあいだをたえず揺れ動いている、あるいは「子ども」として十全に現れる方が稀とも言えるだろう。じっさいの子どもがつねに「子ども」として現れないのと同様に）。

このことはちょうど、前章で、子どもの側が形成する「親」について見たのと同様のことが、「子ども」にもまた、ある程度当てはまることを示しているのではないか（そこでは、人間以外のものが「親」を占めうるというところまでは延長して見なかったが）。前章では、「（第一の）親」とは、必ずしも、産んだ女親などのひとりの人が安定して占有するものではなく、多数の人が、かかわり方の濃度を変えながら、複合的、複層的に形成されうるものだと考えたのであった。

それと同様に、ある人にとっての「子ども」もまた、排他的に、ひとりあるいは複数の子どもが占めるわけではなく、質の異なる、人間あるいは人間以外も含めた複数のものが、同時にあるいは時期をずらし、一日のうちの時間によっても、たえず濃淡を変えながらそれを占めつつ、流動的に「子ども」を形成しうると考えられるのではないだろうか。[1]

さて、以上見てきたように、右記の三つの主要な境界線に過剰な意味を見出すことをやめ、生殖に関して、人々のあいだにはっきりと固定化された境界などないと、人々をゆるやかに連続的に見る見方も可能なのではないか。それは具体的には、子どもを自ら産んだかどうか（①）、また自分自身の「生みの」子どもをもっているかどうか（②）、そしてどんなかたちであれ（血縁にかかわらず）子どもがいるかどうか（③）を、必ずしも固定的に考えない見方に人々を開くことであろう。

二、なぜ境界ができるのか——代替不可能・不可逆という見方が境界を強化する

しかしなぜ、これらの境界線はそんなにも強固に維持されてきたのだろうか。その理由のひとつは、それらの境界線の隔てる区別が、生物学上あるいは社会上、ほぼ不変で、それを超えた人々の置き替えがほとんど不可能だとみなされていることにあるだろう。たとえば、女性にしか子どもは産めないから、産んだ母親は子どもにとって特別な存在であり、母親にしか果たせない役割があるとか、子どもにとって生みの親は代わりがきかない存在だから、たとえ長く一緒に生活していなかったとしても、生みの親と暮らすことが最善であるとか、また子どものいない人には子どものいる苦労は分からない、などと考えられることがある。

そしてこのように人々を分断し、その境界は越えがたいとする見方は、3章でリッチに沿って見たように、ひとりの人生の上にも境界線を引いて見ることにつながっている。つまり、人々のあいだだけでなく、ひとりの人の生においても、ある時期を境に、「生殖」に関するはっきりとした境界線を引いて、それを固定化して考えようとする。リッチが言うところの、「娘と母を分ける境界線」のように、それはとくに女性において甚だしい。女性が子どもを産むには年齢的な「リミット」があると

される。その時期を境に、産む機能が衰え、やがてなくなるからである。この境界は不可逆で、男性の場合より比較的はっきりしているだけに、意識されやすい。じっさいに、それを強く意識することは一部の女性たちを、急いでパートナーを探したり、自らの卵子を凍結保存したり、あるいは不妊治療や場合によっては精子提供を受けることへと駆り立てる。他人が女性を見る見方も、その境界に左右されている場合がある。

女性にもっとも顕著とはいえ、「生殖」に関する同様の境界は、夫婦あるいはカップルにもある。両者の生殖機能の衰えに加え、経済的（定年までの年齢や貯蓄など）、体力的（子育てに要する気力・体力）、社会的（世間の目、祖父母や職場などの理解や応援が得られないなど）にも、ある程度の年齢以降は子どもを生むことが困難と考えられることがある。カップルが自分たちの子を生む代わりに養子を迎える可能性についても、不可逆とまでは言えないが、同じ、経済的・体力的・社会的に設けられる境界がある。

これらの境が、実際はどうあれ、不可逆だと強く感じれば感じるほど、自分あるいはほかの人が、子どもを産まなかったこと、あるいは生まなかったこと、さらに、生むとは別の仕方（養子縁組など）でも子どもをもたなかったことを、肯定的にであれ否定的にであれ、あるいは中立的であってさえ、強く意識し、自分を含む人々を分けて考える境界として頻繁に用いられるようになる。こうしてこれらの境界は、ほかにもある無数の境界の中でとくに際立ち、あたかも固定的で、重要な意味をもったものであるかのように扱われる（この事情も、性別の境界と同様だろう）。ここにあるのは、社会的に作られた境界が、生物学的境界とみなされるものを強化し、同時に、生物学的境界を理由に、社会的境界を形成するという相互作用である。

では逆に、これらの境界を必要以上に強調するのをやめ、境界をできるかぎり緩め、解消すること、そこに明確な境界よりは、流動的で、ある程度可逆的な濃淡の差を見ることは、具体的にどのようにして可能なのだろうか。

1　現実の子ども・親子関係に関して

まずは経験的な次元で、現実の子どもや、その子どもとの関係に関して考えてみる。この次元では、先の個人における「リミット」をできるだけ不可逆でなくすことによって、明確な境界よりも、複雑な濃淡の差を見ることは可能になるのではないか。たしかに産む（生む）ことの「リミット」は生物学的事実に則っているが、その生物学的リミットをことさら強く感じさせるのは、じつは社会的要因が多いのではないか。社会的状況によって、不可逆性を強く意識するよう促されるほど、その境界が境界として際立って見えてくる。逆に言えば、社会的な状況が変化し、不可逆性を緩和する多くの可能性と選択肢があれば、生物学的事態は変わらなくとも、その「リミット」を強く意識することは少なくなりうる。さらにそのことは、人々のあいだに明確な境界線を引く見方を弱めることにつながるだろう。

具体的には、補章で見たような、養子縁組、（長期的／中期的／季節等限定的）里親制度など、いくつもの異なる子どもとのかかわり方が設けられ、受け入れられる可能性や選択肢を増やすことが考えられる。これは言いかえれば、いつでも、多様な仕方で、親になりうる可能性を増やすことである。

そして親子関係で言えば、一対一（母子）あるいは一対二（子と両親）の排他的な親子関係にはかぎらないような「親子」関係に広く開くことである。さらに子どもの視点から言えば、子どもにとって、複数の人からさまざまに異なる仕方で成る「親」を、子ども自身が形成する余地を得ることであろう。

右記がいつでも、さまざまな仕方で親になりうる可能性を開くことだとしたら、それと同時に、逆の方向、つまり、いつでも親であることを手放し、親でなくなりうる可能性に開く方向も、同じように整える必要があるだろう。具体的には、これも補章で見たように、たとえば新生児を含む養子縁組や里親制度を通して、親であることを一時的あるいは長期的に手放し、あるいは薄める選択肢と可能性を広げることである。

これら両方向の可能性や選択肢を広げることが、従来の境界（人々のあいだの境界とともに個人の生における境界）を超えた、人々の往き来を可能にする。たとえば、出産のリミットを超えて里親や養親になることは、子どものいない側から子どものいる側に（境界③を）越えることでもある。あるいは、産むことによっていったん「母親」になったが、一定期間、子どもにとっての「第一の親」であることを降りて、父親やその他の人に託すことは、母親＝「第一の親」からそうでない親へ（境界①を越える）、または「親」である程度を大幅に薄めることになるだろう（境界①に加え③も越えうる）。

このことは、それらの境界が、じつは不変でも、境界の両側の人々が置き換え不能でもないことを示していると言えるだろう。また個人においても、さまざまな選択肢や可能性があるために、「生殖」のリミットが不可逆であると感じる程度が弱まり、社会的には、じっさいにも、ある程度不可逆でなくなりうるだろう。

2　普遍的なレベルからも見る

生殖に関する境界を緩めて見るもうひとつの方法は、1章でレヴィナスに沿って見たような普遍的なレベルにも目を向けることで、経験的レベルを見る視点を相対化あるいは二重化することだろう。生むか、生まないかは、個々人にとって非常に重要な意味をもち続けうる一方で、その手前の普遍的なレベルで見れば、人々のあいだの差異や境界はぼやけてくる。私たちはいわば、その二重の次元を同時に生きている。そしてときによってそのどちらかが色濃く現れては、たえず濃淡を変えているのだと言える。この両次元の重なり合いに目を向けることで、新たに浮かび上がってくるものがあるのではないか。それが本書の底に一貫してある問題意識であった。

私たちはみな、人間の子どもにかぎらない「子ども」を孕むもの、その意味で生殖するものであり、また、他なるものである「子ども」との関係が自らの存在の基盤を成すような次元を生きると同時に、子どもを生んだり生まなかったり、産んだり産まなかったりする個々の差異を、自分にとって重大なものとして経験しながら個別の生を生きてもいる。だから、生むか生まないか、産むか産まないか……のあいだに境界線を引いて考えたり、人々をその境界線で分けて見るのをただちにやめることは難しい。

ただ、両次元を同時に生きるものとして人間を見るとき、それらの境界線は動かしがたいのではなく、また特定の場所にだけ境界があるわけでもないことが、浮かび上がってくるだろう。生んだ人や、産んだ人のあいだにもさまざまな差異があるだけでなく、生んだ人と生まなかった人、産んだ人と産まなかった人との境界は、越えられないものでもなければ、一度越えたら二度と戻れないもの、その意味で往き来できないものでもない。さまざまな身体的条件や社会的環境、医療技術、人々の価値観などとともに、境界線を引いて、それを固定化して見ようとしているのは、私たち自身であると言える。いつもどこかに何らかの差異や境界線を見ずには、私たちは何ものも考えられないのだとしても。一遍に、境界線などないとは考えることができず、線を引いては消し、消しては引くことしかできないのだとしても。

したがって、ふたつの次元の重なり合いから生殖を見るとき、私たちは一面では、人々のあいだに、あるいはひとりの人のうちに、もっと微細な差異を見分けるよう促される。他面で、私たちは、それらは濃淡の差に過ぎず、しかもつねに流動しているから、どこにも固定化された境界線は引くことはできず、あらゆる人が、その意味で、濃淡の差はともないつつも連続していると見るようにも促されるのではないだろうか。

おわりに

これまで、人々のあいだの境界、そして個人の生における境界が緩み、複雑な濃淡の差に、いっときであっても解消される可能性を考えてきた。しかし、もう一度レヴィナスに立ち返れば、「生殖」に関する個別的次元と普遍的次元とは、自己において、同時に重なり合い絡み合っているのだから、正確に言えば、「生殖」に関して人々を隔てる境界や、ひとりの人の生における境界が、じつははっきりしておらず濃淡の差であるというだけでなく、ひとりの人のある特定の時期、さらには瞬間瞬間においてさえ、親であるとか親でないなどという境界をはっきり引くことはできないし、ひとりの人はそれら両方を同時に生き、その現れが、たえず流動しつつ濃淡を変えているに過ぎないのだと言える。

つまり、先に見たように、私たちは、いつでも「親」になりうるし、いつでも「親」でなくなりうるだけでなく、だれもがつねに「親」であると同時に「親」でないとも言えるのではないか。現実の子どもとの関係においても、他なるものとしての象徴的な意味での「子ども」との関係においても。さらには、だれもが、「親」であり、また「親」でないあり方のあいだをたえず揺れ動いているとも言える。というのも、親であることが本書で見てきたように、「自分自身であると同時に他なるものである子どもと関わり、その関係が自己を成り立たせている」ことを意味するのだとすれば、現実に子どもの親であっても、つねにこの意味での「親」であるわけではないからである。それが色濃く現れうる期間はほんの短期間（たとえば妊娠期や乳幼児期か）で、しかもその期間でさえ、つねにそれが現れているわけではない。たとえば、自分の子ども中心、あるいは親子中心のエゴイズムに陥り、自分（たち）に閉じて存在している場合は、現実には親であっても、レヴィナスの言うところの、他なるものである「子ども」との関係によって自己同一性が穿たれた、あるいは他なるものである子どもを孕むことで引き裂かれた「親」というあり方（レヴィナスの言葉で言えば「父性」あるいは「母性」）からは程遠いところにいると言える。

したがって、現実に子どもがいる親も、「親」でないことがありうるし、むしろその意味での「親」

であることが十全に現実化していることの方が稀である。逆に、現実に子どもがいなくても、右の意味での「親」であることはありうるし、それは生物学的次元の生むことや、法的次元の親であることとは無関係である。

そうだとすれば、だれにとっても、「親であること」は象徴的な意味しかもたないことになる。だれもが完全には、右記の意味での「親」でありえないし、だれもがいくぶんかは、その意味での「親」である。現実の子どもの有無にかかわらず。本書がとってきた「生殖」を見る見方は、ふだん隠れがちなこの側面をあぶりだしてくれるのではないだろうか。人々のあいだが、またひとりの人の異なる時期や瞬間のあいだが、緩やかに連続的で、揺れ動く濃淡の差でしかないような側面を。他面では、その濃淡のありようが、分類されることにも、均されることにも抗う、個々の人の一回限りの生をかたちづくっていることもまた事実ではあるが。

1 注

たとえば、自分の子どもをもったり、あるいはもたなかったりする保育士や教師にとって、昼間は園児や児童生徒が、夜は自分の子どもあるいはほかのものが、濃淡や層を変えながら自分の「子ども」を形成したりしなかったりしているように。

あとがき

ちょうど本書をまとめているあいだ、更年期前後の心身の不調に悩まされていた（病院を渡り歩いたり、効きそうなサプリを次々と買いそろえたり……。現在は合う薬に出会って落ち着いているが）。女性ホルモンが急激に減少しはじめるとき、滑らかに減っていかずに、大きく揺れながら減っていくために起こる不調がそのひとつである。ホルモンによる不調は、自分というものが、周囲にとってもそうだが、何より自分自身にとって別のものに変わってしまったように感じうるからやっかいだ。人によって症状の出方はさまざまだが、私の場合は、たとえば風邪で寝込んでいるときのように、本当は何かをこれだけ頑張りたいのだけれど、思うようにできないというのではなく、そもそも自分が何をしたいかという根っこのところが崩れてしまったように感じる。未来に何か目標を掲げ、それに向かってエネルギーを傾けるということが難しくなってしまう。妊娠中もまた、時期にもよるが、同様の困難を強く感じていた。自分が本来はどんな人間だったのかさえぼんやりしてくるほどに。

更年期の変調もやはり、本書が扱っている広義の「生殖」するものとしての人間ならではの出来事だといえる。私たちが、いわゆる生殖年齢を過ぎても相変わらず、生殖するものとしての人間を生きているることのひとつの表れだろう。しかもこれはこの時期の女性にのみ起こることではない。女性は月経のあるあいだ、周期ごとのホルモンの変化に日常的にさらされているし、更年期症状は男性にも現れうることが最近注目されてきている。妊娠出産期のホルモンの変動はもちろん、思春期の、心身両面で大人になろうとしている男女も、同様の変動を生きているはずである。向きは異なるが、同じようにホルモンの変動に悩まされている今の私から見れば、そりゃあ自分をもて余しもするだろう、ちょっとのことでイライラして人を傷つけたり、人を避けたり、むやみに反抗したりも当然してしまうだろうと、一方的に共感してしまう。当時の自分は、自分がそんなものに（も）影響を受けているとは思いもしなかったけれど。思春期もまた、生殖するものとしての人間を生きているということが顕著に表れる時期のひとつである。妊娠出産・産後期ほど、直接生殖にかかわっているようには見えないけれど。そもそも、どの年代の女性も男性も、生殖器官や機能に直接間接にかかわる変化や病気を被りうるだろう（ホルモンバランスの崩れから、月経困難症・月経前症候群、子宮の病気、乳がん、前立腺の病気など）。

＊

そしてもうひとつ、生殖に関して強烈な印象が残っている経験がある。それは、ひとつの存在が増えたり、なくなったりすることの不思議さ、理解しがたさである。はじめの子どもが生まれて六か月くらいの頃、子どもが眠っているあいだ、机に向かっていたが、ふと横を見ると、布団からはみ出している子どもの、黒々とした髪の束が目に飛び込んできた。そのまぶしいほどの黒さと質量感に、この子はこれからもたしかに存在していくのだと強く感じた。それまでは流産していることもあり、子どもの存在をどこかはかなく危ういものだと感じていて、本当にその子が生き続けるのか心の底では半信半疑だったが、いまや自分の生活に新たな存在が割り込んでしっかり根を張ったのだと感じさせられた。新たな存在がとつぜん割り込んできて、いて当たり前になってしまう不可解さ、数か月前には存在しなかったものが今はたしかにあり、溶け込んでしまっていることの不思議さを、すぐには受け入れがたかったのだと思う。この存在の有無によって、数か月前と今では、自分の生が決定的に画されてしまっているほどの。

そして現在は、母が亡くなり、逆方向の受け入れがたさを感じている。自分にとって自分自身とほとんど同じくらいたしかな存在が、今はどこにもないこと、このことがいまだに理解しきれない。数か月前には当たり前にあった存在が、ある日を境にもうどこにもないこと。それでもそのないはずのものが、自分にはたしかな存在であり続けていること。しかしやはりその存在の宛先は、現実にはもうどこにもない。決定的にないこととあることがともに両立するこのちぐはぐさが……。

本文では、子どもを育て、深くかかわることによって起こる、親である自己の存在の組み換えについて述べた。子どもとの関係が、自分の存在を下支えするように自己のあり方が変容する側面があるのだと。しかし、その親である自分の存在自体がそもそも、自分自身の親とのかかわりによって下支えされ、形成されてきたもの（よいかかわりであれ、よくないかかわりであれ）だということ、（本文で考えた）子どもとの関係を延長してみれば当たり前のそのことに、今回はじめて思いが至った。自分の存在がそもそも、親との関係を基盤として、それと切り離せないかたちで、誕生から何年、何十年もかけて編まれ今に至っているということ、一見、親とは関係ないように見えるこれまでの自分の経験も、じつはその基盤に支えられた自分、親とのかかわりのうちに形成されている自分が経験してきたものであることを。

このような、親とのかかわりから成る自己のあり方には、子どもの誕生の場合とはちょうど逆をたどるように、自身の親との関係が変化するにつれて徐々に、そして親を亡くすことによって決定的に気づかされるものなのだろう。たとえば親の体力、気力、知力が衰えてくるとともに、また親が病気やケガを得て世話が必要になるとともに、その子どもは、親との関係を変えていかざるをえなくなる。親に依存している状態から、あるいは親子が相互に自立し、ある程度の距離を保った関係から、子による親の保護へと。（自身の子どもの場合はちょうど逆で、子の誕生によって生じる決定的な変化が、その後の子どもとの関係によって、維持されたり、徐々に変容され、深められたり、薄まったりしていく。）

そうだとすると、このように、自分の存在を下支えする（あるいは下支えすることになる）存在が、急に自分の生に割り込んできたり、消え去ったりすることもまた、生殖するものとしての人間を織り成す一側面だといえるだろう。このように、広義の生殖には、じっさいに子どもを生んだり育てたりする側面だけでなく、生殖機能の成長や変化、衰え（思春期や妊娠出産期、更年期をはじめとする変調や病気など）、さらに自分自身の親との関係の変化やその喪失もが含まれているといえる。そしてその自分自身が、老いながら、いずれいなくなることも……。

序文でも述べたように、生殖するものとして人間を見ることは、人々を切り分けて理解するだけでなく、その強弱、濃淡はさまざまに異なるものの、人々がどこかで連続してもいると見ることである。人々のあいだに安易に境界線を引いて見てしまわずに、じつは、濃淡をともないつつ連続してもいるのだと、そのつながっている基底あるいは根っこのところからも見ようとするのが本書の一貫する視点であった。現段階でどれだけそれに成功しているかは心もとないが。

ただ、本書のような非常に現実的、具体的なことがらを取り上げてなお、それが哲学でありうるとしたら、それはひとつには、差異の存在とその重大さを踏まえた上で、そのような地続きのところからも人間を見ようとする視点と考察の仕方にあるのではないか。そのための恰好の入り口あるいは切り口が、今回の私にとっては「生殖」だったということである。哲学的考察としてははなはだ不十分、不完全なことは重々承知しているが、今後は、生殖にかぎらず、このような姿勢でもっと哲学を、より哲学をしていくことができたらと願っている。

さいごに、拙い本書のもとの諸原稿に共感いただき、練り直し作業を、ときにそっと見守り、ときに鋭い意見とともに励まし、導いてくださった勁草書房の関戸詳子さんに心からの感謝を記します。

広義の「生殖」のことで悩み、葛藤しているすべての人に。

二〇二一年六月

著　者

初出一覧

各章の初出は以下の通りである。ただし、章によっては、大幅な加筆、修正、構成の組み換えを行った。

序章　書き下ろし

第1章　「生殖と他なるもの」、『神戸大学文学部紀要』、第41号、神戸大学文学部編、2014年／哲学会第51回研究発表大会ワークショップ「性と生殖」にて提題、東京大学、2012年11月3日

第2章　「生殖の『身体性』の共有――男女の境界の曖昧さ」、『理想』、第695号、理想社、2015年

第3章・第4章　次の2つの論文を合わせて組み換えの上、ふたつの章に執筆し直した。「『産む性』をめぐって――生殖と『母性』再考」、『フランス哲学・思想研究』、第34号、日仏哲学会編、2018年／「生殖と「母性」再考」、日仏哲学会2017年秋季研究大会シンポジウム「女性と母の哲学の展開：フランス哲学を出発点にして」にて提題、明治大、2017年9月3日；「『母であること』(motherhood) を再考する――生むことからの分離と『母』の拡大」、『思想』、第1141号、岩波書店、2019年

補章　書き下ろし

第5章・第6章　次の2つの論文を合わせて組み換えの上、ふたつの章に執筆し直した。「生殖における『間接性』――父親と養親の視点から」、2016年度―2018年度 科学研究費・基盤研究 (B) (一般)「北欧現象学者との共同研究に基づく人間の傷つきやすさと有限性の現象学的研究」研究成果報告書、Osaka University Knowledge Archive (https://ir.library.osaka-u.ac.jp/repo/ouka/all/77129/)、2020年；「生むことから分離した『親』の形成――父親と養親の『間接性』を手がかりに」、『愛知』、第31号、神戸大学文学部哲学懇話会編、2020年／哲学会第58回研究発表大会、東京大学、2019年11月2日

終章　書き下ろし。ただし、次の発表内容を基に執筆した。「『生むこと』あるいは『生まれること』における個別性と普遍性」、日本アーレント研究会第5回春の定例会、シンポジウム「『生まれること』を考える」にて提題、大阪大学 (オンラインに変更)、2020年3月26日 (コロナウィルス感染防止のため2021年3月21日に延期)

あとがき　書き下ろし

参考文献

青木やよひ編（一九八六）『母性とは何か―新しい知と科学の視点から』金子書房

青山さくら・川松亮（二〇二〇）『ジソウのお仕事―50の物語で考える子ども虐待と児童相談所』フェミックス

芦野由利子・戸田清（一九九六）『人口危機のゆくえ』岩波ジュニア新書

天野正子・伊藤公雄ほか編（二〇〇九）『新編 日本のフェミニズム5 母性』岩波書店

石井光太（二〇二〇）『育てられない母親たち』祥伝社新書

伊藤公雄（二〇〇三）「男性の次世代育成力をめぐって」孝本貢・丸山茂・山内健治編『父―家族概念の再検討に向けて』早稲田大学出版部

和泉広恵（二〇〇六）『里親とは何か―家族する時代の社会学』勁草書房

上野千鶴子（一九八六a）『女は世界を救えるか』勁草書房

――――（一九八六b）『女という快楽』勁草書房〔新装版二〇〇六年〕

――――（一九八九）「産む産まないは女の権利」森崎和江編『日本の名随筆77 産』作品社

――――（一九九六）『資本制と家事労働―マルクス主義フェミニズムの問題構制』海鳴社

――――（二〇〇二）『差異の政治学』岩波書店〔新装版二〇一五年〕

上野千鶴子・綿貫礼子編著（一九九六）『リプロダクティブ・ヘルスと環境―共に生きる世界へ』工作舎

NHK取材班（二〇一八）『なぜ、わが子を棄てるのか―「赤ちゃんポスト」10年の真実』NHK出版新書

NHKスペシャル「消えた子どもたち」取材班（二〇一五）『ルポ 消えた子どもたち―虐待・監禁の深層に迫る』NHK出版新書

江原由美子（一九九六）「生命・生殖技術・自己決定権」江原由美子編『生殖技術とジェンダー』勁草書房

――――（二〇〇二）『自己決定権とジェンダー』岩波書店

大久保真紀（二〇一八）『ルポ 児童相談所』朝日新書

大塚公子（一九九三）『死刑執行人の苦悩』角川文庫

大野明子（二〇〇三）『子どもを選ばないことを選ぶ―いのちの現場から出生前診断を問う』メディカ出版

大野祥子（二〇一六）『「家族する」男性たち―おとなの発達とジェンダー規範からの脱却』東京大学出版会

大橋由香子（一九八六）「産む産まないは女《わたし》がきめる」『女は世界をかえる』（講

座女性学3）勁草書房
大日向雅美（一九八八）『母性の研究―その形成と変容の過程：伝統的母性観への反証』川島書店
荻野美穂（一九九一）「人工妊娠中絶と女性の自己決定権―第二次世界大戦後の日本」原ひろこ・舘かおる編『母性から次世代育成力へ―産み育てる社会のために』新曜社
――――（一九九九）「男の性と生殖」西川祐子・荻野美穂編『男性論―共同研究』人文書院
――――（二〇〇二）『ジェンダー化される身体』勁草書房
――――（二〇〇六）「産む身体／産まない身体」鷲田清一・荻野美穂他編『身体をめぐるレッスン2 資源としての身体』岩波書店
――――（二〇〇八）『「家族計画」への道―近代日本の生殖をめぐる政治』岩波書店
――――（二〇一四）『女のからだ―フェミニズム以降』岩波新書
奥野修司（二〇〇二）『赤ちゃん取り違え事件の十七年 ねじれた絆』文春文庫
お茶の水女子大学生命倫理研究会（一九九二）『不妊とゆれる女たち―生殖技術の現在と女性の生殖権』学陽書房
柏木惠子編著（一九九三）『父親の発達心理学―父性の現在とその周辺』川島書店
柏木惠子・若松素子（一九九四）「「親となる」ことによる人格発達―生涯発達的視点から親を研究する試み」『発達心理学研究』第5巻
柏木惠子・大野祥子・平山順子（二〇〇九）『家族心理学への招待 第2版』ミネルヴァ書房
柏木惠子（二〇一一）『父親になる、父親をする―家族心理学の視点から』岩波ブックレット
柏木恭典（二〇一三）『赤ちゃんポストと緊急下の女性―未完の母子救済プロジェクト』北大路書房
加野彩子（一九九七）「日本のフェミニズム論争史① 母性とセクシュアリティ」江原由美子・金井淑子編『ワードマップ フェミニズム』新曜社
河合蘭（二〇一五）『出生前診断―出産ジャーナリストが見つめた現状と未来』朝日新書
熊本県立大学編著（二〇〇九）『「こうのとりのゆりかご」を見つめて』熊日新書
熊本日日新聞「こうのとりのゆりかご」取材班編（二〇一〇）『揺れるいのち―赤ちゃんポストからのメッセージ』旬報社
グループ「母性」解読講座編（一九九一）『「母性」を解読する―つくられた神話を超えて』有斐閣選書
公共社団法人・家庭養護促進協会大阪事務所編集（二〇一三）『子どもの養子縁

組ガイドブック—特別養子縁組・普通養子縁組の法律と手続き』明石書店
熊本市要保護児童対策地域協議会「こうのとりのゆりかご」専門部会（二〇一七）「こうのとりのゆりかご」第4期検証報告,「こうのとりのゆりかご」第4期検証報告について／熊本市ホームページ（city.kumamoto.jp）
坂井律子（一九九九）『ルポルタージュ 出生前診断』日本放送出版協会
———（二〇一三）『いのちを選ぶ社会—出生前診断のいま』NHK出版
佐藤孝道（一九九九）『出生前診断—いのちの品質管理への警鐘』有斐閣選書
鮫島浩二（二〇〇六）『その子を、ください。』アスペクト
沢山美果子（二〇〇五）『性と生殖の近世』勁草書房
慎泰俊（二〇一七）『ルポ 児童相談所——一時保護所から考える子ども支援』ちくま新書
杉山春（二〇一七）『児童虐待から考える—社会は家族に何を強いてきたか』朝日新書
多賀太（二〇〇六）『男らしさの社会学—揺らぐ男のライフコース』世界思想社
———（二〇一六）『男子問題の時代？—錯綜するジェンダーと教育のポリティクス』学文社
土屋敦（二〇一四）『はじき出された子どもたち—社会的養護児童と「家庭」概念の歴史社会学』勁草書房
立岩真也（一九九七）『私的所有論』勁草書房
谷口真由美（二〇〇七）『リプロダクティブ・ライツとリプロダクティブ・ヘルス』信山社
田尻由貴子（二〇一六）『はい。赤ちゃん相談室、田尻です。』ミネルヴァ書房
田尻由貴子（二〇一七）『「赤ちゃんポスト」は、それでも必要です。』ミネルヴァ書房
田中俊之（二〇〇九）『男性学の新展開』青弓社
田間泰子（二〇〇一）『母性愛という制度—子殺しと中絶のポリティクス』勁草書房
玉井真理子・渡辺麻衣子編著（二〇一四）『出生前診断とわたしたち—「新型出生前診断」（NIPT）が問いかけるもの』生活書院
———（二〇〇六）『「近代家族」とボディ・ポリティクス』世界思想社
柘植あづみ・浅井美智子編（一九九五）『つくられる生殖神話—生殖技術・家族・生命』制作同人社
柘植あづみ（二〇一〇）『妊娠を考える—〈からだ〉をめぐるポリティクス』NTT出版
中真生（二〇〇六）「主体の被造性（créatuarialité）—依存における自律」『哲学雑誌』第121巻793号
———（二〇一五a）「レヴィナスにおける女性的なもの—性差と主体の二元

性」『京都ユダヤ思想』第4号 (2)
――――（二〇一五b）「生殖の身体性と「選択」」『哲学雑誌』第130巻第802号
長沖暁子（一九九六）「南の女・北の女と生殖技術」上野千鶴子・綿貫礼子『リプロダクティブヘルスと環境』工作舎
中島かおり（二〇一七）『漂流女子―にんしんSOS東京の相談現場から』朝日新書
中谷文美（一九九九）「「子育てする男」としての父親？」西川祐子・荻野美穂編『男性論―共同研究』人文書院
西川直子（一九九九）『現代思想の冒険者たち30 クリステヴァ―ポリロゴス』講談社
西村ユミ（二〇一四）『看護師たちの現象学―協働実践の現場から』青土社
野辺陽子（二〇一六）「特別養子制度の立法過程からみる親子観―「実親子」と「血縁」をめぐるポリティクス」野辺陽子・松木洋人他著『〈ハイブリッドな親子〉の社会学―血縁・家族へのこだわりを解きほぐす』青弓社
――――（二〇一六）「〈ハイブリッド〉性からみる「ハイブリッドな親子」のゆくえ」野辺陽子・松木洋人他著『〈ハイブリッドな親子〉の社会学―血縁・家族へのこだわりを解きほぐす』青弓社
――――（二〇一八）『養子縁組の社会学―〈日本人〉にとって〈血縁〉とはなにか』新曜社
――――（二〇二〇）「特別養子・普通養子・元里子の「出自を知る権利」に関する実態と支援ニーズ調査報告書」, http://id.nii.ac.jp/1114/00006780/
橋本帯子（二〇一九）「フィンランドにおける子ども虐待の介入の制度に関する一考察―家族サービス指向と子ども中心指向に注目して」『教育福祉研究』第23号
原ひろこ・舘かおる編（一九九一）『母性から次世代育成力へ―産み育てる社会のために』新曜社
原田綾子（二〇〇八）「養子縁組のオープンネス」『民商法雑誌』138 (4・5)
蓮田太二（二〇一八）『ゆりかごにそっと―熊本慈恵病院「こうのとりのゆりかご」に託された母と子の命』方丈社
日比野由利（二〇〇七）「中絶の語りからみた女性の自己変容とケアの可能性」『母性衛生』第48巻2号
船橋恵子（二〇一二）「「仕事と育児」バランスをめぐる男性意識」目黒依子・矢澤澄子他編『揺らぐ男性のジェンダー意識―仕事・家族・介護』新曜社
毎日新聞取材班（二〇一三）『こうのとり追って―晩産化時代の妊娠・出産』毎日新聞社
牧野カツコ・中野由美子・柏木惠子編（一九九六）『子どもの発達と父親の役割』

ミネルヴァ書房
松岡悦子編（二〇〇七）『産む・産まない・産めない―女性のからだと生きかた読本』講談社現代新書
松木洋人（二〇一六）「「育児の社会化」を再構想する―実子主義と「ハイブリッドな親子関係」」野辺陽子・松木洋人他著『〈ハイブリッドな親子〉の社会学―血縁・家族へのこだわりを解きほぐす』青弓社
松本伊嵯子（一九九三）「エレーヌ・シクスーの「女性性」、「同性愛」、「両性具有」という言葉の使い方について」『言語文化論集』第 XIV 巻第 2 号
村田和木（二〇〇五）『「家族」をつくる―養育里親という生き方』中公新書ラクレ
森岡正博（二〇〇一）『生命学に何ができるか―脳死・フェミニズム・優生思想』勁草書房
森崎和江（一九八九）『大人の童話・死の話』弘文堂
――――（一九九四）『いのちを産む』弘文堂
――――（一九九八）『いのち、響きあう』藤原書店
森本修代（二〇二〇）『赤ちゃんポストの真実』小学館
安田裕子（二〇一二）『不妊治療者の人生選択―ライフストーリーを捉えるナラティヴ・アプローチ』新曜社
山中美智子・玉井真理子・坂井律子（二〇一七）『出生前診断 受ける受けない誰が決めるの？―遺伝相談の歴史に学ぶ』生活書院
山脇由貴子（二〇一六）『告発 児童相談所が子供を殺す』文春新書
矢満田篤二・萬屋育子（二〇一五）『「赤ちゃん縁組」で虐待死をなくす―愛知方式がつないだ命』光文社新書
横山美江・Hakulinen Tuovi 編著（二〇一八）『フィンランドのネウボラに学ぶ母子保健のメソッド―子育て世代包括支援センターのこれから』医歯薬出版
樂木章子（二〇一〇）「「養親―養子」家族における「産みの母」の位置：核家族への示唆」『集団力学』第 27 巻
和田一郎編著（二〇一六）『児童相談所一時保護所の子どもと支援―子どもへのケアから行政評価まで』明石書店

Abbey, S., and A. O'Reilly ed.（1998）*Redefining Motherhood: Changing Identities and Patterns*, Second Story Press
Agacinski, S.（2001（1998））*Politique des sexes*, Seuil/シルヴィアンヌ・アガサンスキー（丸岡高弘訳）『性の政治学』産業図書，二〇〇八年
Allen, S. M., and A. Hawkins（1999）"Maternal gatekeeping: mother's beliefs and behaviors that inhibit greater father involvement in family work," in *Journal of Marriage and the Family*, 61

Allen, A. T. (2005) *Feminism and Motherhood in Western Europe, 1890–1970: The Maternal Dilemma*, Palgrave

Altenburger, L. E., S. J. Shoppe-Sullivan, and C. M. Kamp Dush (2018) “Associations between maternal gatekeeping and paternal parenting quality,” in *Journal of Child and Family Studies*, 27

Badinter, E. (1980) *L'amour en plus: histoire de l'amour maternel XVIIᵉ–XXᵉ siècle*, Flammarion/エリザベート・バダンテール（鈴木晶訳）『母性という神話』ちくま学芸文庫，一九九八年

Benner, P. (1994) *Interpretive Phenomenology: Embodiment, Caring, and Ethics in Health and Illness*, Sage Publications/パトリシア・ベナー（相良ローゼマイヤーみはる監訳）『ベナー解釈的現象学—健康と病気における身体性・ケアリング・倫理』医歯薬出版，二〇〇六年

Betcher, R., and W. S. Pollack (1993) *In a Time of Fallen Heroes: The Re-creation of Masculinity*, The Guilford Press

Boyle, M. (1997) *Re-thinking Abortion*, Routledge

Cahn, N. R. (1999) “Gendered identities: Women and household work,” in *Villanova Law Review*, vol. 44, no. 3

Catlett, B. S., M. L. Toews, and P. C. McKenry (2005) “Nonresidential Fathers: Shifting Identities, Roles, and Authorities,” in W. Marsiglio, K. Roy, and G. L. Fox (ed.), *Situated Fathering: A Focus on Physical and Social Spaces*, Rowman & Littlefield Publishers

Chira, S. (1998) *A Mother's Place: Taking the Debate about Working Mothers beyond Guilt and Blame*, Harper Collins

Chodorow, N. (1978) *The Reproduction of Mothering: Psychoanalysis and the Sociology of Gender*, University of California Press/ナンシー・チョドロウ（大塚光子・大内菅子訳）『母親業の再生産—性差別の心理・社会的基盤』新曜社，一九八一年

Cixous, H., et C. Clement (1975) *La june née*, Union general d'édition/「新しく生まれた女」エレーヌ・シクスー（松本伊瑳子他編訳）『メデューサの笑い』紀伊國屋書店，一九九三年

Corea, G. (1985) *The Mother Machine: Reproductive Technologies from Artificial Insemination to Artificial Wombs*, Harper Collins/ジーナ・コリア（斎藤千香子訳）『マザー・マシン—知られざる生殖技術の実態』作品社，一九九三年

Delphy, C. (1976) “Proto-féminisme et anti-féminisme,” in *Les temps modernes*, 346/「第 10 章　原フェミニズムと反フェミニズム」クリスティーヌ・デルフィ（井上たか子・杉藤雅子・加藤康子訳）『なにが女性の主要な敵なのか—

ラディカル・唯物論的分析』勁草書房，一九九六年
Dermott, E. (2008) *Intimate Fatherhood: A Sociological Analysis*, Routeledge
Devreux, A.-M. (1986) « La maternité des femmes actives », in Vilaine, *Maternité en mouvement*
Doucet, A. (2006) *Do Men Mother? Fathering, Care, and Domestic Responsibility: Fatherhood, Care, and Domestic Responsibility*, University of Toronto Press
Dowd, N. (2000) *Redefining Fatherhood*, New York University Press
Firestone, S. (1970) *The Dialectic of Sex: The Case for Feminist Revolution*, William Morrow & Company／シュラミス・ファイアストーン（林弘子訳）『性の弁証法―女性解放革命の場合』評論社，一九七二年
Fox, B. (1998) "Motherhood, changing relationships and the reproduction of gender inequality," in Abbey, and O'Reilly (ed.), *Redefining Motherhood*
Gaunt, R. (2008) "Maternal gatekeeping: Antecedents and consequences," in *Journal of Family Issues*, vol. 29, issue 3
Gavanas, A. (2002) "The fatherhood responsibility movement: the centrality of marriage, work and male sexuality in reconstructions of masculinity and fatherhood," in B. Hobson (ed.), *making Men into Fathers*, Cambridge University Press
Gavarini, L., (1986) « de l'utérus sous influence à la mère-machine...: le pas de côté des « nouveaux maîtres de la fécondité' » » in A.-M. de Vilane, L. Gavarini, and M. Le Coadic (dir.), *Maternité en mouvement*, Presses Universitaires de Grenoble／ロランス・ガヴァリニ「影響を受ける子宮から母親機械へ―「受胎能力の新しい支配者」の脇にそれた歩み」アンヌ＝マリー・ド・ヴィレーヌ，ロランス・カヴァリニ，ミシェル・ル・コアディク編（中嶋公子他訳）『フェミニズムから見た母性』勁草書房，一九九五年
Goodman, R. (2000) *Children of the Japanese State: The Changing Role of Child Protection Institutions in Contemporary Japan*, Oxford University Press／ロジャー・グッドマン（津崎哲雄訳）『日本の児童養護―児童養護学への招待』明石書店，二〇〇六年
Greenberg, M. (1985) *The Birth of a Father*, Avon Books／マーチン・グリーンバーグ（竹内徹訳）『父親の誕生』メディカ出版，一九九四年
Hamington, M. (2004) *Embodied Care: Jane Addams, Maurice-Merleau-Ponty, and Feminist Ethics*, University of Illinois Press
Hays, S. (1996) *The Cultural Contradictions of Motherhood*, Yale University Press
Jordan, P. L. (1995) "The mother's role in promoting fathering behavior," in J.

L. Shapiro, M. J. Diamond, and M. Greenberg (eds.), *Becoming a Father*, Springer
Irigaray, L. (1993) *Je, tu, nous*, Routledge/リュス・イリガライ（浜名優美訳）『差異の文化のために—わたし、あなた、わたしたち』法政大学出版局，一九九三年
Klein, R. D. (1989) *Infertility: Women Speak out about their Experiences of Reproductive Medicine*, Pandora House/レナーテ・クライン（「フィンレージの会」訳）『不妊—いま何が行われているのか』晶文社，一九九一年
Kristéva, J. (1986) "Women's time," in T. Moi ed., *Kristeva Reader*, Columbia University Press/ジュリア・クリステヴァ（棚沢直子・天野千穂子編訳）『女の時間』勁草書房，一九九一年
——— (1986), « L'amour maternel », in de Viliane, *Maternité en mouvement*/ジュリア・クリステヴァ「母性愛」，前出『フェミニズムから見た母性』勁草書房，一九九五年
Lévinas, E. (1947a) *De l'existence à l'existant*, Vrin/エマニュエル・レヴィナス（西谷修訳）『実存から実存者へ』ちくま学芸文庫，二〇〇五年
——— (1947b) *Le temps et l'autre*, Quadrige/Presses Universitaires de France/（原田佳彦訳）『時間と他者』法政大学出版局，一九八六年
——— (1961) *Totalité et Infini. Essai sur l'extériorité*, Kluwer Académic Publishers/（合田正人訳）『全体性と無限』国文社，一九八九年，（熊野純彦訳）『全体性と無限』上下，岩波文庫，二〇〇五年／二〇〇六年
——— (1963) *Difficile liberté*, Albin Michel/（合田正人・三浦直希訳）『困難な自由』法政大学出版局，二〇〇八年
——— (1974) *Autrement qu'être ou au-delà de l'essence*, Kluwer Academic Publishers/（合田正人訳）『存在するとは別の仕方で』講談社学術文庫，一九九九年
Leibovici, M. (1986) « D'autres jeux entre papa et maman », in de Vilaine, *Maternité en mouvement*/マルティーヌ・レボヴィッチ「パパとママの間にある新しい母性」，前出『フェミニズムから見た母性』勁草書房，一九九五年
Lundquist, C. (2008) "Being torn: Toward a phenomenology of unwanted pregnancy," in *Hypatia: A Journal of Feminist Philosophy*, vol. 23, no. 3
Marsiglio, W (1998) *Procreative Man*, NYU Press
——— (2004) *Stepdads*, Roman & Littlefield
——— (2005) "Contextual Scenarios for Stepfathers' Identity: Construction, Boundary Work, and "Fatherly" Involvement," in W. Marsiglio, K. Roy, and G. L. Fox (ed.), *Situated Fathering: A Focus on Physical and Social Spaces*
Mason, M.-C. (1993) *Male Infertility: Men Talking*, Routledge

Mcbride, B. A., G. L. Brown, et al. (2005) "Paternal identity, maternal gatekeeping, and father involvement," in *Family Relations*, 54

McMahon, M. (1995) *Engendering Motherhood: Identity and Self-Transformation in Women's Lives*, The Guilford Press

Merleau-Ponty, M. (1945) *Phenomenologie de la perception*, Gallimard

——— (1960) *Signe*, Gallimard/モーリス・メルロー＝ポンティ（竹内芳郎訳）『シーニュ 2』みすず書房，一九七〇年

Messner, M. A. (1997) *Politics of Masculinities: Men in Mouvements*, Sage Publications

Miller, T. (2005) *Making Sense of Motherhood: A Narrative Approach*, Cambridge University Press

——— (2011) *Making Sense of Fatherhood: Gender, Caring and Work*, Cambridge University Press

Miller, J. G. (2014) *Lives Interrupted: The Unwanted Pregnancy Dilemma*, Msw, Lcsw

Naka, M. (2016a) "The otherness of reproduction: passivity and control," in N. Smith, and J. Bornemark (ed.), *Phenomenology of Pregnancy*, Södertörn University Press

——— (2016b) "The vulnerability of reproduction: facing on pregnancy and breastfeeding," 神戸大学哲学懇話会『愛知』第 28 号

——— (2018a) "Some glimpses of Japanese feminist philosophy: in terms of reproduction and motherhood," in J. W. M. Krummel (ed.), *Contemporary Japanese Philosophy: A Reader*, Rowman & Littlefield International

——— (2018b) "Baby-hatches in Japan and abroad: an alternative to harming babies," in *The European Conference on Ethics, Religion & Philosophy 2018: Official Conference Proceedings*

——— (2020) "Reinterpreting motherhood: separating it from giving birth," in *Risk and the Regulation of New Technology* (Kobe University Social Science Research Series), Springer

Norgren, T. (1998) *Abortion Before Birth Control: The Politics of Reproduction in Postwar Japan*, UMI/ティアナ・ノーグレン（岩本美砂子監訳）『中絶と避妊の政治学―戦後日本のリプロダクション政策』青木書店，二〇〇八年

Neustatter, A. with G. Newson (1986) *Mixed Feelings: Experience of Abortion*, Pluto Press

Olivier, C. (2010 (1994)) *Les fils d'Oreste ou la question dy père*, Flammarion

O'Reilly, A. (2010) *Twenty-First Century Motherhood: Experience, Identity, Policy, Agency*, Columbia University Press

Park, S. (2005) "Real (m) othering: the metaphysics of maternity in children's literature," in S. Haslanger, and C. Witt (ed.), *Adoption Matters: Philosophical and Feminist Essays*, Cornell University Press

——— (2014) *Mothering Queerly, Queering Motherhood: Resisting Monomaternalism in Adoptive, Lesbian, Blended, and Polygamous Families*, SUNY Press

de Parseval, G. D. (1981) *Le part du père*, Seuil

——— (1986) « Le père empêché », in de Vilaine, *Maternité en mouvement*

Peters, J. K. (1997) *When Mothers Work: Loving our Children without Sacrificing Our Selves*, Da Capo Lifelong Books

Rothenberg, K. H. and E. J. Tomson (1994) *Women & Prenatal Testing: Facing the Challenges of Genetic Technology*, Ohaio State University Press/カレン・ローゼンバーグ，エリザベス・トムソン編（堀内成子・飯沼和三監訳）『女性と出生前検査―安心という名の幻想』日本アクセル・シュプリンガー出版，一九九六年

Rich, A. (1986) *Of Woman Born: Motherhood as Experience and Institution*, Norton/アドリエンヌ・リッチ（高橋茅香子訳）『女から生まれる』晶文社，一九九〇年

Ruddick, S. (1989) *Maternal Thinking: Toward a Politics of Peace*, Beacon

Schaefer, P. (2016) "Watching the leisure gap: Advertising fatherhood with the privilege of play," in L. Troppe, and J. Kelly (eds.), *Deconstructing Dads: Changing Images of Fathers in Popular Culture*, Lexington Books

Shostak, A. B., and G. McLouth, with L. Seng (1984) *Men and Abortion: Lessons, Losses, and Love*, Praeger

Singer, P. (1984) *The Reproduction Revolution: New Ways of Making Babies*, Oxford University Press/ピーター・シンガー，ディーン・ウェールズ（加茂直樹訳）『生殖革命―子供の新しい作り方』晃洋書房，一九八八年

Théry, I. (2016) *Mariage et filiation pour tous : une métamorphose inachevée*, Seuil/イレーヌ・テリー（石田久仁子・井上たか子訳）『フランスの同性婚と親子関係―ジェンダー平等と結婚・家族の変容』明石書店，二〇一九年

Thorne, B. (1996) *Gender Play: Girls and Boys in School*, Open University Press

Vandelac, L. (1986)《L'enceinte de la maternité: sexes et sexualités》, de Vilaine, *Maternité en movement*/ルイーズ・ヴァンドラック「母親の内側―セックスとセクシュアリティ」，前出『フェミニズムから見た母性』勁草書房，一九九五年

de Vilaine, A.-M. (1986), «Présentation», in A.-M. de Vilaine, L. Gavarini, M. Le

Coadic (dir.), *Maternité en mouvement*/アンヌ＝マリー・ド・ヴィレーヌ，マリー・グドー「序論」，前出『フェミニズムから見た母性』勁草書房，一九九五年

Wormser, R.（1986）« Le congé d'éducation conjointe: une solution d'avenir pour l'éducation des enfants », in de Vilaine, *Maternité en mouvement*/R・ウォーマー「夫婦の育児休暇—子どもを育てるための解決策をさぐる」，前出『フェミニズムから見た母性』勁草書房，一九九五年

Young, I. M.（2005）"Pregnant embodiment: subjectivity and alienation," in *On Female Body Experience: "Throwing Like a Girl" and Other Essays*, Oxford University Press

Zimmerman, M. K.（1977）*Passage Through Abortion: Personal and Social Reality of Women's Experiences*, Praeger

著者略歴

1972年東京都生まれ。東京大学人文社会系研究科基礎文化研究専攻哲学専門分野博士課程単位取得退学。博士（文学）。東京大学助手、神戸夙川学院大学准教授を経て、現在、神戸大学大学院人文学研究科教授。哲学・倫理学専攻。レヴィナス研究からはじめ、現在は、「生殖」、身体を中心とするジェンダー哲学・倫理学を研究。共著に“The Otherness of Reproduction: Passivity and Control,” *Phenomenology of Pregnancy*, (ed.) J. Bornemark & N. Smith (Södertörn University Press, 2016); “Some Glimpses of Japanese Feminist Philosophy: In Terms of Reproduction and Motherhood,” *Contemporary Japanese Philosophy: A Reader*, (ed.) J. W. M. Krummel (Rowman & Littlefield International, 2019); “Reinterpreting Motherhood: Separating Being a “Mother” from Giving Birth,” *Risk and Regulation of New Technology, Kobe University Monograph Series in Social Science Research*, (ed.) T. Matsuda, J. Wolff, and T. Yanagawa (Springer, 2020). 論文に、「「母であること」(motherhood) を再考する—生むことからの分離と「母」の拡大」(『思想』1141号、2019年)、「生殖の「身体性」の共有—男女の境界の曖昧さ」(『理想』695号、2015年) など。

生殖する人間の哲学
「母性」と血縁を問いなおす

2021年8月30日　第1版第1刷発行
2023年3月20日　第1版第2刷発行

著者　中《なか》　真《ま》　生《お》

発行者　井　村　寿　人

発行所　株式会社　勁《けい》　草《そう》　書　房

112-0005 東京都文京区水道2-1-1　振替 00150-2-175253
（編集）電話 03-3815-5277／FAX 03-3814-6968
（営業）電話 03-3814-6861／FAX 03-3814-6854
三秀舎・松岳社

ISBN978-4-326-15479-1　　Printed in Japan

棚沢直子 編
女たちのフランス思想

ボーヴォワールが起こし、デルフィが、シクスーが、イリガライが旋風となって続く。女たちが作る思想はどこまで来たか。全体の見取図。

三三〇〇円／四六判／三一八頁　(1998.9)
ISBN978-4-326-65209-9

工藤庸子
けいそうブックス
政治に口出しする女はお嫌いですか？
スタール夫人の言論VS.ナポレオンの独裁

女は政治に口出しするな？　文学に政治を持ち込むな？　会話と文章を武器にナポレオン独裁に抵抗したスタール夫人を中心に、女性たちの闘いを描く。

二六四〇円／四六判／二四〇頁　(2018.12)
ISBN978-4-326-65417-8

齋藤直子
結婚差別の社会学

被差別部落出身者との恋愛や結婚を出自を理由に反対する「結婚差別」。結婚をめぐる家族間の対立から和解へのプロセスと差別の実態を聞き取りデータの分析から明らかに。

二二〇〇円／四六判／三一二頁　(2017.5)
ISBN978-4-326-65408-6

E・コッチャ　嶋崎正樹 訳　山内志朗 解説
植物の生の哲学
混合の形而上学

私たちは世界と混ざり合っている――動物学的である西洋哲学の伝統を刷新し、植物を範型とした新しい存在論を提示する。モナコ哲学祭賞受賞作。

三五二〇円／四六判／二二八頁　(2019.8)
ISBN978-4-326-15461-6

＊表示価格は二〇二三年三月現在。消費税（一〇％）が含まれております。

勁草書房刊